HERMANN SCHEER

DIE POLITIKER

Verlag Antje Kunstmann

Für Nina Scheer

INHALT

Prolog
Die Politiker – eine »politische Klasse«?

Misch dich nicht ein, du bist eingemischt.
Was geschieht, bist du. Es geschieht dir recht.

Friedrich Dürrenmatt

Die offene und kontroverse politische Diskussion liebe ich. Doch gelegentlich gibt es Veranstaltungen, die mir zuwider sind. Eine solche Pseudodebatte fand im Laufe des Bundestagswahlkampfs 2002 in meinem Wahlkreis statt, organisiert vom Kreisjugendring und dem örtlichen Jugendgemeinderat, und zwar an einem Samstagnachmittag auf der Terrasse eines Schwimmbadrestaurants. Die Veranstalter im schon reiferen Jugendalter zwischen 25 und 30 Jahren wollten auf diese Weise »zu den Leuten hingehen«, statt diese zu einer politischen Diskussion einzuladen. So saßen fünf Bundestagskandidaten aller Parteien und zwei Moderatoren »locker« im Halbkreis auf der Terrasse. Eine Lautsprecheranlage war aufgestellt, aus der es über die Schwimmbadwiese tönte. Nur: Es gab kein Publikum. Vielleicht zehn Schwimmbadbesucher hockten an runden Plastiktischen beim Bier, und diejenigen unter ihnen, die dem Podium den Rücken zugekehrt hatten, änderten ihre Sitzposition nicht. Sie setzten ihre Gespräche fort und demonstrierten damit, dass ihnen die Diskussionsrunde vollkommen gleichgültig war. Mit gutem Recht, denn sie waren ja gekommen, um sich zu entspannen.

Ich kam einige Minuten zu spät und wollte schon beim Anblick des Arrangements wieder umkehren. Um aber die Organisatoren nicht zu brüskieren, nahm ich widerwillig Platz und ließ mich auf ein fragwürdiges, von Fernsehshows abgekupfertes Ritual ein: Auf der Agenda standen der drohende Irakkrieg und die Steuern, die Bildungs-, Arbeitsmarkt- und Gesundheitspolitik. Jeder Kandidat hatte für jedes

7

Thema genau zwei Minuten Zeit, um vorzutragen, welche Position seine Partei vertritt und worin sie sich von den anderen unterscheidet. Repliken auf wahlkämpferische Unterstellungen der politischen Gegner waren nicht vorgesehen. Für Nachfragen blieb keine Zeit, schon gar nicht für persönliche Standpunkte, die vom Wahlprogramm der eigenen Partei abwichen. Bei Überschreiten des Zeitlimits wurde der jeweilige Redner von einer Klingel unterbrochen. So wurden die Themen verhackt und eines nach dem anderen abgewickelt. Eigentlich hätte es genügt, Kurzfassungen der Wahlprogramme vorzulesen. Was stattfand, war keine politische Diskussion, sondern deren Karikatur. Die Bundestagskandidaten wurden wie Tanzbären einem gar nicht vorhandenen Publikum vorgeführt. Ich war nicht bereit, gute Miene zu dieser Farce zu machen, riet erst, auf das Ritual zu verzichten, und ging dann allein. Beim Weggehen hörte ich mit halbem Ohr, dass mir einer der anderen Kandidaten »typische Politikerarroganz« vorwarf, um so – wem gegenüber auch immer – Sympathiepunkte zu sammeln. Er hatte offenbar kein Gefühl dafür, wie entwürdigend für alle Beteiligten und wie abschreckend für die Unbeteiligten dieses Geschehen war, auch seine anbiedernde Distanzierung von der eigenen Rolle als Politiker. Die Veranstalter hatten das alles sicher gut, vor allem »innovativ« gemeint – in der Annahme, Politiker müssten und würden beliebig verfügbar sein, weil es ihnen, koste es, was es wolle, doch nur um ihre Selbstdarstellung gehe. Bei einer Veranstaltung mit Managern oder Wissenschaftlern wären sie sicher gar nicht erst auf den Gedanken gekommen, die Diskutanten einem solchen Marionettenspiel auszusetzen.

Diese Episode erscheint belanglos. Doch sie steht für eine verbreitete Grundhaltung: Politiker werden als Marionetten angesehen und behandelt. In einer verödeten Diskussionskultur erwartet kaum noch jemand Originäres von ihnen. Ein abfälliger Unterton schwingt fast immer mit, wenn über »die Politiker« geredet wird: »Die« Politiker würden anderes denken, als sie sprechen, und anders handeln, als sie denken. Ob es diese jungen Leute vom Kreisjugendring sind, ob Stammtische, Wissenschaftler oder Medien: »Die« Politiker werden gewöhnlich als Gattung angesehen, in der letztlich die einen wie die anderen seien. Aber sind Politiker tatsächlich Angehörige einer »politischen Klasse« mit identischen Antrieben oder Eigenschaften, verschieden nur noch im Aussehen und in der Art ihres Auftritts? Oder sind sie ganz unterschiedliche Einzelmenschen mit sehr verschiedenen Motiven und Zielen, deren einziges gemeinsames Merkmal ist, im Handlungsfeld der Politik tätig zu sein? Die Szene im Schwimmbad deutet auf Ersteres,; sie spiegelt ein desolates Verhältnis zwischen Wählern und Gewählten, das für die Demokratie brisanter ist, als der, für sich gesehen, läppische Vorgang vermuten lässt. Politiker-»Bashing« ist »in«. Es wird nicht zuletzt auch von Journalisten kultiviert, die von der »politischen Klasse« reden, in die sie im Zweifelsfall voll integriert sind. Doch wie entstand, warum besteht und wie berechtigt ist die Klischeevorstellung von den letztlich uniformen Politikern? Warum werden sie kollektiv für Fehlentwicklungen und Probleme verantwortlich gemacht, selbst wenn sie im konkreten Fall damit nichts zu tun haben? Und warum schwanken so viele bei konkreten Fragen zwischen Allzuständigkeits-Gehabe und Unzuständigkeits-Entschuldigung, statt diesen Widerspruch aufzuklären? Warum werden nahezu alle gesellschaftlichen Problemlösungen von den Politikern erwartet, obwohl ihnen – im krassen Widerspruch dazu – immer weniger Gestaltungseinfluss zugestanden wird? Woran liegt es – um vom Vorurteil zu realen Schwächen zu kommen –, dass selbst Lösungen, zu denen sich alle Verantwortlichen bekennen, oft nicht zustande kommen; was lähmt Politiker und politische Institutionen? Wie sehr sind sie tatsächlich noch in der Lage, ihre Rolle als Träger der Politik wahrzunehmen? Oder sind sie längst selbst Opfer der Motivationskrise demokratischer Gesellschaften und verstärken so deren Zukunftsunfähigkeit? Prägen sie das Niveau der politischen Kultur, oder spiegeln sie es nur wider? Welche ihrer Eigenschaften werden belohnt, welche sanktioniert? Und wie kommt es, dass allenthalben nach glaubwürdigen Politikern gerufen wird, dass aber zugleich ein als dreister Lügner decouvrierter hessischer Ministerpräsident einen erdrutschartigen Wahlsieg einfahren kann? Ein neurotisches Verhältnis zu ihren Politikern ist ein Problem aller Gesellschaften, aber jene mit demokratischer Verfassungsordnung trifft es besonders.

Subjekte oder Objekte des politischen Systems?

In den Zeiten der antiautoritären Studentenrevolte der 60er Jahre gegen das herrschende »Establishment« kursierte die Theorie, dass es in der Politik kaum auf die einzelnen Personen ankomme, sondern auf die Strukturen. Tatsächlich seien Politiker kaum mehr als »Charaktermasken« des Systems. Im Gegensatz dazu steht der im audiovisuellen Zeitalter gepflegte Personenkult, demzufolge einzelne Figuren – unabhängig von Parteien, Programmen und Strukturen – allein ausschlaggebend für die politischen Entscheidungen und die Wahlentscheidungen der Menschen seien. Welchen Stellenwert haben die Strukturen von Parteien, Parlamenten, Regierungen und vor allem die organisierten gesellschaftlichen Machtstrukturen in ihrem Umfeld – Unternehmen, Wirtschaftsverbände, Gewerkschaften, Ministerialbürokratien, Medien – tatsächlich für das Verhalten von Politikern; welche struktur- und systemgestaltende Rolle können umgekehrt einzelne Politiker spielen? Was im Drama der Politik tatsächlich geschieht oder geschehen könnte, hängt nie nur vom Stück ab, sondern immer auch von seinen leibhaftigen Regisseuren, Akteuren und Komparsen, von der Kulisse und nicht zuletzt den Wählern. Generalisierende Aussagen über den jeweiligen Part sind nicht möglich. Möglich ist es indes, die Voraussetzungen für die Verwirklichung unterschiedlicher Ambitionen zu beschreiben – ob innerhalb vorgegebener Handlungsgrenzen oder sogar bis zu deren Ausweitung und Sprengung.

Das Hauptaugenmerk dieses Buches gilt den Politikern als den Subjekten des politischen Prozesses. Dabei dürfen die organisierten und institutionalisierten Subjekte der Politik – Parteien, Parlament, Regierung, Medien und organisierte Interessen – nicht übersehen werden, zumindest nicht im Hinblick auf die Gestaltungsräume von Politikern – die tatsächlich gegebenen und verloren gegangenen, die praktisch ausgeschöpften und die verspielten. Wer sich in das undurchsichtig scheinende Gestrüpp der Politik begibt, muss wissen, wie man sich gegen die zahllosen Viren des Opportunismus immunisieren kann – wie man also vermeidet, als Politiker die »Chamäleonfarben des Lebens« (Friedrich Hölderlin) anzunehmen und schließlich nicht mehr zu wissen, wer man selbst ist oder sein könnte. Kurz: Wie man sich als Subjekt mit eigenen Antrieben und Zielen in die politische Meinungsfindung und Willensbildung einbringen kann, ohne zum bloßen willfährigen Objekt der Strukturen der Politik zu werden. Eine solche Betrachtung kann nicht kontextlos stattfinden, ohne Berücksichtigung und Bewertung des gesellschaftlichen und institutionellen Umfeldes, in dem Politiker in ihren verschiedenen Rollen handeln müssen.

Die Dramatik der hier aufgeworfenen Fragen ergibt sich aus den wachsenden Gefahren für den Bestand der modernen Gesellschaften, bei gleichzeitig schwindender Beteiligungs- und Mitwirkungsbereitschaft in politischen Institutionen. Die Zahl der Wähler und Parteimitglieder sinkt unaufhörlich, ebenso wie das Vertrauen in politische Institutionen und Politiker und die Motivation der Noch-Beteiligten und -Mitwirkenden. Außerhalb wie innerhalb des Systems der politischen Institutionen verbreitet sich eine »no future«-Mentalität. Diese Entwicklung muss, würde sie sich fortsetzen, zwangsläufig zum Zerfall der demokratischen Ordnung führen. Es ist nicht zu erwarten, dass die Bereitschaft von Menschen, sich zu engagieren, wieder zunimmt, solange sie allein dadurch reflexartig als Angehörige einer verachtungswürdigen Kaste betrachtet werden – als Kollektivschuldige an allen politischen und gesellschaftlichen Missständen.

Die Gesellschaft, ihre Paradoxien und ihre Politiker

Dass die Gefahren für den Bestand und die Entwicklung staatlich organisierter Gemeinwesen in einer bisher nicht gekannten Weise kumulieren, ergibt sich aus grundlegenden Widersprüchen, in die die politischen Institutionen involviert und mit denen sie konfrontiert sind. Die Diskrepanz zwischen den Erwartungen und Hoffnungen an die Politik und den tatsächlichen Entwicklungen und Möglichkeiten wächst. Sie werden zunehmend als Widersinn erkannt. Je mehr Widersinn die Menschen erleben, desto weniger glauben sie an realisierbare Perspektiven oder sind noch bereit, sich an grundlegenden Problemlösungen gedanklich und praktisch zu beteiligen. Grundlegende Paradoxien der Gegenwart sind:

- Wir verfügen heute über umfassende naturwissenschaftliche Kenntnisse, die sich rasant vermehren: über die natürlichen Kreisläufe, die Elemente ihrer Gefährdung und die daraus resultierenden verheerenden Folgewirkungen. Aber dennoch findet eine historisch einmalige und anhaltende, menschengemachte Naturzerstörung statt.
- Die Abhängigkeit der Weltgesellschaft von fossilen Energieressourcen wird größer, obwohl deren nahende Erschöpfung nicht mehr ignoriert werden kann und die Möglichkeit ihrer Ablösung durch solare Ressourcen besteht.
- Die Weltbevölkerung mit dem Bedürfnis jedes einzelnen Menschen nach einem gesicherten Lebensunterhalt wächst. Aber gleichzeitig steigt die Produktivität aller Wirtschaftstätigkeiten, so dass immer weniger Arbeitskräfte dafür erforderlich sind.
- Die Idee der Marktwirtschaft ist als ökonomisches Prinzip weniger umstritten als je zuvor. Aber unter ihrer Fahne entfaltet sich eine privatkapitalistische Planwirtschaft, fußend auf einem historisch einmaligen transnationalen Konzentrationsprozess der Unternehmenswirtschaft.
- Die Anforderungen an die politischen Institutionen nehmen zu. Aber gleichzeitig bauen diese ihre eigenen Handlungsspielräume im Zuge der Transnationalisierung politischer Entscheidungskompetenzen und in Bezug auf die Strukturierung der wirtschaftlichen Zukunftsentwicklung ab.
- Während die Weltzivilisation durch globale Regeln zusammengeschweißt wird und sich ein Weltbürgertum herauszubilden scheint, schießen marodierende ethnische, nationalistische und fundamentalistisch-religiöse Bewegungen wie Giftpilze aus dem Boden.
- Während die Demokratie zum weltweit anerkannten staatlichen Ordnungsprinzip geworden ist, vollzieht sich in den Stammländern der Demokratie ein tief greifender Prozess der Entdemokra-

tisierung. Obwohl der Zugang zu Informationen immer leichter wird, werden politische Entscheidungsprozesse anonymer.

Keine dieser Paradoxien ist allein durch politische Entscheidungen entstanden. Keine kann allein durch Politik, aber keine kann ohne Politik – ohne ein die Gesellschaft als ganzes reflektierendes Politikverständnis – entschärft oder aufgehoben werden. Sie alle sind Ausdruck dafür, dass sich die Zivilisation in einer Umbruchsituation befindet, die eine schlichte Fortschreibung bisheriger Entwicklungslinien und davon abgeleiteter politischer Leitlinien nicht länger erlaubt. Vieles, was bisher erfolgreich war oder schien, ist künftig zum Scheitern verurteilt. Erfolgsverwöhnten Gesellschaften und ihren Eliten fällt es besonders schwer, zu dieser Erkenntnis zu kommen.

Keine politische Klasse

Die Weltgesellschaft steht vor existenziellen Herausforderungen, für die es in der Zivilisationsgeschichte kein historisches Vorbild gibt. Sie stellen ebenso beispiellose Anforderungen an politische Institutionen und damit an Politiker. Doch die Menschen ändern sich in ihren Empfindungen und elementaren materiellen und seelischen Bedürfnissen, ihren Ängsten und Hoffnungen kaum – und wenn, dann jedenfalls sehr viel langsamer als die Bedingungen, denen sie ausgesetzt sind. Und wie sie darauf reagieren – vor allem in der Situation der Überforderung – ist nicht programmierbar. Je mehr man auf den progressiven »neuen Menschen« setzt, desto überraschter ist man, wenn dieser stattdessen regressive Verhaltensweisen zeigt. Auch den »neuen Politiker« wird es nicht geben können, bestenfalls eine neue Politik, die von gesellschaftlichen Kräften – im Konflikt mit anderen – erzwungen wird und die nicht zuletzt von Politikern gegenüber anderen Politikern durchgesetzt werden muss. Es gibt keine Politik ohne Politiker. Und weil es im Kampf um die Zukunft keinen Konsens in der Gesellschaft gibt, ist der Ruf nach Konsens unter Politikern prinzipiell abwegig.

Mit dem Buchtitel »Die Politiker« ziele ich jedoch auf eine Differenzierung unter den Politikern. Diese ist die unerlässliche Vorbedingung dafür, erkennbar werden zu lassen, welche Politiker mit ihren diversen Ambitionen und Eigenarten, ihren Ideen oder Nichtideen, mit ihren Aktivitäten oder Unterlassungen die Gesellschaft weiter- oder irreführen; welche sich um diese bemühen oder die Entwicklung schleifen lassen; wo die jeweiligen Handlungsmöglichkeiten und -grenzen liegen, subjektive wie objektive.

Jede pauschale Betrachtung der Politiker (aus Gründen sprachlicher Vereinfachung meine ich das trotz der maskulinen Sprachform geschlechtsneutral, um nicht dauernd von Politikern und Politikerinnen schreiben zu müssen) hinterlässt zwangsläufig einen schillernden Eindruck. Je größer das Desinteresse am konkreten Tun der Politiker, desto oberflächlicher der Eindruck – und desto größer die Wahrscheinlichkeit, dass die Gesellschaft an ihren Politikern verzweifelt.

Umso gravierender sind die wachsenden politischen Beteiligungsdefizite und die doppelten Maßstäbe, die an Politiker angelegt werden: einerseits maßlos übersteigerte Ansprüche an ein individuelles Alleskönnertum, die viele Politiker zu entsprechenden Etikettenschwindeleien und Hochstapeleien treiben; andererseits eine laufende Verflachung der Ansprüche an Politikerqualitäten, bei denen es mehr um äußerliche Verhaltensmerkmale als um Inhalte geht. Das gestörte und dabei widersprüchliche Verhältnis der Gesellschaft zu ihren Politikern – und umgekehrt – ist selbst ein Paradox, das Verhaltensstörungen in der Gesellschaft gegenüber der Politik und von Politikern gegenüber der Gesellschaft verstärkt – bis hin zu dem absurden Ruf nach einer »neuen Politik« möglichst ohne Politiker. Deshalb halte ich den Diskurs über Politiker für ebenso notwendig wie den über Politik. Er darf weder in Form pauschaler Abwertung noch allgemein beschönigend geführt werden.

Die Prämisse, von der dieses Buch ausgeht, entspricht meinem Credo: dass die gewaltengeteilte Verfassungsdemokratie der wichtigste zivilisatorische Fortschritt der Menschheitsgeschichte ist. Diese ist nicht nur »von außen« bedroht, durch globale wirtschaftliche Strukturentwicklungen, die wie ein Naturereignis hingenommen werden;

sie wird zusätzlich von »innen« ausgehöhlt durch einen leichtfertigen Umgang mit den politischen Institutionen und den Politikern, auch durch Politiker selbst. Mein Anliegen ist es, das Bild von »den« Politikern zu entzerren – und gerade dadurch den Blick zu schärfen für die tatsächlichen Unzulänglichkeiten und Fehlentwicklungen. Eine aus dem gesellschaftlichen Zusammenhang gerissene, wahllos verallgemeinernde Politikerkritik vernebelt, wo aufgeklärt werden muss, und sie lenkt von den wirklichen Anforderungen, Widrigkeiten und Eigenarten politischen Handelns ab. Die Existenz einer »politischen Klasse« bestreite ich – jedenfalls im Sinne eines soziologischen Klassenbegriffs, der gemeinsame Interessen und Werte von denen anderer Klassen abgrenzt. Sehr wohl gibt es aber ein spezifisches Aktions- und Kommunikationsfeld sowie ein soziales Umfeld, mit dem jeder Politiker nolens volens zu tun hat.

Betrachtungen eines »Politischen«

Eingeflossen in diese Schrift sind meine unmittelbaren Einblicke als einstiger Mitstreiter der außerparlamentarischen Opposition, als Parlamentarier und Mitglied in internationalen politischen Gremien, als Parteimitglied ohne und mit Vorstandsfunktionen und als Akteur in parteiunabhängigen, außerparlamentarischen Initiativen und Nicht-Regierungsorganisationen. Dazu gehören meine (Grenz-)Erfahrungen als »Einzelkämpfer«, der oft gegen den Mainstream agierte – teils erfolgreich und teils nicht. Eingeflossen sind ebenso meine Kenntnisse von Theorien der Politik, der politischen Soziologie und der neuzeitlichen Politikgeschichte sowie meine langjährige Einbeziehung in technologische Arbeitszusammenhänge. In all diesen Feldern war oder bin ich involviert, und das meistens zeitgleich, weshalb ich in keinem voll und ganz dazugehören konnte. Das ermöglicht, so hoffe ich, auch einen gedanklichen und seelischen Abstand zum jeweiligen politischen oder wissenschaftlichen Spektrum, der den Blick erweitern hilft. »Der dritte Blick oder Betrachtungen eines Antipolitischen« lautet der Titel eines Essays von György Konrad; er meint damit den Blick

15

vom »Standpunkt des Opfers« aus, den auf »Preis und Schaden der Aktion« und dabei besonders den auf den Verlierer. Das ist nicht meine Situation. Meine ist die eines »Politischen«, der sich weder als Sieger noch als Verlierer empfindet oder empfinden muss, weil ich beides erlebt habe und erleben werde. Und weil sich besonders in der Politik oft erst später zeigt, ob aktuelle Siege nicht doch zu Niederlagen oder aktuelle Niederlagen nicht doch zu Siegen werden. Und weil ich denke, dass Politiker zwischen persönlichen und politischen Gewinnen und Verlusten unterscheiden sollten.

Ein denkwürdiger Satz des legendären SPD-Politikers Herbert Wehner lautet: »Wer seinen Kopf aus dem Fenster streckt und nicht weiß, wer draufhaut, ist selber schuld.« Zur Entzerrung und Differenzierung des Politikerbildes gehört, dass ich manche der landläufigen negativen Urteile über Politiker als abwegig bewerte und manche gegenwärtig gerühmten Politikereigenschaften als fragwürdig einschätze. Mir ist bewusst, dass es psychologisch heikel ist und man sich Missdeutungen aussetzt, wenn man als Politiker einen Essay über Politiker veröffentlicht, über den eigenen »Stand«.

Die Beispiele über konkrete Personen in diesem Text sind keine Enthüllungen, sondern allgemein bekannt. Interne Beobachtungen über andere politische Akteure teile ich nicht mit. Wenn ich Beispiele zur Verdeutlichung sachlicher Konflikte anführe, ziehe ich solche vor, die ich aufgrund meiner eigenen politischen Arbeitsschwerpunkte besonders gut überschauen kann. Es geht nicht um eine Skandalerzählung. Ich lege auch keine persönliche Bilanz vor, wie sie manche zum Abschluss eines Politikerdaseins ziehen, erleichtert, endlich keine taktischen Rücksichten mehr nehmen zu müssen. Meine politische Einmischung – in welcher Rolle auch immer – wird hoffentlich so lange fortdauern, wie es Kopf und Physis erlauben. Meine Überzeugung ist, dass man das, was man über die Politik sagen will und zu sagen hat, mitten im aktiven Politikerleben artikulieren sollte und nicht erst im sicheren Hafen eines Ehemaligen. Es ist weder glaubwürdig noch motivierend für andere, mehr politische Konsequenz und Moral erst dann anzumahnen, wenn man sich selbst den Versuchungen, Widersprüchen und Anfechtungen des politischen Alltags nicht mehr stellen muss – und schon gar nicht, wenn Mahner um ihrer Karriere willen zuvor all das mitgemacht haben, was sie anschließend verdammen. Demokratie heißt wählen, und Wählen erfordert, unterscheiden zu können. Den Anspruch auf den kleinen oder größeren Unterschied, hinter dem jeweils eine eigene Person steht, hat jeder politische Akteur mit einem ernsthaften Anliegen. Der Ruf der Gesellschaft nach mehr passionierten und kompetenten Politikern wird verhallen, wenn die von politischer Mitwirkung abschreckenden pauschalen Abwertungen »der« Politiker, der »politischen Klasse« oder »Politikerkaste« nicht durch jeweils konkrete, den verschiedenen Politikern tatsächlich zumessbare Einschätzungen und Wertungen abgelöst werden. Sonst könnte es eines Tages heißen: »Stell dir vor, wir haben Demokratie, aber keiner macht mit.«

1. Kapitel

Zoon politikon oder idiotes

Denn sie müssen nicht, was sie tun.
Erstes Programm der Münchner Lach- und
Schießgesellschaft

Der Mensch sei – so der Philosoph Aristoteles –»ohne Gesetz und
Recht das schlimmste und gefährlichste aller Lebewesen«.[1] Keine Gesellschaft ist ohne verbindliche Regelungen ihrer allgemeinen Angelegenheiten existenzfähig. Für diese Regelungen zu sorgen ist die tragende Aufgabe staatlicher Institutionen. Politiker sind die dafür
verantwortlichen individuellen Träger und Gestalter.

Würden alle Politiker stets ernsthaft, kompetent und konzentriert
tun, was sie zu tun vorgeben, dann würden wir in einer paradiesischen
Welt leben, in Frieden und Sicherheit, Freiheit und Gerechtigkeit, in
intakter Umwelt und ohne soziale Not. Würden andererseits alle Politiker nur nach persönlicher Bereicherung trachten und sich mit eigensüchtigen Machtspielen beschäftigen, dann lebten wir in höllischen
Verhältnissen. Da es aber offensichtlich extrem unterschiedliche Ge-
sellschaftszustände gibt, die auf Unterschiede realisierter Politik zu-
rückgehen, muss es glaubwürdige wie verlogene, gesellschaftlichen
Werten verpflichtete wie diese verachtende, kompetente wie nicht-
kompetente, unbestechliche wie korrupte, moralisch integere wie kri-
minelle, feige wie mutige, permissive wie konsequente Politiker geben.
Welche Politikereigenschaften überwiegend kultiviert werden, hängt
vom demokratischen Reifegrad der politischen Kultur einer Gesellschaft ab: vom Zustand der Parteien, der politischen Institutionen, der
Medien, der allgemeinen politischen Bildung und vom Pegelstand
(zeit-)geistiger Strömungen.

»Ich habe mein Vertrauen in die Politiker verloren«, lautet einer der eingängigsten Songs des Popsängers Sting – der immerhin zu denen gehört, die sich für brennende politische Probleme interessieren, und bei Massenveranstaltungen der Friedens- und Umweltbewegung auftritt. Je gleichgültiger »die Politiker« den Gesellschaftsmitgliedern sind, desto mehr müssen diese mit Politikern rechnen, denen das Schicksal der Gesellschaft relativ gleichgültig ist. Eine überwiegend negative Meinung über Politiker im gesellschaftlichen Bewusstsein, ob zu Recht oder zu Unrecht, bestärkt umso mehr Menschen darin, mit gutem gesellschaftlichen Gewissen der Politik fernzubleiben. Dies setzt den Teufelskreis einer immer fragwürdiger werdenden Politikerauswahl in Gang, rekrutiert aus einer schwindenden Zahl von politisch Aktiven, mit zunehmend anderen als auf das Gemeinwohl bezogenen Wert- und Zielvorstellungen. In Krisenzeiten, also in Zeiten außergewöhnlicher Herausforderungen an die Politik, kann diese Entwicklung eine Gesellschaft substanziell gefährden. Es fehlt ihr dann das unverzichtbare breite Potenzial an Menschen, die sich mit gesellschaftlichem Engagement und Ausdauer politisch betätigen.

Seit der Weltwirtschaftskrise der frühen 30er Jahre gab es in der neuzeitlichen Demokratiegeschichte nicht mehr so viele gewichtige, neuartige und objektiv dringliche Gründe, sich in die Politik einzumischen. Doch die Bereitschaft der Menschen, sich im Spektrum der politischen Institutionen aktiv mit diesen auseinanderzusetzen, sinkt. Das bedeutet nicht, dass sich generell niemand mehr gesellschaftspolitisch engagieren will. Die Friedensdemonstrationen im Frühjahr 2003 gegen den Irakkrieg, die größten Demonstrationen in der europäischen Demokratiegeschichte, bewiesen eindrucksvoll das Gegenteil; ebenso die schnell wachsende Bewegung der Globalisierungskritiker und der Mitgliederzuwachs bei Organisationen wie »attac«, die sich gegen eine einseitig an Großinteressen ausgerichtete Politik wenden.[2] Doch bei politischen Parteien und deren Jugendorganisationen schwindet die Basis aktiver Mitglieder. Menschen sind nur bereit, sich zu engagieren, wenn sie eine konkrete Perspektive vor Augen haben, sich mit der politischen Haltung ihrer Partei identifizieren können – und wenn sie eine Mitwirkungsmöglichkeit erkennen.

In den abschließenden Leitsätzen seines Theaterstücks »Die Physiker« schrieb Friedrich Dürrenmatt:»Die Methode der Physik geht die Physiker an, die Auswirkungen alle Menschen. Was alle Menschen angeht, können nur alle lösen.« Das gilt für die Politiker allemal. Nicht erst die Wirkung ihres Tuns geht alle an, sondern bereits die Methode der Politik, weil schon diese gesellschaftliche Folgen haben kann, wie am krassesten der Unterschied zwischen friedlichem und gewalttätigem Vorgehen zeigt. Die *Methoden* der Physik sind allen verschlossen, die nicht über entsprechende wissenschaftliche Kenntnisse verfügen. Es ist prüfbar, wer sie beherrscht. In der Politik hingegen gibt es nicht die eine Methode, sondern so viele, wie das jeweilige gesellschaftliche Umfeld erwartet und erlaubt. Es gibt keine Examen für Abgeordnete oder Minister, Parteivorsitzende oder Regierungschefs. Nicht einmal die Unkenntnis der Grundrechenarten oder der Grammatik wären, zumindest formal gesehen, ein Hindernis. Zwar gibt es viele Politiker mit akademischem Diplom, aber undenkbar sind Diplompolitiker. Das allgemeine und gleiche aktive und passive Wahlrecht aller Staatsbürger hat seinen tiefen Sinn: Es gewährleistet die unbeschränkte Möglichkeit aller, zu wählen und gewählt zu werden. Eine Auslese der Wähler nach ihrem formalen Bildungsstand verhindert erfahrungsgemäß Fehlentwicklungen nicht. Bei keiner Berufsgruppe fand Hitler bei seiner Machtergreifung einen breiteren Anhang als unter den deutschen Universitätslehrern, einschließlich des Philosophen Martin Heidegger. Zum Wesenskern der Demokratie gehört, dass alle – je nach ihren Möglichkeiten – die Politik beeinflussen können, ob als Wählende und Gewählte oder als Meinungsbildner im kleineren oder größeren Kommunikationskreis. Und wenn es nur politische Meinungsäußerungen sind, die man oft genug wiederholt: Die Adressaten verlieren ihre»kommunikative Unschuld«, wie es Niklas Luhmann in seiner Abhandlung über»Das Medium Macht« ausgedrückt hat.[3]

Dass die *Auswirkungen* der Physik alle angehen, schrieb Dürrenmatt unter dem Eindruck der Entdeckung der Atomkraft. Atom-, Gen- oder Raketentechniker haben ein hochqualifiziertes Wissen. Dass sie alle damit zugleich zwingend ein soziales Gewissen, politische Umsicht und moralische Maßstäbe verbinden, ist zweifelhaft, insbesondere dann, wenn beruflicher Ehrgeiz und monetäre Anreize den

Blick trüben. Auch renommierte Experten sind bisweilen verblendet oder käuflich. Die Besten unter ihnen können die schlechtesten politischen Ratgeber sein.

Die Gegenbewegung zur Atom- und Gentechnologie entfaltete sich im dezidierten Widerspruch zu den anerkannten wissenschaftlichen Autoritäten und Forschungsinstitutionen. Politisch engagierte Laien lasen sich Fachwissen an und interpretierten es kritisch, wofür sie zunächst verunglimpft wurden. Die Hüter der vermeintlich einzigen wahren Lehre konnten dennoch nicht verhindern, dass Skepsis und Ablehnung sich schließlich durchsetzen konnten, weil sie eine große Mehrheit überzeugten. Auch in der Geschichte der Politik mangelt es nicht an Beispielen für Fehleinschätzungen. Die amerikanische Historikerin Barbara Tuchman analysiert in ihrem Buch »Die Torheit der Regierenden« anhand mehrerer spektakulärer Fallstudien schwer wiegende geistige Fehlschaltungen ganzer politischer Eliten. Sie fällten Entscheidungen mit katastrophalen oder extrem kostspieligen Folgen, obwohl sie zuvor von Außenstehenden eindringlich auf offenkundige Risiken aufmerksam gemacht worden waren.[4]

Das war auch der Fall bei der Industrialisierung der Landwirtschaft, die jahrzehntelang das Konzept der Landwirtschaftspolitik und »herrschende Meinung« in den landwirtschaftlichen Instituten war. Oder in der Stadtplanungspolitik, die durch die Separierung der Bereiche Wohnen, Gewerbe, Freizeit und Einkauf – jahrzehntelang *die* kommunalpolitische und städtebauliche Leitlinie – Zersiedelungen, wachsende Verkehrsströme und Umweltprobleme produzierte.

Regierungen haben zwar die legitimierte politische Verantwortung, aber sie haben keineswegs per se den besseren politischen Durchblick. Die ideellen und praktischen Protagonisten der meisten politischen Umwälzungen sind und waren zunächst Minderheiten außerhalb der Ministerien und Parlamente; Menschen, die sich auflehnten, deren Anliegen nach vielen Konflikten schließlich in der Gesellschaft – als Demokratie-, Sozial-, Frauen-, Friedens- und Umweltbewegung – oder in Parteien auf Widerhall stieß und deren Zustand veränderte.

In der klassischen griechischen Polis, in der die meisten Grundbegriffe der Politik geprägt wurden, unterschieden die Philosophen zwischen dem *zoon politikon* und dem *idiotes*. Zoon politikon bezeichnete nicht den professionellen Politiker, weil die Polis dafür noch zu klein war, sondern den sich für das Gemeinwesen engagierenden Einzelnen. Idiotes hingegen kümmern sich ausschließlich um ihre Privatangelegenheiten. Im antiken Rom sprach man vom Gegensatz zwischen dem »homo politicus« und dem *idiota* als dem Laien oder Ahnungslosen.[5] Möglichst viele »Politiker«, möglichst wenige »Idioten« – das war das Ideal des demokratischen Gemeinwesens. Als moralische Pflicht und höchster Wert für den Einzelnen galt, sich für die Polis einzusetzen. Verachtenswert war das Desinteresse an ihr, die Konzentration allein aufs Private.

Diese Wertigkeit hat sich heute ins Gegenteil verkehrt – und das sogar in demokratischen Staaten. Das Ansehen der Politiker in der Gesellschaft ist ein Desaster. Das Allensbacher Meinungsforschungsinstitut, das seit 1966 regelmäßig ermittelt, vor welchen Berufen die Bürger »am meisten Achtung haben«, zeigt Politiker im Jahr 2001 lediglich bei zehn Prozent – weit hinter Ärzten (73 %), Pfarrern (41 %), Hochschulprofessoren (33 %), Unternehmern (30 %), Rechtsanwälten (29 %), Journalisten (19 %) oder Offizieren (14 %). Zum Vergleich: 1966 lag das Ansehen der Politiker bei 15 %, es stieg 1975 auf 22 % und sank bis 1991 wieder auf 14 %. Die Differenz zwischen 1975 und 2001 erklärt sich wohl daraus, dass Mitte der 70er Jahre, in der Hochzeit politischer Reformen und des Ausbaus des sozialen Wohlfahrtsstaats, die Zufriedenheit mit den Resultaten der Politik noch relativ hoch war. Eine gesonderte Umfrage in Ostdeutschland ergab 1991 Werte bei 15 %, im Jahr 2001 nur noch von 8 %.[6] In anderen Ländern, auch solchen mit längerer Demokratietradition als Deutschland, ist das Politikerimage teilweise sogar noch schlechter. Das »Eurobarometer« ermittelte 2001 in allen Mitgliedsländern der Europäischen Union, welches »Vertrauen zu ausgewählten Berufen« die Bürger haben. Nach dieser Umfrage hatten in Deutschland nur 7,8 % Vertrauen in den Politikerberuf, in Großbritannien 6,3 %, in Italien 4,5 %, in Frankreich 3,2 %! Etwas mehr Vertrauen signalisierten lediglich die Schweden (9,8 %), die Dänen (13,1 %), die Niederländer (14,9 %) und die Luxemburger

(16,8 %). Zum Vergleich: In allen Ländern lagen die Ärzte vorn (zwischen 64,4 % in Deutschland und 80,4 % in Frankreich), gefolgt von Wissenschaftlern (zwischen 22,9 % in Irland und 54,8 % in Schweden).

Eine in den USA vorgenommene Umfrage von Gallup Poll aus dem Jahr 2001 ergab zur Frage »Whom do you trust?«, dass unter 23 abgefragten Berufen Politiker – immerhin – bei 25 % der Befragten Vertrauen genossen, knapp hinter Journalisten (29 %), weit hinter Feuerwehrleuten (90 %), Polizisten (68 %), Ärzten (66 %), doch vor Börsenmaklern (19 %), Anwälten (18 %) und Autohändlern (8 %).[7] In Japan, wo in der allgemeinen Wertigkeit die Institution vor dem Einzelnen steht, wurde nach den »most trusted institutions« gefragt. Dem Parlament bekundeten nur 9 % ihr Vertrauen, der Staatsverwaltung nur 8 % und dem Ministerpräsidenten sogar nur 6 %. Allerdings kamen die Großunternehmen auch nur auf 7 %. An der Spitze lagen Zeitungen (42 %), Gerichte (29 %), das Fernsehen (20 %) und kommunale Regierungen (19 %).[8]

Das weit unterdurchschnittliche Ansehen der Politiker und auch politischer Institutionen kann jedoch nicht allein damit erklärt werden, dass die Menschen mit den Resultaten der Politik und der Arbeitsleistung von Parteien und Politikern unzufrieden sind. Die politischen und wirtschaftlichen Verhältnisse befinden sich in den genannten Ländern auf einem überdurchschnittlich stabilen Niveau, das eine derart durchgängig negative Bewertung nicht rechtfertigt. Es muss also tiefere Gründe für das mangelhafte Vertrauen geben. Sie werfen ein Licht darauf, wie dünn das Eis ist, auf dem sich Politiker bewegen müssen – und wie fragil die Demokratie ist, wenn sie ihre Strukturen nicht einsichtig machen und ihren Stellenwert nicht verdeutlichen kann.

Obwohl es keinen zwingenden Zusammenhang zwischen Politikeransehen und Systemleistungen gibt, lässt das niedrige Ansehensniveau ahnen, was in einer länger anhaltenden und tief greifenden Krise zu erwarten wäre, in der sich die Lebensverhältnisse der Gesellschaft insgesamt verschlechtern, so dass die tiefer liegenden Vorbehalte umso mehr sprießen: »Rabis populorum«, die Wut des Volkes, droht sich dann vorzugsweise an den Politikern zu entladen, insbesondere an den Politikern der gerade regierenden Parteien. Die Frequenz, mit der Regierungen abgewählt werden, erhöht sich seit Jahren in allen demokratisch verfassten Ländern, was wohl damit zusammenhängt, dass die strukturelle Arbeitslosigkeit nahezu überall wächst, staatliche Finanzkrisen zur Dauererscheinung geworden sind, soziale Sicherungssysteme abgebaut werden und natürliche Lebensgrundlagen gefährdet sind – mit der Folge, dass ein Gefühl der Lebensunsicherheit um sich greift. Was einige Zeitbeobachter als »Jammern auf hohem Niveau« bezeichnen, ist die gerade wegen des Erreichten umso weiter verbreitete und tief sitzende Angst vor dem sozialen Absturz. Ihretwegen können Regierungen in relativ kurzer Zeit erdrutschartige Verluste in der Wählergunst erleben. Politiker sind die bevorzugte Projektionsfläche für diese Angst. Meist haben sie mehr versprochen, als sie beim besten Willen einlösen konnten. Auch wenn sie wenig versprochen haben, werden sie an dem gemessen, was man von der Politik in diffuser Weise erwartet – selbst dann, wenn man gleichzeitig den Politikern immer weniger Gestaltungsspielräume zugesteht.

Der Althistoriker Christian Meier hat den Untergang der Römischen Republik in einer Weise beschrieben, die Assoziationen zur Gegenwart verstörend nahelegt: Die aktuellen politischen Konflikte »drehen sich regelmäßig um Minima, während die ganze Verfassung bedroht ist«. Die Krise kommt schleichend, wenn alle »Mächtigen mit dem System zufrieden und die Unzufriedenen über einzelne Situationen hinaus machtlos sind«, und wenn sich die Reformen »zumeist so schädlich auswirken wie die Missstände«. Wie Meier in seiner Studie »Res publica amissa« analysiert, sind es nicht nur soziale Missstände, wirtschaftliche Krisen und schwere Konflikte, sondern »die Verfassungsänderungen, -durchbrechungen und -aufweichungen, das Versagen der Institutionen vor so vielen Aufgaben, der Widerstand gegen alle Reformen, die Diskrepanz – oder, wie es scheint, Widersprüche – zwischen herkömmlicher Ordnung und neuen Wirklichkeiten«. Diese Diskrepanz verschärft die Krise und führt zur »Auflösung der republikanischen Formen« und zu einer »Konzentration der Macht«.[9] Doch weil aus der nachfolgenden Diktatur keine tragfähige Gesellschaftsreform erwuchs, stand auch sie auf sandigem Boden. Sie war, so ebenfalls Christian Meier in seiner Abhandlung über »Die Ohnmacht des allmächtigen Diktators Caesar«, nur eine »Macht in den Verhältnissen«, aber keine »Macht über die Verhältnisse«.[10]

Geschichte wiederholt sich nicht eins zu eins, aber – wenn die Konstellationen sich ähneln – in stets neuen Erscheinungsformen. So ist undenkbar, dass ein möglicher Niedergang der heutigen westlichen Demokratien weitgehend identische Anzeichen, Verläufe und Auswirkungen zeigen würde wie etwa der Verfall der Weimarer Republik. Demokratische Verfassungsstaaten, die nach 1990 – als das sowjetische Imperium samt seiner Satellitenstaaten implodierte – als unerschütterliches Muster für alle anderen galten, sind jedoch einem Verfall wahrscheinlich sehr viel näher, als allgemein angenommen wird.

»Déformation professionelle« als Politikerklischee

In jedem Personenkreis gibt es – mit dem Volksmund gesprochen – stets »so'ne und solche«. Dass bei Politikern derartige Unterscheidungen kaum wirklich vorgenommen werden, sollen stellvertretend für viele die Wertungen von zwei politischen Zeitzeugen zeigen, die beide unmittelbaren Einblick in die politische Praxis haben und ein hohes Ansehen als politische Intellektuelle genießen: der ehemalige Bundespräsident Richard von Weizsäcker und der Journalist Jürgen Leinemann vom Wochenmagazin »Der Spiegel«.

Die Politiker seien »machtvergessen« und zugleich »machtbesessen«: In diesem Verdikt, das Bundespräsident Richard von Weizsäcker 1992 spektakulär in die Debatte warf[11], stecken zwei gegensätzliche Begriffe von Macht bzw. Politik: ein gesellschaftlich konstruktiver und ein destruktiver. »Machtvergessenheit« meint, dass die Politiker ihrer Verantwortung für die Gesellschaft nicht mehr gerecht würden. Stattdessen hätten sie sich in Machtspiele mit dem einzigen Ziel ihres individuellen Vorteils verstrickt und damit aus der Politik einen gesellschaftsfernen Selbstzweck gemacht. Dieses Verdikt erhielt breiten öffentlichen Beifall, löste aber unter politischen Publizisten auch Kontroversen aus.[12] So wurde dem Bundespräsidenten zu Recht vorgeworfen, zu vordergründig und undifferenziert populistisch zu argumentieren. Er hatte seinen Vorwurf nicht auf konkrete Beispiele gegründet, wohl um die Neutralität des Präsidentenamts nicht zu verletzen. So schwer wiegend sein Vorwurf und so zutreffend er in vielen Fällen war und ist, so unfair ist er gegenüber der Gesamtheit der Politiker. Weizsäckers Politikerkritik verfehlte deshalb ihre beabsichtigte aufklärerische Wirkung: Sie verstärkte nur die längst vorhandenen Aversionen und Ressentiments. Denn sie war keineswegs originell. Neu war nur, dass sie der Bundespräsidenten höchstpersönlich aussprach. Schwer vorstellbar, dass er ähnlich kategorisch eine andere Berufsgruppe disqualifiziert und etwa alle Ärzte raffgieriger Abrechnungsschwindeleien bezichtigt hätte, nur weil es bekanntlich viele solche Schwindler gibt, oder alle katholischen Priester der Päderastie.

Weizsäckers Kritik hallte nach, doch sie war eine einmalige Handlung. Mit Kontinuität gibt hingegen der »Spiegel«-Autor Jürgen Leinemann in seinen Politikerpsychogrammen ähnlich verkürzende und pauschalisierende Betrachtungen ab. Besonders verdichtet in einem ausführlichen Interview im Berliner »Tagesspiegel« unter der Überschrift »Die sind doch alle süchtig« und in seinem »Spiegel«-Beitrag »Schaden an der Seele«[13]. Da seine Texte in dem meistgelesenen deutschen politischen Magazin erscheinen und, brillant formuliert, oft ein Lesevergnügen sind, haben sie eine breite meinungsbildende Wirkung für das Bild der Politiker in der politischen Publizistik. Sein Augenmerk gilt berufstypischen Deformationen. Solche attestiert er durchaus auch anderen Berufsgruppen und seiner eigenen, doch knapp, eher als Alibi. Umso härter sein Pauschalurteil über die Berufspolitiker als Junkies, die einer »Sucht ohne Drogen« verfallen sind: »Worum es in Wahrheit geht, ist Macht.« Zwar gebe es natürlich keinen »einheitlichen Typ« des Politikers. Doch mögen die verschiedenen Typen mit noch so unterschiedlichen inhaltlichen Überzeugungen gestartet sein – »nach einer Weile sind sie eben doch ziemlich austauschbar geworden«. Das »Ego muss leuchten«, und es leuchtet am hellsten an der Spitze. Deshalb strebten sie alle wie im Rausch dorthin. Der Rest sei eine »Frage der Härte, ob einer bis an die Spitze durchhält«.

Als Kronzeugen für seine Einschätzung zitiert Leinemann Bundes-
außenminister Joschka Fischer. Dieser sehe sich selbst auf dem Mount
Everest, wo die »Luft dünn und der Wind eisig« sei: »Bis auf 7000
Meter brächten es viele Talente, höhnt Fischer mit genüsslichem
Schaudern. Auf den letzten Metern aber sieht er viele festgefrorene
Politikerleichen in der Wand hängen.« Diese ebenso kokette wie er-
barmungslose Mystifizierung lässt Politikern in der öffentlichen
Wahrnehmung kaum noch Chancen, anders gesehen und gedacht zu
werden als im erfolgreichen oder scheiternden Kampf um die ersten
Ränge. Wollen aber wirklich alle nur dieses *eine*: die Macht nicht *für*
etwas, sondern Macht an sich? Leinemanns Politikerpsychogramme
wirken wie ein mixtum compositum aus feinsinnigen Deutungen der
Attitüden durchleuchteter Politikerexemplare, aus Kaffeesatzleserei in
deren individuellen Befind- und Empfindlichkeiten, haltlosen Verall-
gemeinerungen (»Alkoholikerversammlung«) und beherzten Griffen
zu gängigen Klischees (»Der Politiker sagt, was er glaubt, dass seine
Zuhörer es denken. Vor allem sagt er nicht, was sie nicht hören wollen«). Doch damit sind kaum die konkreten Personen, schon gar nicht
das ganze Politikerpersonal ernsthaft analysiert. Die Absicht mag aufklärerisch sein – das Ergebnis ist nicht nur antiaufklärerisch, sondern
antidemokratisch. Denn Leinemann widmet sich fast nur Politikern,
die auf dem sogenannten »Gipfel der Macht« stehen – alle anderen erscheinen ihm lediglich im Trainingslager dafür oder als Möchtegern-
politiker, wehleidige Zukurzgekommene oder Abgehalfterte. Damit
werden die vielerlei inhaltlichen Konflikte, hinter denen Überzeugungen stehen, die Vielfalt unterschiedlicher Motivationen, Ambitionen
und Arbeitsformen schlicht ausgeblendet. Doch in einer Struktur, in
der die Macht wohl bedacht auf viele Akteure verteilt ist, ist es ebenso
verkürzt wie vermessen, die Politik als hierarchisierten Betrieb zu beschreiben, in dem wie in einer Monarchie Einfluss nur von oben nach
unten möglich sei. Macht erscheint folglich bei Leinemann als identisch mit Machtrepräsentation.

Dass es Politiker gibt, die in erster Linie darauf fixiert sind, die jeweils erreichbare Führungsrolle zu übernehmen, ist unbestritten. Aber
dies undifferenziert als einzige Ambition aller politischen Akteure zu

sehen, zeugt von einer Verengung des Blicks oder von Verachtung. Es gibt selbstständige mittelständische Unternehmer, die nicht im Traum daran denken würden, ihre Tätigkeit mit der eines angestellten Vorstandsmitglieds im Großunternehmen zu tauschen. Es gibt freie Architekten, die nicht Leiter einer öffentlichen Baubehörde werden wollen, auch wenn sie dadurch ein gesichertes Einkommen hätten; auch viele Journalisten wollen lieber schreiben denn als Chefredakteur die eher planerischen Aufgaben zu übernehmen. Auch in der Politik gibt es das Motiv, einen Wirkungskreis mit relativ großer Selbstbestimmung einer Amtskarriere vorzuziehen: Bürgermeister, die nicht Minister in der engen Kabinettsdisziplin werden wollen; Abgeordnete, die nicht Parteivorsitzender, Fraktionschef oder Spitzenkandidat sein möchten, sich lieber auf politikgestaltende Aufgaben konzentrieren und mehr konstruktive Spuren hinterlassen können als mancher Minister.

Natürlich gibt es unter Politikern die »Sucht, sichtbar zu sein« – doch prägend für ihre Arbeit ist lange davor der Zwang, wahrgenommen werden zu müssen, um den von ihnen verfochtenen Positionen Gehör zu verschaffen, um sie durchzusetzen. Wenn hinter jedem Versuch, die Öffentlichkeit anzusprechen, aber nur noch das Motiv eitler Selbstdarstellung gesehen wird, kann kein Inhalt mehr ernst genommen werden. Ein derartiger Automatismus zerstört jeden politischen Dialog. Selbstverständlich gibt es im politischen Betrieb Frust, Schikanen, Unterwerfung, doch diese Erfahrungen sind nicht auf den Politikbetrieb beschränkt. Im täglichen Konkurrenzkampf eines Wirtschaftsunternehmens ist es, vor allem auf der Ebene des Managements, nicht anders. Intrigen, Opportunismus und zwischenmenschliche Feindseligkeiten gibt es auch in der Wissenschaftswelt, wenn es um Professorenstellen, Forschungsaufträge oder Publikationen geht. In Sportverbänden und -vereinen, in denen Fairness gepredigt wird, wird nicht weniger leidenschaftlich um Vorstandsposten oder Mannschaftsaufstellungen gerangelt als in der Politik um Mandate und Führungspositionen. Verkannte Fähigkeiten, ignorierte Erfindungen und unterschätzte Leistungen gibt es unter Wissenschaftlern genauso wie unter Politikern. An welchen Arbeitsplätzen wird nicht gemobbt, wo gibt es keine schweren psychischen Belastungen und elementaren Existenzängste?

Dass es im Politikerbetrieb schlimmer als andernorts zugehe, können nur diejenigen behaupten, die weltfremde Maßstäbe anlegen. Das Gegenteil ist, theoretisch jedenfalls, richtig: Von ihrer Basis gestützte und demokratisch – also »von unten« – gewählte Politiker, die also nicht von einer höheren Hierarchie »angestellt« werden, haben die ins politische System eingebaute Chance, sich offensiv gegen »die da oben« zu wehren, offen Kritik zu üben, gegenteilige Auffassungen einzubringen, die Abwahl der bisherigen Führungskräfte zu betreiben und selbst gegen sie zur Wahl anzutreten. Politiker können – wenn sie nicht gerade Minister oder Staatssekretär sind – nicht wie in einem Wirtschaftsunternehmen von oben entlassen, sondern müssen von ihrer Basis wiedergewählt werden. Es liegt an ihnen, ob und wie sie diese Chance, die jemand in einer betrieblichen Hierarchie kaum hat, wahrnehmen oder nicht.

Natürlich reden zahlreiche Politiker ihren Wählern oder bestimmten Interessenverbänden nach dem Mund. Doch auch dies kann nicht allen unterstellt werden. Haben sich grüne Politiker nicht öffentlich dafür prügeln lassen, dass sie lange drastisch höhere Benzinsteuern forderten? Haben sich Politiker nicht gegen das umweltzerstörende Wachstumsdenken und damit gegen das Bewusstsein einer überwältigend großen Mehrheit gestellt? Ließen sich sozialdemokratische Politiker nicht jahrelang auch von ihren Stammwählern attackieren, weil sie das liberale Asylrecht verteidigten? Hat sich die frühere Bundestagspräsidentin Rita Süssmuth nicht aus Überzeugung für ein liberales Zuwanderungsrecht ausgesprochen, obwohl ihre Partei dagegen war? Welche Minderheitenrechte – fast alle zunächst unpopulär – wären je durchgesetzt worden, hätten sich Politiker nur wahltaktisch an Meinungen der Mehrheit orientiert? Stellen sich Politiker nicht immer wieder offen gegen ihre Fraktionsführung und fechten ihre Position durch? Der Realitätsgehalt von Politikercharakterisierungen muss auch an solchen Beispielen gemessen werden.

Auch Politiker selbst beteiligen sich jedoch nicht selten daran, die verallgemeinernd negativen Eindrücke über ihren Berufsstand zu verbreiten. Gegenüber Journalisten oder vor ihrer Parteibasis beklagen und bejammern sie, welchem Konformitätsdruck sie ausgesetzt seien, wie sie eingeschüchtert, bedroht, behindert, belogen oder übergangen würden. Selbstverständlich geschieht dies – wie im allgemeinen Lebenskampf. Doch handelt es sich oft um Ausreden und Entschuldigungen für die mangelnde eigene Courage. Es gibt keine Garantie dafür, dass einer sich im demokratischen politischen Prozess durchsetzt – aber auch kein zwingendes Hindernis, es nicht zu versuchen. Wer verändern will, muss jedoch meistens – angesichts der stets wirksamen Kräfte der Beharrung, der zwischenmenschlichen Konkurrenz und daher der Konflikte mit anderen Akteuren – härter arbeiten als andere und wissen oder lernen, mit wem er es tun hat. Er braucht Geduld in einem komplexen, oft langwierigen Prozess des Durchsetzens. Geduld ist aber kein Plot für Macho-Stories.

Reduziert man die Politikerbetrachtung auf das Machtringen um Führungsrollen, so führt diese Hierarchisierung der Wahrnehmung außerdem dazu, dass außerhalb solcher Hierarchien keinerlei Sinn und Weg der Mitwirkung mehr gesehen wird.

So wird ein anachronistisches Politikbewusstsein erzeugt, das der Realität des politischen Prozesses und seiner Akteure nur sehr bedingt gerecht wird. Neuester Indikator für dieses führerfixierte Denken ist, dass derzeit der Begriff des »Alphatiers« die Runde macht, selbst in Medien, die den Anspruch erheben, über die demokratische Kultur zu wachen. Der Begriff weist auf den Alphawolf, der das Rudel führt, weil und solange er diesem Angst und Schrecken vor sich einflößen und deshalb die Führungsrolle beanspruchen kann.[14] Indem Politiker danach unterschieden werden, ob sie Machtgene hätten oder nicht, wird einem atavistischen – also einem primitiven Menschheitsstadium entsprechenden – Verhaltensmerkmal das Wort geredet. Als »Alphatier« gilt, wer im individuellen Machtspiel um Spitzenplätze besonders rigoros und unverfroren seine Ellbogen einsetzen kann. In welche Richtung und mit welcher Moral er das Rudel führt, gilt dabei als zweitrangig.

»Formation professionelle« als Politikerwirklichkeit

Der politische Betrieb wird allzu häufig aus einem Blickwinkel betrachtet, der Politikern nicht das normale menschliche Maß zubilligt. Dafür gibt es Gründe, die beleuchtet werden müssen. Die Politik ist zweifellos ein Handlungsfeld, das besondere Anforderungen an seine Akteure stellt. Um das zu beschreiben, ist zunächst eine Präzisierung des Begriffs »Politiker« erforderlich.

Die Zahl der – direkt oder indirekt, gelegentlich oder ständig – in politische Prozesse eingebundenen Menschen ist relativ groß; sie umfasst nicht nur Regierungschefs, Minister, Abgeordnete, Landräte, Bürgermeister, Kreistagsmitglieder, Stadtverordnete, Gemeinderäte, Parteivorstände und Parteitagsdelegierte, sondern auch politische Stabsleute, leitende Ministerialbeamte oder Botschafter. Politisch aktiv sind auch wahlkämpfende Parteimitglieder und Wählerinitiativen, Organisatoren von Protestbewegungen und Bürgerinitiativen. Außerdem meinungsbildende politische Journalisten, Mitglieder politischer Sachverständigenkommissionen, Lobbyisten, Unternehmensvorstände, Verbands- und Gewerkschaftsvertreter. Sie alle üben politischen Einfluss aus, aber sind sie auch Politiker? Würde der Begriff vom Einfluss her definiert, so wäre eine systematische Antwort unmöglich. Der Begriff Politiker würde mal diese und mal jene umfassen. Protestbewegungen, streikende Gewerkschaften, große Unternehmen können auf konkrete Entscheidungen punktuell größeren Einfluss haben als Minister, Ministerialbeamte auf die Gesetzgebung stärker einwirken als Abgeordnete, Massenmedien die Kandidatenauswahl stärker beeinflussen als Parteitage.

Ein präzisierbares Definitionsmerkmal ergibt sich aus dem staatlichen Institutionengefüge: Politiker ist, wer in einer öffentlichen Institution eine maßgebliche gesellschaftsgestaltende Position innehat. In politischen Demokratien ist dieser Kreis sehr viel weiter gesteckt als in Diktaturen, vor allem werden seine Mitglieder grundlegend anders rekrutiert. Zu ihnen zählen all diejenigen, die auf dem Weg des allgemeinen und gleichen *passiven* Wahlrechts – dem Recht, sich zur Wahl stellen zu dürfen – ein demokratisch legitimiertes Mandat für allgemeinverbindliche Entscheidungen erhalten haben, ob auf internationaler und gesamtstaatlicher Ebene oder auf der Ebene von Ländern, Regionen und Gemeinden, und dieses in der dafür vorgesehenen zeitlichen Frist kontinuierlich wahrnehmen: Mitglieder von Regierungen und Parlamenten, Parteienvertreter, Gemeindevertreter, Bürgermeister und Landräte. Richter der höchsten Gerichte, die die Gesetzgebung verbindlich auslegen und damit präzisieren und oft ergänzen, könnten ebenso wie Wahlbeamte oder politische Beamte dazu gezählt werden. Da deren Wahl jedoch überwiegend an bestimmte formale berufliche Qualifikation geknüpft ist, gilt für sie nicht das allgemeine und gleiche passive Wahlrecht. Aus dieser Definition ergibt sich, jedenfalls in einer Demokratie, dass sich die Politikertätigkeit in vier miteinander zusammenhängenden Hinsichten von jener der Nichtpolitiker unterscheidet:

- in den bereits eingangs dieses Kapitels erwähnten unbestimmten und nicht formalisierbaren Qualifikationserfordernissen;
- in der Nichteinklagbarkeit einer demokratischen Wahl oder Abwahl;
- in der besonderen öffentlichen Aufmerksamkeit, weil Politiker stellvertretend Aufgaben für die Allgemeinheit wahrnehmen;
- in ihrem besonderen Charakter als Werte- und Interessenkampf, der dem weit verbreiteten Bedürfnis nach sachlicher Objektivität widerspricht.

Diese Unterschiede sind der Grund, warum die Politikertätigkeit nicht mit anderen Tätigkeiten vergleichbar ist. Sie erklären, warum viele, die sich in anderen Berufen erfolgreich bewährt haben, als Politiker versagen. Sie erschweren es Menschen, aus ihren eigenen Erfahrungen die Tätigkeit von Politikern zu verstehen. Man muss sich ihrer bewusst sein, um den Politikerberuf ausüben oder bewerten zu können.

Die Gesellschaft ist gewohnt, dass für nahezu alle Berufe eine spezifische Ausbildung notwendig ist. Von Gelegenheitsarbeiten abgesehen, gibt es nur wenige Ausnahmen von dieser Regel: etwa Hausmeister, Schriftsteller oder Händler, bei denen von Ungelernten bis zu Akademikern alle Ausbildungsniveaus anzutreffen sind. Deshalb widerspricht es eigentlich der normalen Lebenserfahrung, dass ausgerechnet von Politikern, die für die Gesellschaft insgesamt Verantwortung übernehmen, bis in höchste Staatsämter keine objektiv nachprüfbaren Qualifikationsnachweise verlangt werden können. Diese würden im Widerspruch zum allgemeinen freien und gleichen aktiven und passiven Wahlrecht stehen.

Wählbarkeit für jedermann ist kein notwendiges Übel. Sie ist vielmehr potenziell ein großer Gewinn für die Gesellschaft, weil dadurch für viele engagierte Begabungen der Weg zu verantwortlicher Mitgestaltung offensteht – so wie es sonst nur bei Künstlern oder selbstständigen Unternehmern der Fall ist. Eine der treffend originellen Lebenserfahrungen des einstigen Fremdenlegionärs und späteren Porzellanunternehmers und SPD-Parlamentariers Philip Rosenthal lautet: »Ob unter Professoren oder unter Analphabeten, Arbeitgebern oder Arbeitnehmern: der jeweilige Anteil von Genies und Deppen ist immer gleich groß.« Politiker sind letztlich Autodidakten. Sie entwickeln ihre Profile vor allem durch »learning by doing« auf kommunaler Ebene, in Parteien oder anderen Organisationen, wo ihr Engagement begann, etwa in der Gewerkschaft, einem Jugendverband oder einer Umweltorganisation. Dadurch sind sie auch mit den Vorbehalten konfrontiert, die alle Autodidakten in einer Gesellschaft erleben, die ihr Vertrauen in die Kompetenz von Menschen von Zertifikaten oder nachweisbaren Erfolgen in anderen Metiers abhängig macht.

Wegen der Unterschiede zwischen der Politikertätigkeit und der Berufswelt ist das Misstrauen in die Seriosität und Kompetenz von Politikern groß. Es ist nicht leicht zu vermitteln, dass Fachleute schlechte Fachminister sein können und Nichtfachleute gute. Ebenso schwer fällt es vielen Bürgern, ihren eigenen Widerspruch zu erkennen: Einerseits wollen sie Politiker, die den Querschnitt des Volkes repräsentieren, andererseits erwarten sie von ihnen Elitequalitäten.

Die Nichteinklagbarkeit einer Wahl oder Abwahl

So vage – unbestimmbar und damit unvorhersehbar – die Qualifikation der Politiker für die Allgemeinheit ist, so undurchschaubar sind zugleich die Kriterien derjenigen, die die Politiker wählen – in den Parteien oder in der Wählerschaft insgesamt. Das geheime Wahlrecht bedeutet unter anderem, dass es keine Bürgerpflicht gibt, das Wahlverhalten zu begründen. Politische oder persönliche Gründe sind gleichermaßen legitim. Nicht (mehr) Gewählte können sich über das Ergebnis beklagen, einklagen können sie dessen Korrektur selbst dann nicht, wenn zuvor falsche Behauptungen über sie gestreut wurden. Wenn kein formaler Verfahrensfehler vorliegt, kann eine Wahl nicht wiederholt werden. Die geheime demokratische Wahl ist ein »hire and fire«-Prinzip, auch wenn immerhin »Zeitverträge« vergeben werden.

Dagegen ist es etwa Bewerbern für eine Stelle im öffentlichen Dienst durchaus möglich, sich einzuklagen – wenn sie nachweisen können, dass der angenommene Bewerber die offiziell geforderten Qualifikationskriterien weniger gut erfüllt. Und bis in die Privatwirtschaft hinein ermöglichen es Kündigungsschutzgesetze, gegen willkürliche Kündigungen gerichtlich vorzugehen und zumindest Abfindungen zu erstreiten. Der Politikerberuf soll hier nicht larmoyant als besonders riskant dargestellt werden – doch Vergleiche erhellen den Unterschied in den Tätigkeitsmerkmalen. Die Unsicherheit demokratisch zu wählender Politiker gegenüber »Nichteinstellung« und »Kündigung«, die Willkür und Anonymität der Gründe dafür sind vergleichbar mit der Situation des Unternehmers: Auch er kann Kunden, die ausbleiben und ihn womöglich trotz bester Qualität seiner Waren zur Geschäftsaufgabe zwingen, nicht verklagen. Bei Unternehmern führt dies dazu, dass sie möglichst zu Marktabsprachen oder einer Monopolstellung drängen, um ihre Kunden zu binden.

Bei Politikern ist die Nichtrevidierbarkeit eines negativen Wahlergebnisses eine Quelle existenzieller Ängste, aus denen Übervorsicht im täglichen Handeln, ja Persönlichkeitsveränderungen resultieren können.

Aufgrund der Unkalkulierbarkeit anonymer Wahlen tendieren Politiker dazu, Vorkehrungen aller Art zu treffen, um die Sache für sich berechenbarer zu machen. Bei allgemeinen Volkswahlen gibt es diese Möglichkeit nicht, wohl aber bei Wahlen mit einem begrenzten Personenkreis von Stimmberechtigten in Parlamentsfraktionen und Parteien. Ein formales Instrument dafür ist etwa die Festlegung von Wählbarkeitsproporzen (nach Geschlecht, regionaler Herkunft, Alters- oder Berufsgruppen), die das passive Wahlrecht kanalisieren. Auch durch Fraktions- und Gruppenbildungen lassen sich die Stimmenanteile informell so vorstrukturieren, dass potenzielle Konkurrenten keine Chance haben und erst gar nicht antreten, obwohl ihnen niemand das Recht dazu streitig machen kann. Wenn sich Beobachter immer wieder wundern, warum bestimmte Politiker in Parteiämter gewählt werden und andere nicht, liegt die Erklärung oft in solchen Mechanismen. Mehr oder weniger geschickt instrumentiert, sollen sie Politikern die individuelle Existenz- oder Einflusssicherung bringen, die durch das Prinzip der anonymen Wahl nicht gewährleistet werden kann.

Die Öffentlichkeit des Politikerhandelns

Politiker bewegen sich »berufsbedingt« stärker in der Öffentlichkeit als Vertreter der meisten anderen Tätigkeiten. Natürlich nicht bei all ihrem Tun; längst nicht jeder Schritt wird kommentiert, auch weil Medien als wichtigste Nachrichtenüberbringer aus der Flut politischer Vorgänge auswählen und gewichten. Doch Politiker müssen immer wieder die Öffentlichkeit suchen, um ihre Positionen zu erläutern, müssen wissen, wann und wie sie breite Zustimmung gewinnen und erhalten können. Sie müssen wissen, wann sie die Öffentlichkeit besser meiden, wenn sie für ihre Schritte keine öffentliche Zustimmung erwarten oder politische Gegner im Ungewissen lassen wollen. Entscheidend aber ist: Alles politische Handeln ist potenziell transparent, nicht nur, weil Resultate sichtbar werden. Inhaltliche Positionskämpfe, über die es keine interne Verständigung mehr gibt, müssen öffentlich ausgetragen werden. Eine Personenkonkurrenz in einer Wahlhandlung offenbart der Öffentlichkeit die Meinungsunterschiede und unterschiedlichen Profile zwischen den Bewerbern. Sie müssen sich einer ständigen öffentlichen Bewertung durch teils Wildfremde unterziehen, ohne dabei den Anspruch auf eine faire Würdigung ihrer Person oder ihrer Absichten erheben zu können.

Voyeuristische Verhältnisse wie in Großbritannien mögen noch nicht herrschen, doch auch hierzulande ist der Schutz der Persönlichkeit immer weniger gesichert, oft nicht einmal in Bezug auf private Angelegenheiten. Vorwürfe, Unterstellungen, Verzerrungen, Karikierungen gelten als zulässige Elemente im politischen Positions- und Meinungskampf. In keiner anderen gesellschaftlichen Tätigkeit – außer vielleicht bei Sport- und Filmstars – müssen sich Personen vergleichbare öffentliche Entkleidungsaktionen gefallen lassen. Eher selten wird der Konkurrenzkampf um Führungspositionen eines Unternehmens wie bei Politikern im Rampenlicht ausgetragen; die Erörterung von Unternehmensstrategien findet erst recht hinter verschlossenen Türen statt. Für eine erfolgreiche Unternehmensführung ist es nicht zwingend geboten, eine öffentliche Rolle zu spielen, im Gegenteil, oft sind Diskretion und Unscheinbarkeit die Erfolgsstrategie. Bei Politikern sind öffentliche Auftritte, Äußerungen, Gesten unabdingbar.

Während abstoßende Machtkämpfe außerhalb der Politik überwiegend im Verborgenen stattfinden, wird politischer Streit ungefiltert und oft denunziatorisch öffentlich ausgetragen. Dadurch steht das Handlungsfeld der Politik mit seinen Akteuren in der Öffentlichkeit in einem besonders grellen Licht. Man kann auch umgekehrt sagen: Andere, weniger öffentliche Handlungsfelder stehen im Vergleich zur Politik viel respektabler da.

Eine unausgesprochene gesellschaftliche Erwartung ist, dass es zu allen Fragen einen objektiven Lösungsansatz gebe, auf den alle Beteiligten bei ausreichender Information und rein sachlicher Erörterung kommen könnten. Diese Erwartung ist von einem entsprechenden Wissenschaftsverständnis geprägt, das für sich Ideologiefreiheit in Anspruch nimmt. Die Gesetze der Physik, der Mathematik, aber auch der ökonomischen Kalkulation erscheinen im gesellschaftlichen Urteil als wahr, endgültig und unabänderlich; sie entziehen sich angeblich der subjektiven Willkür und der Bewertung. Um sich eine objektive Meinung zu bilden, müssten nur alle Sachverhalte berücksichtigt werden, so die gängige Haltung, worauf es bei gutem Willen stets einen sachlich begründbaren Konsens geben müsse. Diese Erwartung, die im Bildungssystem vermittelt wird, besteht auch gegenüber Politikern. Sie können ihr jedoch unmöglich entsprechen.

Bei näherem Hinsehen ist sie selbst gegenüber der Wissenschaft weit überzogen. Ganze Wissenschaftsgebiete – nicht nur in den Geistes-, sondern auch in den Natur- und Technikwissenschaften – sind voller einseitiger Grundannahmen, methodisch eingebauter Denkbarrieren und versteckter Werturteile. Jürgen Habermas hat dies in seiner Schrift »Technik und Wissenschaft als Ideologie« ausgeleuchtet.[15] Bis heute erheben z. B. zahlreiche Physiker gegenüber der Möglichkeit einer Ablösung atomar/fossiler Energien durch erneuerbare Energien den Einwand, die Solarstrahlung oder der Wind hätten dafür eine zu geringe Energiedichte. Die Kritiker verschweigen oder verkennen dabei, dass diese geringere Energiedichte kein Argument gegen die aktive Nutzungsmöglichkeit ist, sondern lediglich bedeutet, dass man statt weniger großer Kraftwerke viele kleinere Anlagen bauen muss, um Energie aus Wind und Sonne in großen Mengen umwandeln zu können. Die subjektive Vorstellung, man müsse unbedingt an großen Kraftwerken festhalten, wird als objektives Argument gegen die Nutzung dieser Energiequellen benutzt. Auch die vorgeblich so präzise kalkulierenden ökonomischen Wissenschaften, die Statistiken und exakte Daten liefern, operieren mit willkürlich eingegrenzten Annahmen und Schlussfolgerungen. Damit sind sie mehr oder weniger voluntaristische Konstruktionen einer umfassenderen, vielschichtigeren Realität.

Aber selbst wenn das nicht der Fall wäre: Die Übertragung eines objektiven Rationalitätsprinzips auf politische Diskussionen und Entscheidungen ist prinzipiell nicht möglich. Es gibt in jeder Gesellschaft differierende Interessen und Werte, harmonisierbare wie unvereinbare. Keiner kann diese Differenzen aufheben, kein Wissenschaftler, Journalist oder Bürger – und schon gar kein Politiker, der ja gerade angetreten ist, diesen Interessen- und Wertekampf auszutragen und zur Entscheidung zu bringen. Doch in diesem notwendigen Meinungskampf geraten Politiker schnell in den Ruf der Unsachlichkeit und Einseitigkeit. Längst hat es sich eingebürgert, ein Argument abfällig als »politisch« zu bezeichnen, womit willkürlich, unvernünftig oder unseriös gemeint ist. Dieses Urteil fördert die Entfremdung von der Politik mehr als jedes nicht eingehaltene Wahlversprechen. Die Gesellschaft begegnet politischen Konflikten, selbst wenn sich glaubwürdig vorgetragene konträre Positionen gegenüberstehen, mit größerem Unverständnis als hochgradig irrationalen Konflikten sogar im privaten Umfeld.

Die hier beschriebene Erwartung an Objektivität wird gleichwohl von Politikern selbst immer wieder bedient – indem sie die schiere Sachlichkeit für ihre eigenen Positionen reklamieren und anderen dubiose Absichten unterstellen. Der einzig denkbare Ausweg aus diesem Gerangel um letztlich nicht einlösbare Maßstäbe wäre, dass sich Politiker zu ihren jeweiligen Werthaltungen und daraus folgenden politischen Bewertungskriterien offen bekennen. Damit könnten sie nicht nur aufklärerisch wirken. Sie kämen damit auch einer anderen Erwartung entgegen, die in der Gesellschaft ebenfalls existiert, ja sogar zunimmt: der Sehnsucht nach Politikern, die Überzeugungen haben und dazu stehen.

Der Politikbasar und die Qual der Auswahl

Im Basar der Politik tummeln sich unvermeidlich fast alle Spezies, die es in der Gesellschaft gibt – nicht unbedingt soziologisch gesehen, aber in ihren unterschiedlichen Einstellungen und Werten. Das Spektrum reicht von couragierten gesellschaftlichen Überzeugungstätern bis zu Raubtieren am Gesellschaftsvermögen, von Verantwortungsbewussten bis zu Zockern, von Selbstlosen bis zu Korrupten. Doch alle behaupten von sich, alles fürs Gemeinwohl zu tun. Dabei legen die einen ihre Ziele offen und versuchen sie zu erläutern und durchzusetzen. Andere gehen nach der alten Mafiaregel vor, nie jemandem zu offenbaren, was man vorhat und über andere denkt. So unmöglich wie eine Qualifikationsprüfung für Politiker ist ein formalisierbarer Glaubwürdigkeitstest. »Du steckst nicht drin«, sagt man im Ruhrgebiet über einen, der etwas tut, was man von ihm nicht erwartet hätte. Wie soll die Allgemeinheit unterscheiden, wen sie tatsächlich vor sich hat; welche Politiker meinen, was sie sagen; wer ein echtes Engagement hat und wer es nur vortäuscht; welche Konflikte ernsthaft sind und welche nur ein taktisches Spiel; welche Kritiken gegenüber Konkurrenten im politischen Meinungskampf und im Ringen um Wählerstimmen zutreffen und welche böswillig konstruiert sind? Welche Politiker also – im griechisch-römischen Wortsinn – tatsächlich Politiker sind und welche nur *idiotes*, die rein eigensüchtigen Ambitionen nachgehen? Die Nahbeobachtung der politischen Akteure ist vielleicht noch in einer kleinen Gemeinde möglich, aber nicht mehr in einer Massengesellschaft. Dass es Politikern um das Gemeinwohl zu gehen hat, ist eine selbstverständliche moralische Erwartung an sie. Doch welche Moral? Eine persönliche oder eine in Bezug auf das politische Tun der Politiker, oder beides? In »Der Verlust der Tugend« schreibt der amerikanische Philosoph Alasdair MacIntyre, »dass die Sprache und das Erscheinungsbild der Moral in erheblichem Umfang aufgebrochen und teilweise zerstört worden sind«.[16]

Doch wie stellt man Zielklarheit, Charakter, Glaubwürdigkeit, Seriosität von Politikern fest, wenn man keine nähere Personen- und Verfahrenskenntnis hat? Frühzeitig, und nicht erst, wenn ein Eklat passiert ist oder politisches Versagen offenkundig wird? Dazu gibt es im Wesentlichen nur drei Möglichkeiten: Eine ist die genaue und ausführliche Information, die viel Zeit beansprucht: durch vielfältige Lektüre, Rückgriff auf mehrere Informationsquellen und Teilnahme an politischen Versammlungen. Doch diesen dauernden Zeit- und auch Kostenaufwand können nicht viele Staatsbürger erbringen. Die breite Allgemeinheit hat nach wie vor die Qual der Auswahl im Politikerbasar – weshalb sie sich dann doch lieber an dem zwangsläufig oberflächlichen Eindruck orientiert, der über die Massenmedien vermittelt wird, oder letztlich doch an der Parteizugehörigkeit der Politiker. Im Wesentlichen sind es die Massenmedien und die Parteien, die die Personenauswahl praktizieren und dafür ihre Bewertungs- und Selektionskriterien haben. Es kommt also wesentlich auf den Zustand von Massenmedien und Parteien an, nach welchen moralischen Kriterien eine Politikerauswahl stattfindet.

Ein »Moralisieren der Politik« setzt zudem bei den Moralisierern selbst moralische Werte voraus, wie der Philosoph Vittorio Hösle in »Moral und Politik« hervorhebt: Man muss dafür vor allem den Unterschied zwischen Individualethik und politischer Ethik erkennen.[17] Wenn nicht, verrutschen die Maßstäbe, weil es durchaus persönlich glaubwürdige Politiker gibt, die dennoch unannehmbare gesellschaftliche Inhalte vertreten, und persönlich fragwürdige, die akzeptable Inhalte vertreten. Der Inhalt einer politischen – dem Gemeinwohl nutzenden – Ethik verändert sich zudem je nach gesellschaftlicher Problem- und Gefahrenentwicklung.

Dass die Medien – als »vierte Gewalt« in der Demokratie – ihrer Verantwortung nicht durchgehend gerecht werden und selbst diffuse Kriterien haben, ist vielfach beschrieben worden. Das war nie anders. Unter Journalisten gibt es ebenso viele Motiv-, Kompetenz- und Charakterunterschiede wie unter Politikern. Die einen legen ethische Kriterien an die Politik- und Politikerbewertung an, andere nicht. Diese hochzuhalten und zu reflektieren, ist unter Politikern ebenso wichtig wie unter Journalisten, damit Bewertungsmaßstäbe nicht verloren gehen, kein moralisches »Laissez faire« entsteht und die politische Kultur der Demokratie – allen voran die medienorientierten Politiker selbst – nicht auf Abwege gerät. Was Politik – und damit politische Ethik – unter den Bedingungen der Gegenwart bedeuten müsste, ist deshalb von einer Politikerbetrachtung nicht zu trennen.

Parteien sind das maßgebliche Rekrutierungsfeld für Politiker. Dort finden »Qualifikations- und Gesinnungskontrollen« statt, wenn auch ohne formalisierte und schon gar nicht nach einheitlichen Kriterien. Aber wenigstens ist in Parteien und Parteigremien die Möglichkeit einer demokratischen Auswahlprozedur unter Beteiligung einer Teilöffentlichkeit von Parteimitgliedern gegeben. Dass Parteien für ein politisches Mandat die Katze im Sack wählen, ist unwahrscheinlich. Aber dennoch sind ihre Kriterien der Politikerauswahl öffentlich oft schwer nachvollziehbar. Der Eindruck, es gehe dabei mehr um Funktionärs- und Flügelinteressen, mehr um parteisoldatische Gefolgschaftstreue als um eigenständiges und politisches Profil, ist manifest. Dieser Vorwurf wird erhoben, seit es politische Parteien gibt. Das niedrige Ansehen von Politikern ist ohne das umstrittene Ansehen, das Parteien von Anbeginn der parlamentarischen Demokratie haben, nicht zu erklären. Im nächsten Kapitel werden die Gründe beleuchtet, die diesen Eindruck hervorgerufen haben und bis heute hervorrufen.

2. Kapitel
Parteien und Bürger:
Die andauernde Ambivalenz

Wenn alle einstimmig singen,
ist der Text ohne Bedeutung.
Stanislaw Lec

Im Jahre 1910 erklärte der konservative Abgeordnete von Oldenburg in einer Reichstagsrede: »Ja, meine Herren, das ist auch eine preußische Tradition, und daß Ihnen diese Tradition nicht paßt, das glaube ich gern. Der König von Preußen und der Deutsche Kaiser muß jeden Moment imstande sein, zu einem Leutnant zu sagen: nehmen Sie zehn Mann und schließen Sie den Reichstag.«[1] Es gab einen Tumult, aber Vizepräsident Erbprinz zu Hohenlohe-Langenburg, der die Sitzung leitete, weigerte sich, den Redner zur Ordnung zu rufen. Als Parlamentarier und im Parlament derart unverblümt auszusprechen, dass dem Monarchen eine höhere politische Legitimation zustehe als der demokratisch gewählten Volksvertretung, war allerdings schon damals nicht mehr zeitgemäß.

Was bei von Oldenburg aufloderte, glimmt bis heute im Bewusstsein der Gesellschaft: in einem nostalgischen Verhältnis zur Monarchie, wie es in der ungebrochenen Neugier für Königsfamilien anderer Länder zum Ausdruck kommt; im nie verlöschenden Zweifel, ob man die Verantwortung für den Staat den Politikern überlassen dürfe; in der Geringschätzung, oft gar Verachtung für Parteien. Eine aktuelle Umfrage der »Welt am Sonntag« vom Frühjahr 2002 ergab, dass 88 % der Befragten den Parteien die Schuld an mangelhafter Reformbereitschaft geben; 76 % bestritten, dass Parteien die Interessen des Volkes vertreten.[2] Auch eine Umfrage im »Stern« bestätigte die tiefe Skepsis gegenüber Parteien: 80 % der Befragten meinten, »es gebe einen dringenden Verbesserungsbedarf« bei den Parteien; 61 % gaben an, »kein Vertrauen« in Parteien zu haben. Und was den deutschen Bundestag anbetrifft, in dem ausschließlich Politiker sitzen, die einer Partei angehören, sehen 71 % einen dringenden Verbesserungsbedarf, und 43 % hatten kein Vertrauen.[3] Im Widerspruch zu diesen Bewertungen steht allerdings, dass alle Abgeordneten entweder als Kandidat ihrer Parteien direkt oder über die Liste ihrer Partei in den Bundestag gewählt wurden. Die Bürger wählen die etablierten Parteien, obwohl sie wenig von ihnen halten. Selbst wenn eine neue Partei auf den Plan tritt, die die »Altparteien« brandmarkt und die Negativstimmung über diese ausnutzen will, hat diese in der Regel keine Chance. Allerdings gibt es neuerdings, wie die Verhältnisse in allen europäischen Demokratien zeigen, immer häufiger Ausnahmen von dieser Regel.

Eine Umfrage in vordemokratischen Zeiten hätte wahrscheinlich ergeben, dass das Vertrauen zu den Monarchen und herrschenden Adelseliten mehrheitlich höher war als das zu den vom Volk gewählten Politikern und Parteien. Weil den Parteien ein vom Volksinteresse abweichendes Eigeninteresse unterstellt wird, gibt es einen entsprechenden Generalverdacht gegenüber Politikern: Parteien, so die gängige Lesart, schöben sich zwischen Volk und Staatsführung. Das verfälsche den Volkswillen und beeinträchtige die Integrität der Staatsführung.

»Ich kenne keine Parteien mehr, ich kenne nur noch Deutsche«, lautet der berühmte Satz von Kaiser Wilhelm II. zu Beginn des Ersten Weltkriegs. Der erste Mann im Reich war im Dauerkonflikt zwischen Reaktionären und Demokraten zwar selbstverständlich parteiisch, musste sich aber überparteilich gerieren, um die breite Zustimmung des Volkes zum Krieg zu erzielen. Damit hat er zu einem Erfolgsrezept gegriffen, das bis heute wirkt: Wer in der Öffentlichkeit seine Popularität und Glaubwürdigkeit erhöhen will, muss sich, auch wenn er selbst Parteipolitiker ist, kritisch von Parteien distanzieren. Wer als »Partei« gilt, wird als Akteur mit einseitigem Blick wahrgenommen, über dem ein neutraler Schiedsrichter stehen müsse. Keiner Partei anzugehören, gilt als Objektivitätsbeweis. Auch bei Wahlen liegt es mehr denn je im Trend, dass sich die Spitzenkandidaten der Parteien ein überparteiliches Image zulegen. Negative Einstellungen gegenüber Parteien werden durch solche taktischen Manöver nur bestätigt.

So wenig erhellend es ist, undifferenziert über »die Politiker« zu sprechen, so blickverstellend ist auch die pauschalisierende Rede über »die Parteien«. Allerdings sind die Differenzierungsmöglichkeiten bei Politikern entschieden größer als die bei Parteien. Politiker gibt es Hunderttausende, wenn die kommunale Ebene einbezogen wird, im Parlament vertretene Parteien sind an einer Hand abzuzählen, jedenfalls in Deutschland. Nur muss man, wenn Parteien betrachtet werden, auch den Blick auf deren innere Differenzierung richten: auf Strömungen, auf ihre personalen Auswahlprozeduren, auf das Verhältnis zwischen Führung und Basis und zwischen ihrer Gesamtorganisation und ihren Gliederungen in Ländern, Städten und Gemeinden – die im deutschen Parteiensystem eine relativ große Autonomie gegenüber ihrer bundesweiten Führung haben.

Diese Autonomie ergibt sich schon daraus, dass die Zahl der Profipolitiker – Abgeordnete, Regierungsmitglieder, Bürgermeister – und die Zahl berufsmäßiger Parteifunktionäre relativ klein ist im Vergleich zu der großen Zahl ehrenamtlicher Funktionsträger in Parteien und der von ihnen gestellten Mitglieder in Stadt- und Gemeinderäten. Ehrenamtlich zu arbeiten heißt, existenziell unabhängig von der Partei zu sein, der man angehört und für die man wirkt. Wenn alle in ihrem politischen Wirken von den Parteien, in die sie freiwillig eingetreten sind und denen sie auch noch Mitgliedsbeiträge zahlen, immer nur behindert würden, wären nur diejenigen dort aktiv, die sich davon persönliche Vorteile oder »Pfründe« erhoffen; wären die »Parteiapparate« tatsächlich allmächtig und müssten alle, die in Parteien mitwirken, sich wie »Parteisoldaten« bewegen; könnten die Parteien ihre Politiker nach Belieben kontrollieren und disziplinieren und müssten alle ihre eigene Meinung an der Garderobe des Parteihauses ablegen. Wäre die ideologische Einengung des Einzelnen wirklich so strikt, wie allgemein angenommen wird – die Parteien in ihrer heutigen Form würde es schon lange nicht mehr geben, als Mitgliederparteien und präsent in allen Bundesländern, Regionen, Städten und Landkreisen.

Solche Vorbehalte schrecken viele Bürger von einem Eintritt in Parteien ab, der aber in aller Regel der Zugang zu einer Politikertätigkeit ist. Parteimitglieder von vornherein schief anzusehen, mit Parteien nichts zu tun haben zu wollen – aber von ihnen die umgehende und kompetente Lösung aller gesellschaftlichen Probleme zu erwarten: Solche Einstellungen sind ein Widerspruch in sich. Sie sind unmittelbar mitverantwortlich für den unbefriedigenden Zustand der Parteien und an der als ungenügend wahrgenommenen Auswahl und Zusammensetzung der Politiker. Die Gesellschaft hat nicht nur die Politiker, sondern auch die Parteien, die sie verdient.

Was ist also Vorurteil, und was ist berechtigte Kritik? Liegen die Probleme der Politik wirklich an den Parteien? Und wenn sie nicht an den Parteien liegen, bleibt immer noch die Frage, ob ihre Organisationsstruktur noch zeitgemäß ist. Empirische Untersuchungen – wie etwa die »Jugend 2002«-Studie von Shell – zeigen, dass es sich bei den Jugendlichen, die den Parteien fernbleiben, keineswegs um eine »Generation von Egotaktikern« handelt. Vielmehr gibt es die Bereitschaft, an konkreten, identifizierungsfähigen Projekten mitzuwirken, wofür sie in den Parteien jedoch keine Möglichkeit sehen.[4] Handelt es sich bei diesem Vorbehalt gegenüber Parteien um eine temporäre Erscheinung? Und wie viel der generellen Parteienskepsis geht auf die klassische Parteienkritik zurück? In dieser steckte immer Zutreffendes und Unzutreffendes. Besonders unzutreffend und demokratisch kontraproduktiv war stets die hemmungslose Verallgemeinerung.

Die Grundmuster der Parteien- und Parlamentskritik

Was Karl-Friedrich Kindler 1958 notierte, könnte heute geschrieben worden sein: »So lösen die Begriffe Partei, Parteipolitik und Parteipolitiker automatisch eine Fülle ausgesprochen negativer Assoziationen aus: Einseitigkeit der Sicht und des Urteils, Befangenheit im Dogmatismus und Traditionalismus, Einfallslosigkeit und Immobilität, Ideenarmut und Borniertheit, Irreführung des harmlosen Volkes und ahnungsloser Mitglieder durch hermetisch sich abschließende Führungsoligarchien, innerparteiliche Meinungsknebelung und parlamentarischer Fraktionszwang, Intoleranz und Fanatismus, Intrigantentum und Machiavellismus, Cliquenwesen und Korruption, Ämterpatronage und Karriere«.[5] Doch schon Kindlers Urteil hat eine lange Vorgeschichte.

Die Staatslenker des vordemokratischen Zeitalters haben sich nicht als Politiker verstanden. »Der Politiker« und »der Demokrat« waren im wilhelminischen Deutschland vor allem Synonyme für den aktiven Sozialdemokraten. Also für Parteipolitiker. Der große deutsche Dichter Thomas Mann hat diese öffentliche Figur in seinem unseligen Werk »Betrachtungen eines Unpolitischen« als verachtenswerte Gestalt denunziert: Der Politiker ist einer, der sich am organischen Volksganzen vergeht; er ist »undeutsch«, ja, »widerdeutsch«. Mann begriff Demokratisierung als »Entdeutschung«. Mehr noch: »Alle Staaten sind schlecht ausgebildet, bei denen noch andre als die Staatsmänner sich um die Politik bekümmern müssen, und sie verdienen es, an diesen vielen Politikern zugrunde zu gehen.« Sein Muster eines Politikers hatte »wirre Augen«, »Hitzflecken auf den Backenknochen«, war stets »in politischer Rage«, »ein Agent«, »ein Werber«, »ein Stimmenjäger, jedenfalls ein feuriger Parteigänger«, kurzum ein »peinlicher Mensch«. Keineswegs sei »die positive Teilnahme der Sozialdemokratie am Staate zuerst zu wünschen oder, soweit sie vorhanden sei, zu begrüßen! Es wäre ein Mißverständnis zu glauben, daß es unserem Politiker auf Politik, das heißt: auf Reform, Kompromiß, Anpassung, Verständigung zwischen der Wirklichkeit und dem Geist überhaupt ankommt – und nicht auf das generöse Drunter und Drüber, die Demolierung des Staates, den permanenten Pöbelaufstand«.

Politiker, die, ohne einer gesellschaftlichen Elite anzugehören, über Parteien und durch Wahlkampf in die Staatsführung gelangten, waren damit als Emporkömmlinge gebrandmarkt. Thomas Mann veröffentlichte diese Betrachtungen unmittelbar nach dem Ersten Weltkrieg. Also nach der Erfahrung, dass diejenigen, die für ihn »Verdienst, Alter, Bildungsgrad, geistigen Rang« und eine »Synthese von Seele und Geist« verkörperten, sich als inbrünstige Befürworter und enthusiastische Teilnehmer eines Krieges erwiesen hatten, von dessen Folgen sich

ganz Europa bis heute nicht erholt hat. Mann verwahrte sich gegen die
Überzeugung, dass die Politik alle Menschen angeht und die Politiker
deshalb aus der Breite der Bevölkerung hervorgehen müssen, und
drückte damit das Bewusstsein der überwiegenden Mehrheit des Bil-
dungsbürgertums aus.[6]

Vielfach wird die Aversion gegenüber Parteien als spezifisch deut-
sches Phänomen angesehen, weshalb es dem preußisch-autoritär
geprägten Deutschland besonders schwer gefallen sei, die parlamentarische Demokratie als Staatsform zu akzeptieren. Doch schon das
ebenfalls niedrige Politikeransehen in den anderen »westlichen Demokratien« widerspricht dieser These – auch wenn es in Deutschland
die schrecklichsten Konsequenzen hatte, wo der Faschismus die unge-
festigte Parteiendemokratie zerschlug, nachdem diese aus der Weltwirtschaftskrise keinen Ausweg fand. Nicht zu übersehen ist, dass dies
bereits ein Jahrzehnt zuvor in Italien von Mussolini vorexerziert worden war. Das gestörte Verhältnis der Bevölkerung zu Parteien ist jedenfalls historisch keine deutsche Besonderheit.

Was bei Thomas Mann elitärer Dünkel war, entwickelte sich bei den
organisierten antidemokratischen Kräften zum Leitmotiv einer Dauer-
kampagne gegen die Parteien. Der Politikwissenschaftler Kurt Sontheimer hat das in seiner Arbeit über »Antidemokratisches Denken in der
Weimarer Republik« ausführlich beschrieben: Er zitiert zahlreiche pro-
minente Hetzer aus dem rechtsintellektuellen Lager, etwa Oswald
Spenglers Attacke wider die Reichsverfassung: »In ihren Satzungen ist
nicht vom Volk die Rede, sondern von Parteien, nicht von Macht, von
Ehre und Größe, sondern von Parteien, keine Zukunft mehr, sondern
Interessen von Parteien.« Oder die Tiraden von Edgar Jung in den 20er
Jahren in seinem Buch »Herrschaft der Minderwertigen«: »Vom
Wählen lebt die Partei, die seelenlose Maschine, die das Leben unle-
bendig macht, Geist und Seele ertötet, die Minderwertigkeit an die
Spitze trägt.« Friedrich Georg Jünger verherrlichte zu Beginn der 30er
Jahre das parlaments- und parteiunabhängige Volk: »Was ist über-
haupt demokratisch? Das, was das Volk will. Keine Verfassung darf es
wagen, ihm Widerstand zu leisten, kein Parlament darf ihm in den Weg
treten, keine Partei und keine Verbindung von Parteien darf ihm eine

Schranke setzen.« Kurt Sontheimer resümiert: »Die einen mochten das Parteienregime darum kritisieren, weil es den als über dem Volk stehend gedachten Staat usurpiert hatte; die anderen, weil es die Einheit der Nation zerstörte und den Volkskörper zerriß; dritte wiederum, weil schon die Idee der Partei eine scheußliche liberale Erfindung sei, die zu beseitigen unter den neuen Forderungen des 20. Jahrhunderts höchste Zeit wäre.«[7] Die Palette jener, die demokratische Parteien und parlamentarische Demokratie gegen Staat, Staatsführung, angestammte Eliten und Volk gerichtet sahen, reichte – bei allen sonstigen Unterschieden – vom Besitz- und Bildungsbürgertum bis zu Monarchisten und anderen Konservativen, von Linkssozialisten bis zu Kommunisten, von Nationalchauvinisten bis zu Faschisten.

Es gab auch einen linken Antiparlamentarismus. Dessen Grundmuster gab Lenin in seiner berühmten Schrift »Staat und Revolution« vor: »Einmal in mehreren Jahren zu entscheiden, welches Mitglied der herrschenden Klasse das Volk im Parlament niederhalten und zertreten soll – das ist das Wesen des bürgerlichen Parlamentarismus, auch in den allerdemokratischsten Republiken. Ohne Vertretungskörperschaften können wir uns eine Demokratie nicht denken, auch die proletarische Demokratie nicht; ohne Parlamentarismus können und müssen wir sie uns denken.«[8] Und der linke Sozialdemokrat und spätere Mitbegründer der Kommunistischen Partei Deutschlands, Karl Liebknecht, sah im Parlament nur eine Funktion: nicht als »Gesetzesfabrik«, sondern als Tribüne, von der »Feuerbrand ins Gebälk der herrschenden Ordnung und der Schlachtruf in die Masse« geschleudert werden müsse. Wer als sozialistischer Abgeordneter sein Mandat nicht ausschließlich dazu benutze, »um das Vertrauen, die Hoffnung der Arbeiterklasse wie auf die Regierung, Reichskonferenzen, Partei- und Gewerkschaftsinstanzen, so auch auf den Reichstag und auch auf die parlamentarischen Scheinaktionen systematisch und in der Wurzel auszurotten, ist ein Irreführer, kein Führer des Proletariats«.[9] In seiner 1924 erschienenen Schrift »Parlament und Parteien« bedauerte der Wortführer der Linkskommunisten, Otto Rühle, dass sich selbst das revolutionäre Proletariat in Form der kommunistischen Partei organisiert habe: »Die Aufrechterhaltung der Partei bedeutet die Aufrechterhaltung des Parlaments und damit die Aufrechterhaltung der bürgerlichen Macht. Nach dem Vorbild des bürgerlichen Staates und seiner Institutionen ist auch die Partei autoritär-zentralistisch organisiert. Alle Bewegung geht in ihr in Form des Kommandos von der Spitze des Zentralvorstands bis zur breiten Masse der Mitgliederschaften. Unten die Masse der Mitglieder, darüber die Staffel der Angestellten des Ortes, des Bezirkes, des Landes, des Reiches. Die Parteisekretäre sind die Unteroffiziere, die Abgeordneten die Offiziere. Sie erteilen die Kommandos, geben die Parolen aus, machen die Politik. Die Stunde der Parteien ist gekommen, wie die Stunde der bürgerlichen Gesellschaft gekommen ist. Sie werden sich noch halten, wie sich auch Innungen und Zünfte aus dem Mittelalter gehalten haben: als überlebte Institutionen ohne geschichtsbildende Kraft.«[10]

Alle zitierten Äußerungen kommen aus der Phase, in der die Transformation des monarchischen Obrigkeitsstaates zum parlamentarisch-demokratischen Verfassungsstaat noch bevorstand oder gerade durchgesetzt worden war. Politiker und ihre Parteien wurden als nicht staats- und gesellschaftsfähig denunziert. Die aktive Destruktion der Parteiendemokratie trug wesentlich zum Scheitern der Weimarer Verfassungsordnung bei. Obwohl diesem Scheitern die politische Jahrhundertkatastrophe folgte, blieb die Parteien- und Politikeraversion im kollektiven Gedächtnis und kann zu jeder Zeit wieder hervorgeholt werden.

Vordemokratisches Denken und die Verheißungen direkter Demokratie

Die meisten Menschen bewerten die Realität anhand der Bilder, die sie zu kennen meinen. Am Anfang der überlieferten politischen Erinnerung steht der Obrigkeitsstaat, insbesondere in Form der Monarchie mit angestammtem Herrscherhaus. Dieses geschichtliche Erbe wirkt psychologisch fort: Vordemokratisches hat einen subtilen Legitimationsvorsprung vor Demokratischem. Die Regierung ist dem Parlament übergeordnet, die Führung gilt mehr als die Basis. Es ist kein Zufall, dass die Staatsrepräsentation noch heute auf das äußere Gepränge des vordemokratischen Staates zurückgreift. Da treten bei Staatsbesuchen Soldaten in Uniformen des 19. Jahrhunderts auf und reitet eine Kavallerieeinheit vor. Je ungebrochener die Staatszeremonie an alte Traditionen anknüpft, desto eindrucksvoller wirkt sie. Willy Brandt, der 1981 Ehrengast bei der Amtseinführung von Präsident Mitterand war, erzählte mit leichter Ironie, er habe einen »richtigen Staat« erlebt.

Wie hartnäckig sich die Vorstellung einer hierarchischen Staatsordnung hält, zeigt die so selbstverständlich klingende Forderung nach »Bürgernähe« der Politiker – und das gönnerhafte Bekenntnis der Politiker dazu. Als wären sie nicht selbst Bürger, erklären sie sich damit indirekt zu einem Element der Obrigkeit. Der Staat wird verklärt und über die ewigen »Niederungen« kleinlicher und selbstsüchtiger politischer Konflikte gehoben. Ein weiteres Indiz für diese Hierarchiefixierung ist, dass sich in Deutschland bis heute das Gerücht hält, das preußische Staatsbeamtentum habe dem Ideal der neutralen Pflichtentreue gegenüber der Gesellschaft – hart, aber gerecht – in vorbildlicher Weise entsprochen. Mit der historischen Realität – der Entrechtung und Diskriminierung großer Teile des Volkes, der intimen Verflechtung des Staates mit Adel, Besitz- und Bildungsbürgertum und der schamlosen Durchsetzung ihrer Eigeninteressen – hat diese Staatsnostalgie nichts zu tun.

In enger gedanklicher Verbindung dazu steht die unausgesprochene, doch im Subtext politischer Kommentare bis heute mitschwingende Forderung einer unmittelbar dem Volk verantwortlichen starken Regierung und nicht etwa eines starken Parlaments. Dabei werden die Gefahren einer nicht mehr kontrollierbaren absoluten Machtfülle ebenso übersehen wie die Tatsache, dass ein politisches Führungsamt nicht in jedem Fall auch überlegenen Führungsverstand bedeutet und den Staatsführern nicht selbstverständlich Integrität unterstellt werden kann. Die Möglichkeiten zur Kontrolle der Staatsführung durch die allgemeine Öffentlichkeit werden ebenso überschätzt wie das kontinuierliche Interesse der Allgemeinheit daran. Unterschätzt werden die dauernden Gefahren des Machtmissbrauchs, die Möglichkeiten der Staatsführer, die öffentliche Meinung manipulativ zu beeinflussen; ebenso die Macht oft anonym bleibender Interessengruppen, Regie-

rungen für ihre Zwecke einzuspannen; schließlich die dauernde Notwendigkeit zur Gewaltenkontrolle durch Gewaltenteilung.

Ebenso hartnäckig wirkt das politische Ideal des einträchtigen
Volkes fort. Es ignoriert, dass das Staatsvolk keinen einheitlichen Willen hat – außer einem gemeinsamen Schutzbedürfnis gegenüber einer
auf seine Gesamtheit gerichteten äußeren Bedrohung. Gegenläufige,
nicht miteinander in Einklang zu bringende Interessen und Werte
gehören zur Realität jeder Gesellschaft. Mehrheiten und Minderheiten
unterliegen dabei einem ständigen Wandel. »Volkes Wille« ist ein anti-
pluralistischer und letztlich antidemokratischer Topos, der oft dazu
benutzt wird, Minderheiten auszuschließen. Denn Demokratie ist
mehr als ein Verfahren zur Feststellung einer aktuellen Mehrheit, sie
ist ein politisches Prinzip: Demnach darf eine Mehrheit nie so weit
gehen, die Möglichkeiten einer Minderheit zu beschränken, künftig
Mehrheit zu werden. Das bedeutet: Auch wenn eine Person oder eine
Partei mit dem erklärten Anspruch auftritt und dafür eine Mehrheit
bekommt, die Demokratie abzuschaffen (was in der Staatsrechtsdis-
kussion als positivistischer Demokratiebegriff bezeichnet wurde), hat
sie dafür keine Legitimation, ist ein Widerstandsrecht begründet.

Einen einheitlichen Willen gab es nicht einmal bei der zentralen
Bezugsgröße der klassischen sozialdemokratischen und kommunistischen Parteien: dem Proletariat. Untertanengeist, patriarchalische und
kirchliche Bindungen standen dem entgegen. Der Anspruch kommunistischer Parteien, das Proletariat praktisch zu vertreten, auch wenn
dieses keineswegs von der kommunistischen Idee überzeugt war,
wurde zum Keim ihres späteren Niedergangs. Das Leninsche Konzept,
gegen dessen Mehrheit und ohne Mehrheitsauftrag zu handeln, war
der Geburtsfehler der Sowjetunion. Diese Überheblichkeit des Denkens taucht – unter anderen politischen Vorzeichen und mit anderen
Zielen – im postmodernen Politikverständnis wieder auf, wie noch gezeigt werden wird.

Und schließlich hält sich das überlieferte Ideal der unabhängigen
Persönlichkeit, die frei von jedweder Parteilichkeit ein Wahlamt aus-
üben soll. Doch es gibt keine wert- und interessenfreien Individuen.
Jeder politische Akteur muss zu Problemen und Forderungen Stellung

beziehen; er kann sich nicht auf die Rolle eines Moderators zurückziehen. Und weil Entscheidungen immer Werte oder Interessen widerspiegeln, ist, wer eine Position einnimmt, auch immer »parteiisch«. Darüber hinaus geht es bei der Durchsetzung der eigenen Position immer um einen Entscheidungsprozess mit vielen Beteiligten. Wer Mitstreiter für seine Positionen sucht, muss diesen bei deren Anliegen entgegenkommen. Deshalb gibt es kein Parlament und keine Partei ohne Fraktionsbildungen – die in der Öffentlichkeit sehr zu Unrecht als prinzipiell anrüchig gelten. Ob eine Partei oder Fraktion den Spielraum ihrer Mitglieder allerdings bis zur individuellen Eigenschaftslosigkeit einengt, hängt entscheidend davon ab, ob demokratische Verfahren existieren, die Gegenpositionen zur Führung ermöglichen – und davon, ob es genug einzelne Akteure gibt, die diesen Handlungsspielraum tatsächlich ausreizen.

Die skizzierten Weltbilder bzw. Postulate haben einen prinzipiellen Vorbehalt gegenüber Parteien begründet, der sich zur Bestätigung immer neue Anlässe und Belege sucht – und sie immer wieder findet. Gemessen am Ideal des »neutralen« Staats, der volksunmittelbaren Staatsführung und des nicht an Parteien gebundenen Politikers kann die Idee gewaltengeteilter repräsentativer Demokratie mit ihren Kompliziertheiten und Kompromissen nur abfallen. Um den Stellenwert der parlamentarischen Parteiendemokratie und deren Vorzüge zu verstehen, ist ein Mindestmaß an historischer und politischer Bildung erforderlich – allen voran bei den politischen Akteuren selbst und in den Medien.

Dass Parteien sich an ihrem Rollenideal messen lassen müssen, ist selbstverständlich. Es ist ein zwingendes Gebot öffentlicher Kritik, die immer wieder eintretenden Diskrepanzen zwischen dem Konzept der parlamentarischen Demokratie und ihrem realen Zustand aufzuzeigen. Tatsächlich geraten aber politische Akteure gerade dann ins Kreuzfeuer der Kritik, wenn sie sich nach diesen Prinzipien verhalten. So stellen nicht nur Parteiführungen Kritiker aus den eigenen Reihen gerne als Querulanten hin, sondern auch politische Kommentatoren; Meinungsverschiedenheiten werden als schädlicher Streit, Auseinandersetzungen über Gestaltungsfragen als »Kakophonie« abgestempelt;

abweichende Auffassungen als nicht mehrheitsfähig und deshalb als nicht ernst zu nehmen; weiter reichende Vorschläge als von vornherein unrealistisch und daher gar nicht erst diskussionswürdig; Kampfkandidaturen um Führungspositionen als parteischädigend; vom Führungswillen abweichende Parteitagsbeschlüsse als Ausdruck mangelnder Politikfähigkeit. Im politischen Betrieb wie in dessen medialem Umfeld schwillt der Chor widersprüchlicher Stimmen an. Nicht wenige Parteienkritiker verdammen lautstark Demokratiedefizite in den Parteien und mokieren sich zugleich über jene, die gegensteuern wollen. Parteienkritik in ihrer widersprüchlichen Form macht Parteien zum Sammelbecken eines generellen politischen Unbehagens.

Nicht ohne Zutun der Parteien selbst. Deren zentraler Fehler ist, dass sie – besonders im Wahlkampf – gerne eine gesellschaftliche Gestaltungsfähigkeit behaupten, die sie selbst bei bestem Vermögen nie hatten. Weil die SPD unter den demokratischen Parteien Deutschlands diejenige war, die den umfassendsten gesellschaftsreformerischen Anspruch erhob, zog sie häufig auch Enttäuschungen magnetisch auf sich – selbst als Oppositionspartei. »Schuld daran ist immer nur die SPD«, lautete ein Song von Kurt Weill bereits in der Weimarer Republik. Heute würde er vielleicht singen: Schuld daran sind immer nur die Parteien. Die diffuse Kritik an Parteien – statt konkreter, den einzelnen Parteien und Politikern zumessbarer Kritik – bleibt im Ungefähren: allen recht tun, um niemandem weh zu tun – in der Hoffnung auf allgemeinen Beifall.

Auf einem Großflächenplakat, das während des Bundestagswahlkampfs 2002 auf Bahnhöfen zu sehen war, war in großen Lettern zu lesen: »Durch Deutschland muss endlich ein Ruck gehen.« Damit wurde an die »Ruckrede« des vormaligen Bundespräsidenten Herzog angeknüpft – und ein flächendeckendes Versagen aller Politiker und Parteien suggeriert. Dieses gilt als so selbstverständlich, dass weder Herzog noch die Initiatoren sich genötigt sahen, zu erläutern, wer denn in Politik und Gesellschaft erstarrt ist und wohin denn gerückt werden soll. Ironischerweise gehörten gerade die Unterzeichner zu den vehementesten reformpolitischen Beharrern bzw. den einseitigsten Interessenvertretern: der Deutsche Beamtenbund, der Bundesverband der Deutschen Industrie und der Verband der Chemischen Industrie. Aus diffuser Kritik und diffusem Unbehagen entstehen ebenso diffuse Erwartungen. »Die Magie des Tuns« überschrieb Heribert Prantl einen Leitartikel in der »Süddeutschen Zeitung«, in dem er diese diffuse Stimmungslage charakterisierte: »Es ist schon beinahe egal geworden, was geschieht – wenn nur irgendetwas geschieht … Das Land ist auf der Flucht, auf der Flucht vor der Krise, und es ist bereit, alles wegzuwerfen, was beim Laufen hindert: den sozialen Frieden, den Föderalismus, das Verhältniswahlrecht, den gewohnten Gesetzgebungsgang, ja sogar das Grundgesetz.«[11] Man kann sich die nähere Anschauung ersparen, wenn man das Unbehagen unterschiedslos an Parteien und Politikern festmacht. Die Muster dafür stehen traditionsgemäß zur Verfügung. Sie wurden auch in der Geschichte der Bundesrepublik Deutschland immer wieder herbeizitiert.

Prominentester Parteienkritiker in der ersten Umbruchkrise der Bundesrepublik Deutschland Mitte der 1960er Jahre war der Philosoph Karl Jaspers mit seiner aufsehenerregenden Schrift »Wohin treibt die Bundesrepublik?«.[12] Die erste nennenswerte Wirtschaftskrise zeichnete sich ab. Die neofaschistische NPD zog gegen die »Bonner Altparteien« zu Felde und in mehrere Landtage ein. Doch statt sich mit den konkreten Krisenursachen zu beschäftigen, machte Jaspers als Ursache die Entwicklung »von der Demokratie zur Parteienoligarchie« aus. Welche demokratische Vergangenheit in Deutschland er verklärte und gegen die Parteiengegenwart ausspielte, blieb sein Geheimnis. Die angeprangerte Oligarchie schaffe jedoch eine »autoritäre Regierung durch eine Minderheit der Staatsbürger, die sich selbst zu Politikern, einem aussichtsreichen Job, ernannt haben«. Dass es auch in Parteien demokratische Wahlverfahren gab, nahm er nicht zur Kenntnis. »Die Parteien« – welche? – »werden zu Organen des Staates, der nunmehr wieder als Obrigkeitsstaat die Untertanen beherrscht. Sie machen sich, entzogen dem Volksleben« – welchem? – »selber zum Staat.« Diese Aussage suggeriert den Umkehrschluss, dass der Staat ohne Parteien weniger obrigkeitlich, in besseren Händen und volksnaher wäre. »Ursprünglich vielfach autonome Bildungen aus der unbegrenzten Freiheit des Volkes« – wann gab es diese? –, »werden sie in ihrem Bewußtsein zu Machtträgern selber. Der Staat, das sind die Parteien. Die Staatsführung liegt in der Hand der Parteienoligarchie. Sie usurpiert den Staat.« Die »Parteienoligarchie« will bei der Regierungsbildung »durch ihre eigenen Leute die Plätze besetzen«, als »Lohn für die Parteiarbeit, die Beute des Siegers nach der Wahlschlacht«. Welche Leute sollte sie stattdessen nehmen? Man müsse »das Volk nur freilassen, es nicht in Parteien an Ketten legen und nicht an die Stelle der Masse setzen, etwas Durchschnittliches, zu Manipulierendes«. Was ist der Unterschied von Masse und Volk? Antwort: »Der Wille der echten Demokratie muß sich zuerst an die Besten, die Denkenden, die Urteilsfähigsten, die Sehenden, in der Tat eine Minorität, wenden.« Doch wer wählt diese aus, wenn nicht das Volk selbst? »Die politischen Zusammenschlüsse von unten aus dem Volk durch das, was in den modernen Revolutionen die ›Räte‹ hieß.« Im Jaspers-Verdikt sind alle schon beschriebenen Pamphlete basisdemokratischer und auf Staatseliten fixierter Topoi wieder da: von der Vergangenheits-, Staats- und Staatsführerverklärung über die einzig adäquate Volksvertretung durch Geistes- und Bildungseliten und sogar Lenins Rätegedanken bis zur behaupteten »Verachtung des Volkes« durch die Parteien und deren »gemeinsamer Schamlosigkeit«.

Jaspers' pauschale Parteien-Abfertigung schloss ungenannt auch jene Politiker ein, die von den publizistischen Protagonisten des heute erneut aufflackernden Parteien-Ressentiments als letzte glaubwürdige Vorbilder hoch gehalten werden: den seinerzeitigen Berliner Regierenden Bürgermeister Willy Brandt, den SPD-Fraktionsvorsitzenden Fritz Erler und dessen Stellvertreter Helmut Schmidt, Bundeskanzler Ludwig Erhard, das SPD-Präsidiumsmitglied Carlo Schmid, den Münchner Oberbürgermeister Hans-Jochen Vogel, die streitbare FDP-Abgeordnete Hildegard Hamm-Brücher, den ersten westdeutschen Regierungschef Konrad Adenauer, den feuer- und querköpfigen FDP-Politiker Thomas Dehler, den späteren Bundespräsidenten Gustav Heinemann, den streitbaren CDU-Sozialpolitiker Hans Katzer u. a. m. Offenkundig war Jaspers über die Parteienwirklichkeit nicht einmal annäherungsweise informiert oder wollte es nicht allzu genau wissen. Erhard Eppler, damals noch ein unbekannter Bundestagsabgeordneter, schrieb 1967 unter der Überschrift »Wohin treibt Karl Jaspers?« in »Die Zeit«: »Wo hört das vorurteilsfreie Suchen nach Wahrheit auf und wo beginnen jene altbekannten Ressentiments, die dem deutschen Bürger seit eh und je den Weg zur Demokratie beschwerlich gemacht haben! Wird hier nicht dem deutschen Bürger von einer geistigen Autorität ein allzu billiges Alibi für seine politische Abstinenz geliefert? Und: Wie vergiftet muß die politische Atmosphäre in einem Lande sein, wo ein solches Buch zum Bestseller wird?«[13]

Tatsächlich waren die Parteien der Bundesrepublik anders und besser als ihr Ruf, der sie zum Urheber aller politischen Übel stilisierte. Parteienkritik, die alle über einen Kamm schert, lenkt nicht nur von tatsächlichen Problemen der Parteien ab, sondern auch von kontroversen politischen Inhalten. Die einfachste Methode dafür ist, diese einfach nicht wahrzunehmen. Vor allem lässt sie die realen gesellschaftlichen Fehlentwicklungen, Widersprüche und Machtkonstellationen im Dunkeln, also den Kontext, von dem Parteien im Zweifel mehr geprägt werden, als dass sie ihn selbst beeinflussen könnten.

Wandlungen des deutschen Parteiensystems

Jede Generation von Bürgern und Politikern muss ihre Erfahrung neu machen. Ob ihre kritischen Wahrnehmungen übersteigert oder untrieben sind, zeigen vor allem Rekurse auf vergangene Entwicklungen. Sie sind eine Denk- und Sehhilfe zur Lösung von Fragen, die uns aktuell beschäftigen – um nicht alle Fehleinschätzungen und Irrwege wiederholen zu müssen. Welches Potenzial Parteien tatsächlich haben, ob und unter welchen Bedingungen sie sich wiederbeleben können, wie sich ihre Politikerauswahl verändert hat, soll der folgende Rekurs auf die Entwicklung des Parteiensystems der Bundesrepublik skizzieren. Dieses System, in der Weimarer Republik totgeschrieben und von den Nazis zerschmettert, hat nach dem Zweiten Weltkrieg zwei Neubelebungen erfahren. Heute stehen wir vor der Frage, ob eine dritte Neubelebung denkbar ist.

Viele hoch engagierte Persönlichkeiten – Emigranten, KZ-Überlebende und Demokraten aus der Weimarer Republik –, die Hitlerdiktatur und Weltkrieg überstanden hatten, haben der Parteiendemokratie in den 50er und 60er Jahren neue Impulse gegeben. Dies gilt vor allem für die beiden von Anbeginn größten Parteien, die SPD und die CDU/CSU, die sich nicht mehr allein als Weltanschauungsparteien verstanden, sondern unterschiedliche geistige Strömungen integrieren wollten. So versuchte die Union, den politischen Katholizismus und den politischen Protestantismus, den Marktliberalismus und die Sozialverpflichtung wirtschaftlicher Akteure gleichzeitig zu verkörpern – während die SPD die geistigen Strömungen der demokratischen Aufklärung, des Marxismus und der protestantischen Sozialethik in sich integrierte, was sich 1959 im Godesberger Programm niederschlug. Beide beanspruchten, Volkspartei zu sein – weshalb sie sich schon frühzeitig dem Verdacht ausgesetzt sahen, nur noch »Allerweltsparteien« bzw. »catch-all-parties« zu sein, wie es der Politikwissenschaftler Otto Kirchheimer ausdrückte.[14] Das Selbstverständnis und die Politik beider Volksparteien rechtfertigten diesen Vorwurf jedoch nur bedingt. Der Versuch, miteinander verwandte politische Ideen zu integrieren, hat der parlamentarischen Demokratie ein breit verankertes Fundament gegeben, dessen Bedeutung wir heute höher bewerten als in ihrer Gründungsphase – gerade im Vergleich zur heutigen Situation.[15]

Es wäre den Parteien auch gar nichts anderes übrig geblieben: Die Auflösung der sozialen Milieus, die sich traditionell bestimmten politischen Gruppierungen zuordneten, hatte längst begonnen, beschleunigt durch die Nachkriegszeit, die viele Millionen aus ihren bisherigen Lebensbezügen geworfen hatte. Die einstige moralische Autorität der Amtskirche war gebrochen, weil sich diese mit den Nazis eingelassen hatte. Die Gewerkschaften hatten sich als »Einheitsgewerkschaften« neu gegründet, um die weltanschauliche Zersplitterung früherer Zeiten zu überwinden. Der Einfluss der US-amerikanischen Kultur, in der der Gleichheitsgedanke selbstverständlicher als in Europa praktiziert wurde, hinterließ bei der Nachkriegsgeneration tiefe Spuren.

Innerhalb der Parteien wurde konfliktreich um politische Überzeugungen gerungen, keineswegs nur um Beuteanteile an der Staatsmacht. Zwar ist der Trend zur konturenlosen Beliebigkeit – in der die Akteure vergessen, wofür sie inhaltlich stehen – in der Entwicklung von Volksparteien prinzipiell angelegt. Aber er wurde durch Mitglieder und Wähler, die ihre politischen Weltanschauungen weiterhin repräsentiert sehen wollten, zumindest gebremst. Gleichzeitig vollzog sich jedoch eine interne Demokratisierung der Parteien, die den Einfluss der berüchtigten hauptamtlichen Parteiapparate zurückdrängte. Diese Apparate gab es – historisch bedingt – traditionell nur bei linken Parteien: Sie konnten sich nicht auf Repräsentanten stützen, die in die vordemokratischen Gesellschaftseliten integriert waren und Beruf und Politik verbinden konnten. Sie mussten ihr Personal bezahlen, während sich bürgerliche Parteien eher als Honoratiorenclubs verstanden. Noch in den 60er Jahren hatte selbst die CDU keinen nennenswerten Parteiapparat. Die erste nichtlinke Partei, die sich einen größeren Stamm hauptamtlicher Parteifunktionäre leistete, war die CSU unter der Führung von Franz-Josef Strauß.[16] Die SPD beschloss 1958 ihre Parteireform, nach der nur noch gewählte Mitglieder im Vorstand sitzen durften. Im Wahlgesetz wurde allen Parteien vorgeschrieben, dass Parlamentskandidaten – bei freiem passiven Wahlrecht – von Mitglieder- oder Delegiertenversammlungen in den Wahlkreisen geheim gewählt werden mussten.

Die Parteien der 50er und 60er Jahre waren schon deshalb nicht mehr dieselben wie die früheren. Dass dennoch die alte Parteienkritik in den 60er Jahren wieder einen Resonanzboden fand, ging auf die Erstarrung der noch jungen Republik infolge der seit 1949 ununterbrochenen CDU/CSU-Herrschaft zurück, und darauf, dass sich in Staatsapparat und Justiz Nazischergen ungeahndet tummeln durften. Die Befürchtung der 60er Jahre war: Was würde geschehen, wenn das für die Nachkriegszeit identitätsstiftende Wirtschaftswunder, mit dem Versprechen des »Wohlstands für alle«, durch eine länger anhaltende wirtschaftliche Krise entzaubert wird? Könnte das die junge Demokratie wieder zerbrechen?

Der erste Versuch eines neuen Autoritarismus:
Die formierte Gesellschaft

Die Befürchtung eines Neoautoritarismus erhielt Nahrung durch das Konzept einer »formierten Gesellschaft«, das Bundeskanzler Ludwig Erhard – beraten durch den konservativen Publizisten Rüdiger Altmann – propagierte: Alle Gesellschaftsmitglieder müssten erkennen, dass sie sich in den Dienst der Wirtschaftsgesellschaft und ihrer Wettbewerbsfähigkeit zu stellen hätten; dass sie sich dafür »ihres Egoismus entwöhnen«, »einer stärkeren Disziplinierung unterwerfen« und schlicht lernen müssten, »die Härte des ökonomisch-technischen Leistungskampfes zu akzeptieren«. Es werde »kein soziales Paradies geben«; alle politischen Programme, die »die Wirtschaft der Sozialordnung unterwerfen«, seien eine Illusion. Kurzum: »Die Regierung im Verteilerstaat hat mehr Recht auf Autorität als frühere parlamentarische Regierungen. Eine ihrer stärksten Legitimationen ist die Formierte Gesellschaft.« In dem Buch »Der CDU-Staat« resümierte der Publizist Gert Schäfer diese »Leitlinien stabilitätskonformen Verhaltens« mit den Worten: »Altmann und seinesgleichen machen Ernst mit der wieder modernen Ansicht, Demokratie bedeute Vertrauen von unten, Verantwortung von oben.«[17] Der Soziologe Oskar Negt analysierte in demselben Sammelband unter dem Titel »In Erwartung einer autoritären Leistungsgesellschaft«, dass die partikularen Unternehmerinteressen in dieser Wirtschaftsgesellschaft »eine Verlagerung des Kompromisses von der Öffentlichkeit, vor allem der parlamentarischen Legislative, auf vorparlamentarische Instanzen, auf staatliche Verwaltungen und zunehmend auf die Exekutivorgane der Europäischen Wirtschaftsgemeinschaft« erzwingen würden und das parlamentarische System durch »akklamationsbereite Agenturen« abgelöst würde, da Diskussionen »unnötige Reibungsverluste in Entscheidungsprozessen« bedeuteten. Nach diesen Maßstäben werde dem Parlament »nur die staatspolitische Aufgabe zufallen: die von der Exekutive, also der höchsten Verkörperung des gesamtgesellschaftlichen Bewusstseins, dem Volk präsentierten Gesetze als objektiven Ausdruck seines aufgeklärten Selbstinteresses begreiflich zu machen«.[18]

Das Konzept der »formierten Gesellschaft« rief unter demokratischen Intellektuellen einen Sturm der Entrüstung hervor – im Unterschied zur Gegenwart, in der sich solche Vorstellungen längst auf schleichende Weise, ohne programmatische Ankündigung, in der Praxis eingespielt haben! Hinzu kam, dass es in der Bundesrepublik einen nicht länger als demokratiegemäß akzeptierten gesellschaftlichen Autoritätsüberhang gab. Die »Spiegel-Affäre« von 1962 – die polizeiliche Durchsuchung der Redaktion, die Beschlagnahmung von Dokumenten und die monatelange Untersuchungshaft des Herausgebers Rudolf Augstein – hatte die Frage aufgeworfen, wie weit die Bundesrepublik noch von einem autoritären Staat entfernt war. Als die SPD 1966 auch noch eine Große Koalition mit der Union einging, war die erste große Glaubwürdigkeitskrise der zweiten parlamentarischen Demokratie besiegelt. Doch der Protest dagegen bewies, dass das Demokratiebewusstsein gewachsen und so schnell nicht auszuheben war.

Die antiautoritäre Antwort

Die Kritik wurde schnell grundsätzlich. In seiner Schrift »Die Transformation der Demokratie« schrieb der Berliner Politikwissenschaftler Johannes Agnoli: Ein »Kartell der Etablierten« habe sich gebildet, bestehend aus Staatsinstitutionen, Parteien, Gewerkschaften, Verbänden und Medien. Die Parteien hätten sich von der Basis entfernt und seien zu »staatspolitischen Vereinigungen« regrediert. Das antagonistische Kräftespiel in der Gesellschaft sei ausgeschaltet, schon in den Volksparteien selbst, erst recht durch deren Koalition: »Sie bilden die plurale Fassung einer Einheitspartei – plural in der Methode des Herrschens, einheitlich als Träger der staatlichen Herrschaft gegenüber der Bevölkerung.« Ihre »plural-gleichförmige Fassung« habe ihr Vorbild im »faschistischen Einheitspartei-Typus« gehabt.[19] Während Karl Jaspers elitär-konservative Parteienschelte – trotz Bestsellererfolg – nicht zündete, führte in der jüngeren Generation die konkrete Empörung über die Große Koalition, die das Demokratiebewusstsein verletzte, und der Widerstand gegen den Vietnamkrieg zur Entstehung einer außerparlamentarischen Opposition.

Deren Attraktivität war ihr antiautoritäres Grundmotiv. Das Verdikt von Rudi Dutschke, dem Wortführer der seit 1967 heiß laufenden studentischen Protestbewegung – später die »68er« genannt –, lautete: »Die Parteien lassen sich nur noch als Instrumente der Exekutive benutzen. Wie steht es um die innerparteiliche Demokratie bei CDU und SPD? Wo ist noch die Selbständigkeit der Parteimitglieder? Ihre Parteitage erinnern an die der KPdSU der 30er Jahre: keine Selbsttätigkeit von unten, nur noch Manipulation von oben; Führer, die keinen Dialog mit der Basis führen; eine verselbständigte Führungselite, die nicht mehr will, daß eine Diskussion stattfindet – da nämlich das praktisch-kritische Infragestellen das Ende der bürokratischen Institutionen wäre. Die Parteien sind nur noch Plattformen für Karrieristen. Ich denke, daß die Parteien nicht mehr die Wünsche, Interessen und Bedürfnisse von vielen Menschen repräsentieren. Wir haben eine Interessendemokratie. Eine Vielfalt von Interessengruppen trifft sich an der politischen Börse und führt in Anerkennung des bestehenden Staates nur noch einen Scheinkampf um den Anteil am Bruttosozialprodukt.«[20] Die antiautoritäre Bewegung entstand, wie sie sich selbst sah, auf den »Trümmern der parlamentarischen Parteiendemokratie«, die erneut totgesagt wurde. Neu war, dass der Protest und die Suche nach Alternativen dieses Mal in eine linke Richtung wiesen.

Die zweite Neubelebung

Zu den vielen Ironien geschichtlicher Entwicklung gehört, dass die Parteiendemokratie ausgerechnet durch diese außerparlamentarische Opposition spürbar belebt wurde. In den vielerlei Nachbetrachtungen über die »68er«, die sich in regelmäßigen Abständen in den Zeitungsfeuilletons finden, wird jener Teil der Protestbewegung, der in die Parteien strömte, allerdings kaum beachtet. Das gilt selbst für die Analysen von Wolfgang Kraushaar, der zum meistzitierten Chronisten dieser Bewegung geworden ist.[21] Den Ausläufern dieser Bewegung nach ihrem Zerfall, in Form sektiererischer K-Gruppen und des Terrorismus der »Roten Armee Fraktion«, wird mehr Augenmerk geschenkt als den für die weitere Entwicklung wesentlich relevanteren Spuren im Parteiensystem, insbesondere in der SPD; auch das Entstehen einer Frauenbewegung, einer breiten Bewegung von Bürgerinitiativen, der Ökologie- sowie der späteren Friedensbewegung wurde und wird in den Nachbetrachtungen eher vernachlässigt. Dass die »antiautoritäre Studentenrevolte« aber zweifellos eine tiefe politische Zäsur herbeiführte, hängt – so Kraushaar – vor allem mit der von ihr ausgelösten »grundlegenden Veränderung des traditionellen Politikbegriffs zusammen: seiner Veralltäglichung wie auch seiner Orientierung auf das Individuum. Die Subversion der normativ erstarrten Lebensverhältnisse zielte auf eine Umwälzung aller Bereiche der Gesellschaft.«[22] Der neue Geist der Zeit war schon vor dem Regierungswechsel zur sozialliberalen Koalition von Willy Brandt als erweiterte demokratische Perspektive aufgegriffen worden: Fortan gehe es nicht mehr allein um eine Demokratisierung des Staates durch die Institutionen und Organisationen der parlamentarischen Demokratie, vielmehr um die Demokratisierung aller gesellschaftlichen Lebensbereiche: von Schulen, Universitäten, Unternehmen, Verbänden, Gewerkschaften, Parteien.[23] Dies war der Hintergrund für den berühmt gewordenen Satz aus Brandts Regierungserklärung von 1969: »Wir wollen mehr Demokratie wagen.«

Die außerparlamentarische Bewegung zerfiel, wie nicht anders zu erwarten war: nicht nur wegen ihrer heterogenen Strömungen und der Unbestimmtheit ihrer Alternativen, sondern allein schon deshalb, weil das ein unausweichliches Schicksal aller organisatorisch nicht festgefügten offenen Bewegungen war und ist. Elias Canetti hat dies in seinem Hauptwerk »Masse und Macht« eindrücklich beschrieben, insbesondere in seiner Unterscheidung von »offener Masse« und »geschlossener Masse«, die auf Bewegungen und Parteien übertragen werden kann: »Die offene Masse besteht, solange sie wächst. Ihr Zerfall setzt ein, sobald sie zu wachsen aufhört. Denn so plötzlich, wie sie entstanden ist, zerfällt die Masse. In dieser spontanen Form ist sie ein empfindliches Gebilde. Ihre Offenheit, die ihr das Wachstum ermöglicht, ist zugleich ihre Gefahr. Eine Ahnung vom Zerfall, der ihr droht, ist immer in ihr lebendig. Durch Zunahme sucht sie ihm zu entgehen.

Solange sie kann, nimmt sie alles auf. Aber da sie alles aufnimmt, muß sie zerfallen.« Abgebrühte Betrachter solcher Bewegungen schließen daraus, dass die Hunde bellen, aber die Karawane weiterziehe, vielleicht nach kurzer Unterbrechung. Die »geschlossene Masse« beschreibt Canetti, ebenso hellsichtig, folgendermaßen: »Sie schafft sich ihren Ort, indem sie sich begrenzt; der Raum, den sie erfüllen wird, ist ihr zugewiesen. Die Zugänge zum Raum sind gezählt. Man kann nicht auf jede Weise hineingelangen. Die Grenze verhindert eine regellose Zunahme, aber sie erschwert und verzögert auch das Auseinanderlaufen. Was an Wachstumsmöglichkeiten so geopfert wird, das gewinnt die Masse an Beständigkeit. Sie ist vor äußeren Einwirkungen geschützt, die ihr feindlich und gefährlich sein könnten. Ganz besonders rechnet sie mit Wiederholung. Der Raum gehört ihnen [den Mitgliedern], auch wenn er Ebbe hat. Und in seiner Leere gemahnt er an die Zeit der Flut.«[24]

In der Tat: Organisationen können sich wieder auffüllen und damit beleben. Das geschah durch den Zulauf hunderttausender junger Menschen nach Beendigung der Großen Koalition in die SPD, der von Willy Brandt gewollt war – jedoch von konservativeren Kräften in der SPD abgelehnt wurde, für die die »Neue Linke« nur Ausdruck eines problematischen Zeitgeistes war. Die SPD konnte einen jähen Mitgliederzuwachs verbuchen, allerdings in relativ einseitiger soziologischer Zusammensetzung. Die Jungsozialisten, bis dato eine parteiloyale Jugendorganisation, wurden zum Sammelbecken eines neuen linken Flügels, der aus Teilen der außerparlamentarischen Opposition eine innerparteiliche machte. Die »Doppelstrategie« wurde formuliert: die allgemeine Öffentlichkeit durch außerparteiliche Initiativen für Ziele zu mobilisieren, um sie innerparteilich erfolgreicher durchsetzen zu können. Heftige Konflikte in der SPD waren damit vorprogrammiert; sie durchzogen die Mitgliederversammlungen und Parteitage. Erbitterte Kämpfe um Parlamentskandidaturen und Vorstandsbesetzungen waren plötzlich an der Tagesordnung, in nie zuvor gekannter Weise. Der Marsch durch die Institutionen hatte begonnen – und führte vielerorts zur raschen »Eroberung« von Parteigliederungen, die alle Behauptungen von der Unüberwindlichkeit der Parteiapparate widerlegten.

Die APO-Generation, die in die SPD geströmt war, wurde innerhalb eines Jahrzehnts absorbiert und hat die Partei drastisch verändert, indem sie die Entwicklung zur Volkspartei in Frage stellte und
eine Neubelebung linker Ideale betrieb – ohne diese ausreichend zu
reflektieren. Nie zuvor wurden so viele Menschen mit akademischer
Ausbildung und deshalb mit auch gehobenen oder höheren Berufsan-
sprüchen in einer politischen Partei aktiv. Sie stürmten die Vorstandspositionen und Kandidatenplätze und verdrängten die klassischen
loyalen Parteiakteure. Sie veränderten die Soziologie der Führungsgremien und Parlamentsfraktionen. Doch die Ironie dieser Entwicklung war, dass sich durch die Öffnung der Diskussionshorizont der
SPD verengte, weil die Vielfalt unterschiedlicher Sozialerfahrungen
von der neuen Generation nicht repräsentiert wurde. Diese neue programmatische Verengung führte vor allem in Großstädten wie München, Frankfurt, Berlin, Stuttgart, Hamburg dazu, dass die SPD ihre
angestammten Wählermehrheiten verlor.

Selbst in der CDU hinterließ die antiautoritäre Revolte Spuren,
wenn auch indirekt. Zu breit hatten die antiautoritären Stimmungen
die jüngere Generation erfasst. Das altväterliche Selbstverständnis der
Union als kollektive Lordsiegelbewahrer der Adenauer-Ära verfing bei
den jungen Wählern nicht mehr. Nach der verlorenen Bundestagswahl
von 1972 und der Übernahme des CDU-Vorsitzes durch den seinerzeitigen CDU-Reformer Helmut Kohl wurde ihre politische Entstaubung
eingeleitet. Der von der Studentenrevolte in allen westlichen Demokratien propagierte individuelle Selbstbestimmungsgedanke wurde
aufgenommen. Der von Helmut Kohl installierte neue CDU-Generalsekretär Kurt Biedenkopf nannte 1975 seine programmatische Schrift
zur Erneuerung der CDU nicht zufällig »Fortschritt in Freiheit«.
Darin erklärte er den Auftrag des Liberalismus und des Sozialismus
für »historisch erfüllt«. Fortan gehe es um die Mehrheit der gleichbe-
rechtigt gewordenen Individuen, um die Gleichheit der Chancen statt
der Ergebnisse, um die »Bedeutung des Privatrechts« und seine »ge-
meinschaftsgestaltende Funktion«. Frühere, fraglos begründete Zweifel an dessen Fähigkeit, »soziale Gerechtigkeit zu gewährleisten«, seien
gegenstandslos geworden.[25] Die Stichworte waren Entstaatlichung,

Subsidiarität und die »neue soziale Frage«, die all diejenigen betreffe, die nicht von organisierten Interessen wie Unternehmerverbänden und Gewerkschaften vertreten würden.

Diese neue Frage wurde zwar vielfach als bloßer Versuch interpretiert, den Abbau des Sozialstaats zu begründen. Tatsächlich war der Hinweis darauf ein – von reflektierten jüngeren Programmdenkern der CDU, wie etwa Warnfried Dettling und Heiner Geissler, formulierter – früher Versuch, über die von beiden organisierten Interessenpolen der industriellen Wachstumsgesellschaften ausgeklammerten sozialen Fragen des Gemeinwesens hinauszudenken.[26] Ein Versuch, dessen Nichtbeachtung, nicht zuletzt in der Union selbst, in den 90er Jahren schwer wiegende Konsequenzen für das politische Verständnis über das Verhältnis von Staat und Wirtschaft haben sollte.

Die CDU versuchte, sich von christlich-konservativen und paternalistischen Normvorstellungen zu lösen. Erstmals entstand ein leistungsfähiger Parteiapparat, der den traditionellen Organisationsvorsprung der SPD einholte und in seiner Effizienz teilweise übertraf. Die Zahl bürgerlicher Honoratioren und christlicher Wertkonservativer, die die CDU repräsentierten und das Bild ihrer Abgeordneten prägten, verringerte sich. Über die Junge Union und die Schüler-Union gelang es, die – im Verhältnis zu den Jungsozialisten in der SPD – Moderateren und Angepassteren der jungen Generation in beträchtlicher Anzahl zu gewinnen. Auch sie kamen vorwiegend aus Gymnasien und von Universitäten. Parteikader bildeten sich, und die Partei verjüngte sich. In den Vordergrund rückte die früh geplante Partei- und Parlamentskarriere. Auf CDU-Parteitagen gab es – für viele eine neue Erfahrung – strittige Diskussionen über Parteitagsanträge.

Die FDP machte zwei unterschiedliche Verjüngungsphasen durch. Die erste, unter dem Vorzeichen der sozialliberalenKoalition, ähnelte derjenigen der SPD – wenn auch der Mitgliederzuwachs geringer war. Die Jungdemokraten waren moderater und flexibler als die Jungsozialisten, aber es gab ein gemeinsames Generationenbewusstsein. Dieses Element verschwand aus der FDP nach deren Koalitionswechsel von 1982 an die Seite der CDU/CSU. Etliche links- bzw. sozialliberale Protagonisten verließen die Partei und gingen in die SPD, so wie Günter

Verheugen, der heutige EU-Kommissar, und Ingrid Matthäus-Maier, die lange Zeit dem Fraktionsvorstand der SPD angehörte. Nach der FDP-Wende 1982 bildeten sich die Jungen Liberalen, die sich eher wie die Junge Union verstanden: smart, zeitgeistig angepasst und aufstiegsbewusst. Ihr erster Vorsitzender wurde der heutige FDP-Vorsitzende Guido Westerwelle.

In den 70er Jahren belebte und verjüngte sich die Parteiendemokratie links wie rechts. Die Zahl der Parteimitglieder stieg deutlich an. 1960 brachten es alle im Parlament vertretenen Parteien (CDU/CSU, SPD und FDP) zusammen auf 1.038.000 Parteimitglieder, bis 1970 wuchs die Zahl auf 1.280.000 und dann bis auf 1.954.000 im Jahr 1980. Die SPD allein überschritt in den 70er Jahren vorübergehend die Millionengrenze. Die CDU verdoppelte ihre Mitgliederzahl von 300.000 im Jahr 1969 auf über 600.000 im Jahr 1976. Das Ansehen der Politiker war höher als je zuvor oder danach.[27]

Die Neubelebung der Parteiendemokratie wurde 1980 abgerundet mit der Gründung der Grünen. Grund dafür war ein ins öffentliche Bewusstsein gerücktes massives inhaltliches Repräsentationsdefizit der Parteien: die Sorge über die zerstörerischen Wirkungen des industriellen Wachstums.

Ökologiebewegung, Friedensbewegung, Dritte-Welt-Bewegung, Frauenbewegung, Bürgerrechts- und Demokratiebewegung fanden sich in einer »grünen« Kultur wieder, in der die neue Partei verwurzelt war. Der wichtigste Treibriemen war jedoch die Ökologie, das verkannte Jahrhundertthema. Der Einzug der Grünen in den Bundestag gelang erst 1983 mit der Schubkraft der Friedensbewegung gegen die Atomraketen. Das Interessanteste an der Partei der Grünen für die Politikerbetrachtung ist, dass mit ihr eine verhältnismäßig große Zahl von das Parlament belebenden Akteuren die Parteienarena betrat. Am Anfang als unbedarft und nicht politikfähig hingestellt, wofür es auch einige bizarre individuelle Beispiele gab, zeigte sich relativ schnell das Gegenteil: Die Grünen brachten Handlungsfrische mit und fielen durch eine politische Rhetorik auf, die sich deutlich von der Routinesprache der Parlamentsdebatten abhob. Die neuen Kräfte waren keineswegs politische Newcomer: Sie brachten politische Kampagnenerfahrung aus der Ökologie- und Friedensbewegung sowie deren Passion mit; andere die harte Organisations- und unerbittliche Kampferfahrung linkskommunistischer Kaderorganisationen. Viele waren darin geübt, mit wenig Mitteln viel zu veranstalten, und deshalb für die Politik besser trainiert als die Politiker, die sich in etablierten Parteien in »gemachte Nester« setzen konnten. Die Grünen zeigten jedenfalls, wie groß das aktivierbare außerparlamentarische Reservoir an Politikern ist bzw. sein könnte: politisch Engagierte, die heute in Nicht-Regierungsorganisationen und punktuellen Initiativen aktiv sind und aus deren Sicht die Parteien nicht attraktiv sind.

Aber auch die Akteure der Grünen hatten soziologisch denselben Hintergrund wie die Newcomer in der SPD, den Unionsparteien und der FDP der 70er Jahre. Die ideellen bzw. ideologischen Differenzen waren groß, aber sie relativierten sich. Die soziologische Homogenität bildet sich im Erscheinungsbild der Parteien deshalb zwangsläufig ab. Dies ist ein wesentlicher Grund für den aus meiner Sicht augenfälligsten Widerspruch im politischen Institutionensystem: Obwohl es viel mehr Politiker mit akademischer Ausbildung als früher gibt, die als in Parlamenten agierende Politiker alle Informationsmöglichkeiten haben und – im Unterschied zu früheren Zeiten – über persönliche parlamentarische Mitarbeiter verfügen, finden die Diskurse über die großen mittel- und langfristigen Zukunftsfragen – über die Sprengstoffe der Politik – kaum noch in den Parteien statt, wenn überhaupt.

Die Ermüdung der Parteien

Obwohl die Grünen hinzugekommen waren, war die Zahl der Parteimitglieder insgesamt zwischen 1980 bis 1983 schon wieder rückläufig: Sie sank von 1.955.000 auf 1.948.000 Mitglieder. 1990 waren es nur noch 1.848.000. 1994 zählte man – obwohl inzwischen die deutsche Vereinigung vollzogen und die Zahl der Bundesbürger damit um 16 Millionen Menschen gewachsen war – noch 1.694.000, 1998 nur noch 1.592.000 – mit weiter fallender Tendenz.

Wellenbewegungen der Parteienkritik sind politische Normalfälle.

Die Wellen sind mal höher, mal niedriger; sie kommen gewöhnlich ebenso schnell, wie sie verebben. Doch seit einigen Jahren haben wir es mit einer langen Welle der Parteien- und Politikeraversion zu tun, die schon zu einer großen Woge geworden ist. Dies ist nicht nur in Deutschland zu beobachten, sondern in fast allen etablierten parlamentarischen Demokratien. Indizien dafür sind nicht nur die stetig sinkende Zahl von Parteimitgliedern und der steigende Altersdurchschnitt, weil sich kaum Jüngere neu in Parteien engagieren. Auch die Wahlbeteiligung sinkt seit den 80er Jahren unaufhörlich. In *Deutschland* lag sie bei der Bundestagswahl 1972 bei 91,1 %, 1983 noch bei 89,1 %, 1994 bei 80,6 % und 2002 bei 79,1 %, dem bisher niedrigsten Wert; bei den Europaparlamentswahlen 1999 gingen gar nur 45,2 % der Wähler zur Urne, trotz erweiterter Zuständigkeiten der EU. Zum Vergleich: 1994 waren es noch 60 % und 1979, bei der ersten Europaparlamentswahl, immerhin 65,7 %. In *Frankreich* lag die Beteiligung an den Nationalwahlen in den 70er Jahren noch bei über 80 %, 1997 wählten im ersten Wahlgang nur noch 67,9 % (im zweiten 71 %), 2002 waren es im ersten Wahlgang 64,3 % und im zweiten 60,7 %. Das bürgerlich-konservative Wahlbündnis, das Präsident Chirac unterstützt, errang mit 43,9 % der abgegebenen Stimmen – was nur 24 % aller Wahlberechtigten ausmacht – 399 von 577 Mandaten; die Sozialisten, die zuvor die Mehrheitspartei gewesen waren, sanken auf 26,6 % der Stimmen – das entspricht nur noch 14,5 % der Wahlberechtigten! In *Großbritannien* lag die Wahlbeteiligung, die jahrzehntelang zwischen 75 und 87 % geschwankt hatte, 1997 bei 71,5 % und sank 2001 auf 59 %! In *Italien* wählten 1979 noch 90,6 %, 1996 waren es nur noch 82,9 % und 2001 noch 81,2 %. In den *Niederlanden* rutschte das Wählerinteresse von 95 % im Jahr 1967 auf nur noch 78,8 % im Jahr 2002.

Es kann unterstellt werden, dass gleichzeitig die Intensität der inneren Bindung von Mitgliedern und Wählern an ihre Parteien abgenommen hat. Auch dies zeigen Umfragen, die Alain Garrigov in einem Artikel über »Müde Demokraten« ausgewertet hat: Das Wahlrecht wird formal ausgeübt, doch ohne darin noch einen großen Sinn und Zweck zu sehen.[28] Dies alles geschieht, obwohl der Aufwand der Parteizentralen für eine ständige demoskopische Beobachtung der

Wähler, ihrer politischen Erwartungen und Einstellungen, laufend zunimmt, ebenso wie der Einsatz von Werbeagenturen für Wahlkampagnen. Je mehr also die Parteien die Wähler auf diese Weise durchleuchteten, desto deutlicher wenden diese sich von den Parteien ab – und kaum einer kommt auf die Idee, dass dies nicht *trotz*, sondern womöglich gerade *wegen* der professionellen »Erfolgsrezepte« der Fall ist. Dafür spricht unter anderem, dass die Zahl derjenigen zunimmt, die nicht aus politischem Desinteresse oder mangelnder Information zur Wahlenthaltung neigen, sondern, im Gegenteil, aufgrund ihrer besonderen politischen Aufmerksamkeit für Probleme: Sie wissen einfach nicht mehr, wen sie noch ohne große Selbstzweifel wählen können. Bezeichnend ist in diesem Zusammenhang das Ergebnis einer repräsentativen Umfrage, die das Berliner Wissenschaftszentrum bei der Demonstration gegen den Irakkrieg am 15. Februar 2003 in Berlin startete, die 500.000 Teilnehmer zählte. 83 % der befragten Teilnehmer ordneten sich als links stehend ein, sechs Prozent als äußerst links; zur politischen Mitte zählten sich 16 %, und als rechts definierte sich lediglich ein Prozent. Doch im Zusammenhang dieses Kapitels interessiert am meisten, dass nur 3,4 % den Parteien noch »viel Vertrauen« aussprachen.[29] Für eher links Eingestellte sind aber Parteien zur Durchsetzung ihrer politischen Ziele tendenziell wichtiger als für Konservative, die sich auch auf andere einflussreiche Kräfte stützen können. Deshalb ist die sich ausbreitende Parteienablehnung unter Linken ein besonderes Alarmzeichen für die Erosion der parlamentarischen Demokratie.

In dieser Atmosphäre kann es nicht verwundern, wenn sich alle möglichen Populisten die Parteien- und Politikeraversion zunutze machen und sie zugleich in den vertrauten Tonlagen schüren. Mit dem Satz »Was seid ihr eigentlich für Politiker, die die Zahlen nicht kennen?« fertigte etwa der Präsident des Bundesverbandes der Deutschen Industrie (BDI), Michael Rogowski, in der Fernsehsendung Sabine Christiansens den nordrhein-westfälischen Ministerpräsidenten Peer Steinbrück ab, nachdem dieser – als vormaliger Finanzminister mit akkuraten Kenntnissen über die Steueraufkommen ausgestattet – Rogowskis Behauptung zurückgewiesen hatte, dass die Steuerbelastung deutscher Unternehmen im internationalen Vergleich zu hoch sei. Rogowski erhielt heftigen Beifall im Studio, aber nicht für seine Meinung, sondern reflexartig, sobald er in abfälligem Ton das Wort »Politiker« aussprach. Konservative Publizisten entfachen die klassische Parteienaversion neu, in gewohnter Allgemeinheit: »Die Maßlosigkeit des Parteienstaats« überschrieb der Historiker Michael Stürmer einen Artikel in der »Welt«, in dem er hervorhob, die Parteien hätten »tief in den Apfel des Gemeinwesens gebissen, den Staat zur Beute gemacht«. Stürmer spricht von »feudalen Gefolgschaftsverhältnissen« und von den »Versuchungen, geliehene Macht sich anzueignen und in den demokratischen Kulissen ein modernes Gottesgnadentum zu praktizieren«.[30] »Auf die Barrikaden« rief ausgerechnet der erzkonservative Historiker Arnulf Baring in der »Frankfurter Allgemeinen Zeitung« die Bürger: »Wir dürfen nicht zulassen, dass hilflose Politiker das Land verrotten lassen. Wir sind das Volk!« Und weiter: »Niemand wird heute eine demokratische Diktatur fordern.« Und morgen? Jedenfalls sei »die Situation reif für einen Aufstand gegen das erstarrte Parteiensystem. Ein massenhafter Steuerboykott, passiver und aktiver Widerstand, empörte Revolten liegen in der Luft.«[31]

Der heuchlerische Gipfel der Parteienentrüstung ist erreicht, wenn diese Kritik von Parteipolitikern selber kommt – frei nach der ironischen Bemerkung Kurt Tucholsky, dass Literaten andere Literaten als Literaten beschimpfen. Der FDP-Vorsitzende Westerwelle versucht auch in diesem Fach zu glänzen. So fordert er regelmäßig – wohlfeil für die Öffentlichkeit – die Kürzung der Abgeordneteneinkommen, als Vorsitzender einer Partei, die die relativ höchste Zahl an Abgeordneten mit lukrativen privaten Nebentätigkeiten für wirtschaftliche Interessengruppen hat! Er ist nicht der Einzige, der als Parteipolitiker andere der »Parteipolitik« bezichtigt. So funktioniert die Ablenkung von den eigenen Widersprüchen und den tatsächlichen Problemen der Politik.

Rezepte mit begrenzter Wirkung

Als Patentrezepte zur Belebung der Politik und zur besseren Politikerauswahl werden Empfehlungen gehandelt, die alle irgendwie darauf
hinauslaufen, dass Parteien und Politiker »Macht abgeben« sollen.
Tatsächlich wurde ihnen diese Macht bereits in erheblichem Maße ab-
gezwungen – wenn sie sie nicht selbst abgegeben haben, indem sie zur
Wahlhelfervereinigung ihrer Kandidaten und als Parlamentsfraktion
zu Hilfsorganen der von ihnen gestellten Regierungen wurden. Ihre
verloren gehende Bindekraft, die offenkundige Schwierigkeit, noch
ihre eigene Rolle zu finden und zu verdeutlichen, zeigt sich an erdrutschartigen Schwankungen in Umfragen und bei Wahlen, die mal
diese und mal jene Partei treffen. Aus dem Nichts entstehen derzeit in
den europäischen Ländern neue Parteien, die noch in den 80er Jahren
über ein Minoritätendasein nicht hinausgekommen wären, von der
aus sinistren Figuren bestehenden Schill-Partei in Hamburg über die
Liste Pim Fortuyn in den Niederlanden, der Haiderschen FPÖ, der italienischen Lega Nord oder der als Forza Italia auftretenden Firmen-
partei Berlusconis bis zum Comeback des Rechtsradikalen Le Pen in
Frankreich, der 1992 den sozialistischen Präsidentschaftskandidaten
Jospin im ersten Wahlgang überrundete.

In jeder politischen Krise, also in regelmäßigen Abständen, gibt es
immer wieder die gleichen Korrekturempfehlungen an das Parteiensystem, die das Vertrauen in die Demokratie wieder herstellen sollen.
Eine davon lautet, der direkte Einfluss der Bürger auf die Auswahl der
Politiker und auf die politischen Entscheidungen müsse erhöht werden. So schlug Altbundespräsident Richard von Weizsäcker in einem
Beitrag für »Die Zeit« im März 2003 den Parteien vor, ihr »Monopol
beim Zugang zu politischen Mandaten und Ämtern« und ihre »tiefe
Abneigung gegenüber jedwedem Seiteneinsteiger« aufzugeben. Weizsäcker stellt »die Frage nach einem veritablen Beruf zur Politik« und
verlangt selbständigere Parlamentarier, unabhängig von Parteiappara-
ten. Es gebe zwar viele neue Business-Schools, aber »für das Kernstück
der Politik, die Lehre und Praxis vom Regieren im modernen Staat,
warten wir noch immer auf die notwendigen Angebote unserer

großen Universitäten. In Amerika gibt es seit längerem vorbildliche Schools of Government, an erster Stelle in Harvard.« Also doch diplomierte Berufspolitiker? Und: Es gelte, »die Repräsentanten möglichst persönlich und nicht nur nach Liste zu wählen«.[32] Dies liefe entweder auf ein Wahlsystem hinaus, in dem die Wähler die Parteilisten durch Zusatzstimmen verändern können – oder man müsste statt einem Verhältniswahlrecht, das die Zusammensetzung des Parlaments nach den für die Parteien abgegebenen Stimmen bestimmt, ein »Mehrheitswahlrecht« einführen, nach dem ausschließlich in ihrem Wahlkreis direkt gewählte Kandidaten ins Parlament einziehen dürften. Darüber hinaus gewinnt die Forderung, die Gesetzgebung über Volksentscheide direkt zu gestalten, zunehmend Resonanz. »Jede Stimme ist kostbar, so heißt es. Alle vier Jahre geben wir bei der Wahl unsere Stimme ab und hoffen darauf, dass die gewählten Politiker etwas daraus machen. Mehr lässt unsere Zuschauerdemokratie nicht zu. Wirkliche Demokratie braucht mehr« – so die Broschüre »Menschen, Bilder, Volksabstimmung« des Vereins »Mehr Demokratie«. Dass engagierte Bürger ebenso gut laufend in Parteien mitwirken können, scheint längst außerhalb jeder Vorstellungskraft.

Dass Wähler die Möglichkeit haben sollen, Parteilisten direkt – durch die Möglichkeit, eine Vorzugstimme für einen der Listenkandidaten abzugeben – zu verändern, halte ich für notwendig; so könnten einige Vorbehalte gegenüber Politikern abgebaut werden. Die Abschaffung des Verhältniswahlrechts halte ich dagegen für falsch, da ein reines Mehrheitswahlrecht dazu führen kann, dass Parteien zur Regierungsmacht kommen, die gar keine Mehrheit in der gesamten Bevölkerung hinter sich haben. Die Forderung nach Volksentscheiden halte ich wiederum für richtig, allerdings nicht uneingeschränkt. Die Bedingung dafür ist, dass eine relativ hohe Zahl von Bürgern das Volksbegehren verlangt und die Abstimmung nur gilt, wenn sich eine festzulegende Mindestanzahl von Wahlberechtigten beteiligt hat. Diese Mindestzahl dürfte allerdings weder zu niedrig noch zu hoch angesetzt werden. Bei zu niedriger Beteiligungsquote mangelt es dem Ergebnis an ausreichender Legitimation; bei zu hoher Quote haben die Gegner einer zur Abstimmung gestellten Forderung zu große

Möglichkeiten, durch Aufrufe zur Wahlenthaltung einen Volksentscheid zu blockieren. Dass eine hohe Zahl von Wahlberechtigten zur Einleitung eines Volksentscheids verlangt werden muss, ist schon deshalb notwendig, weil ein inflationärer Gebrauch dieses Entscheidungsverfahrens vermieden werden muss. Andernfalls hätten einzelne Massenmedien, vor allem die »Bild«-Zeitung, die Möglichkeit, mit dem Instrument des Volksbegehrens Schindluder zu treiben. Dass Volksentscheide nicht automatisch zu einer reformfreudigeren und volksnäheren Politik führen, zeigt die Erfahrung vieler anderer Länder, zum Beispiel Italiens. Sie führen auch nicht einmal zu einer größeren Akzeptanz des politischen Systems.

Auch andere mehr oder weniger durchdachte Vorschläge kratzen lediglich an Oberflächen. Trotz der amerikanischen »Schools of Government« gibt es dort kaum bessere individuelle Politiker. Obwohl alle Kongressmitglieder direkt gewählt sind, haben sich nur ganz wenige gegen die neue, völkerrechtswidrige Präventivkriegsstrategie von Präsident Bush und den mit fadenscheinigen Gründen betriebenen Irakkrieg aufgelehnt. »Viele Erklärungen dieser Regierung sind ungeheuerlich. Und dennoch schweigt der Senat beharrlich«, warf Senator Robert Byrd im Frühjahr 2003 seinen Kollegen im US-Senat vor. Ich sehe auch nicht, dass direkt gewählte Bundestagsabgeordnete mutiger wären als die rein über Parteiliste gewählten. Wäre das der Fall, so wäre beispielsweise der Bayerische Landtag, der mehrheitlich aus CSU-Abgeordneten besteht, die direkt gewählt worden sind, das Musterbeispiel eines Parlaments selbstbewusst agierender Mitglieder. Doch auch dieses Parlament ist nicht lebendiger als andere Landtage. Großbritannien, das ein reines Mehrheitswahlrecht hat, müsste deshalb eigentlich einen blühenden Parlamentarismus haben; tatsächlich haben die meisten Abgeordneten der regierenden Labour Party – bevor es zum Konflikt mit Premierminister Blair wegen des Irakkrieges kam – jahrelang akzeptiert, dass sie ihre Redemanuskripte sogar auf Parteitagen von der Parteiführung vorab genehmigen lassen mussten. Dass die Menschen bis heute eher eine Partei wählen als eine einzelne Person, zeigt sich daran, dass verhältnismäßig wenig Wähler in Deutschland von der Möglichkeit Gebrauch machen, mit ihrer Erststimme Kandidaten einer anderen Partei zu wählen als derjenigen, für die sie mit der Zweitstimme votieren. Joschka Fischer hätte allein aufgrund seiner Zugehörigkeit zu den Grünen keine Chance, in seinem Frankfurter Wahlkreis die Mehrheit zu bekommen, trotz seines ersten Platzes auf der Popularitätsskala aller Politiker. Er erhielt 2002 zwar 20,4 % der Stimmen, war aber weit vom Direktmandat entfernt.

Es kann auch keine Rede davon sein, dass ein direkt gewählter Abgeordneter autonomer gegenüber seiner Partei ist als einer, der über eine Parteiliste ins Parlament kommt. Wer unter den Parlamentsabgeordneten gegenüber seiner Partei- oder Fraktionsführung den Mund aufmacht oder notorischer Kopfnicker ist, ist völlig unabhängig davon, ob er jeweils direkt oder über eine Parteiliste gewählt wurde. Die Rücksicht auf die Parteibasis im Wahlkreis, die die Wahlkreiskandidaten nominiert, ist nicht automatisch geringer als die Rücksicht auf Landesparteitage, die die Landeslisten für den Bundestag aufstellen. Im deutschen Parteiensystem gibt es keinerlei direkte Einflussmöglichkeiten einer Bundesparteiführung, die Aufstellung von Landeslisten zu beeinflussen; wenn das versucht wurde, was gelegentlich vorkam, hatte es eher einen umgekehrten Effekt, weil es als unbotmäßige Einmischung gewertet wurde. Auch dissidentes Verhalten von Abgeordneten gegenüber ihrer Parteiführung hat keine zwingenden negativen Auswirkungen auf ihre Wiederaufstellung im Wahlkreis oder auf die Nominierung für die Kandidatenliste – sofern es den Betreffenden gelingt, ihre abweichende Position als wichtiges Anliegen zu verdeutlichen und nicht als bloße Querulanten zu erscheinen. Da die grundsätzliche Übereinstimmung der Mitglieder und Delegierten der Parteien mit der Politik der jeweiligen Parteiführung erheblich nachgelassen hat, führt abweichendes Verhalten innerparteilich nicht selten sogar zu besonderer Unterstützung durch die Basis.

Es ist auch eine offenkundige Fehleinschätzung, durch ein Mehrheitswahlrecht würde der Parlamentarismus stärker in der Bevölkerung verankert. Die erwartbare praktische Folge einer solchen Änderung wäre, dass die Parlamentarier sich noch stärker auf ihre Präsenz in ihren Wahlkreisen konzentrieren würden – mit einem Zeitaufwand, der zwangsläufig zu Lasten ihrer Mitwirkungsmöglichkeit im Parlament selbst gehen müsste. Das Resultat wäre, dass immer weniger Abgeordnete Zeit hätten, im Parlament eigene Initiativen einzubringen und durchsetzen – oder auch nur die Gesetzesvorlagen zu lesen, über die sie abstimmen müssen. Das eigentliche Problem des Parlamentarismus ist schon heute, dass zu viele Abgeordnete ihre Rolle im Parlament nicht im notwendigen Umfang wahrnehmen können. Doch von der aktiven Einmischung seiner gewählten Vertreter in die Parlamentsarbeit hängen Stellenwert, Glaubwürdigkeit und Ansehen des Parlaments ab, weil die Menschen letztlich politische Resultate zum Maßstab ihres Urteils machen.

Angepasstes Verhalten von Parlamentariern ergibt sich überdies weniger durch deren Parteiorganisation, sondern entschieden mehr aus der Struktur der Parlamentsarbeit und hier insbesondere der Fraktionen. Die Hierarchisierung in den Parlamentsfraktionen und die dazu gehörenden Aufstiegsmuster, die sich in den letzten Jahren unbemerkt von der Öffentlichkeit herausgebildet haben und auf die ich im 4. Kapitel zurückkomme, sind wesentlich ausschlaggebender für die Krise des Parlamentarismus als die Parteien selbst. Sie sind nicht nur von den Fraktionsführungen verfügt, sondern werden unter den Abgeordneten selbst kultiviert. Die Einbindung in die verschiedenen Parteiflügel ist vielfach prägender als die durch die jeweiligen Vorstände.

Und wie steht es mit den »undurchdringlichen« Parteimaschinen, die Newcomern das Leben schwer machen? Zunehmend wird, vor allem auf kommunaler Ebene, händeringend nach Leuten gesucht. Erst recht gilt das für die Besetzung von Vorstandsämtern, jedenfalls auf der Ebene von Ortsvereins- oder Kreisvorständen. Politische Blitzkarrieren, ohne über die berüchtigte »Ochsentour« zu gehen, gibt es nicht zufällig häufiger denn je. Beispiele von Abgeordneten, die erst wenige Jahre vor der Wahl ins Parlament in ihre Partei eingetreten waren, sind in den Kurzbiografien von »Kürschners Volkshandbuch« des Deutschen Bundestags nachzulesen. Und die Parteitage? Was sie beschließen, interessiert die Medienöffentlichkeit fast nur noch dann, wenn ein Beschluss zu einer Frage, die aktuell im Licht der Aufmerksamkeit steht, gegen den erklärten Willen der Parteiführung fällt. Die meisten

Beschlüsse werden dagegen ebenso schnell vergessen, wie sie verabschiedet wurden, angefangen bei den Delegierten selbst. Und weil das so ist, wird auch nicht mehr sonderlich darum gerungen.

Dass sich die Parteien in allen Poren der Gesellschaft einnisten, ist mangels Potenzial immer weniger möglich. Mit wem sollten sie das überall tun? Mit den zeitlich ohnehin schon überlasteten Abgeordneten? Mit der Handvoll bezahlter Bürokräfte, von denen z.B. der gesamten baden-württembergischen SPD weniger zur Verfügung stehen als dem Dekanat einer Amtskirche? Dass Parteien bzw. die von ihnen gestellten Minister Leitungspositionen in Ministerien mit Leuten ihres politischen Vertrauens besetzen, ist legitim und aus politischen Gründen sogar notwendig. Nicht legitim ist das weit verbreitete Unwesen, auch Leitungspositionen im öffentlich-rechtlichen Rundfunk, im Wissenschafts- und Bildungsbereich oder auch bei öffentlichen Unternehmen nach Parteinähe zu besetzen. Dies ist nicht nur kontraproduktiv für die Gesellschaft, sondern sogar für die Parteien selbst. Nicht nur, weil sie sich bei notwendiger Kritik an den von ihren Leuten geleiteten Institutionen zurückhalten, sondern auch, weil sie damit magnetartig Opportunisten anziehen, die sich nur aus Gründen persönlicher Vorteile einer Partei anschließen und diese damit unglaubwürdig machen. Die Frage drängt sich dennoch auf: Liegt das Problem, das die Gesellschaft mit den Parteien, die Partei mit sich selbst und die Politiker in und mit ihren Parteien haben, nicht längst woanders?

Geschlossenheitsobsession und politischer Seelenverlust

In der historischen Wendezeit, in der wir uns gerade befinden, sind Parteien auf Gedeih und Verderb gezwungen, ihre politischen Strategien grundlegend zu überdenken, ohne in den Fehler zu verfallen, ihre Grundwerte aufzugeben. Firmen können ihre bisherige Produktpalette aufgeben und zu völlig neuen Produktangeboten wechseln; Parteien nicht. Unter Firmenmanagern ist es selbstverständlich, dass sie die Firma wechseln, Politiker bedürfen dazu einer prinzipiellen Begründung. Firmenwerbung kann beliebig sein, eine Parteiwerbung auf Dauer nicht.

Für Antonio Gramsci, einen der hellsichtigsten politischen Denker des 20. Jahrhunderts, ist die »heikelste und gefährlichste Krise« eines politischen Systems dann erreicht, wenn sich die »Situation des Zwiespalts zwischen Repräsentierten und Repräsentanten« im Verhältnis aller gesellschaftlichen Strömungen zu allen Parteien gleichzeitig ausbreitet – »wenn sich also nicht schnellstens der Übergang der Truppen einer oder mehrerer Parteien zu einer Partei vollzieht, welche die allgemeinen Interessen besser zusammenhält«.[33] Diese Truppenbewegungen sind im Gang. Nur dass die Truppen nicht wissen, wohin sie sich orientieren und wem sie sich anschließen könnten. Menschen können dann Scharlatanen verfallen und Rattenfängern folgen. Da diese bald entlarvt sind, schlägt das Pendel der Frustration erneut aus – aber nur kleine Truppenteile kehren zu den verlassenen Parteien zurück. Der Mechanismus zunehmender Wahlenthaltungen zeigt, dass immer mehr Menschen parteien-, politiker- und gar systemverdrossen werden.

Die Kluft zwischen den Parteien und ihren angestammten Wählern ist unübersehbar geworden. Was sozialdemokratisch, christdemokratisch, liberal oder grün ist, darüber gab es lange Zeit einigermaßen konkrete Vorstellungen. Diese beziehen sich auf die Grundidee, aus der sich die politische Identität einer Partei als politische Wertegemeinschaft entwickelt. Es ist unerlässlich für eine Partei, ihre praktischen Handlungsansätze laufend zu überprüfen, denn diese müssen gegenwarts- und zukunftsbezogen sein. Ebenso unerlässlich ist, auch die neuen Strategien an den Grundwerten zu orientieren. Allzu oft und zu schnell wird jedoch die Notwendigkeit neuer Strategien mit der Aufgabe der Grundidee gleichgesetzt – ein politischer Kurzschluss. Strategien müssen sich verändern. Grundwerte sind dauerhaft gültige Prinzipien politischen Handelns. Die Grundwerte der Parteien, die ihre Identität begründen, und deren Politik driften wegen dieses Kurzschlusses immer weiter auseinander. Eine Politik ist nicht schon deshalb sozialdemokratisch, christdemokratisch, liberal oder grün, weil sie von der SPD, der Union, der FDP oder den Grünen gemacht wird.

Der Prozess der Auseinanderentwicklung von Idee und tatsächlichem Tun ist in allen Stammländern der Parteiendemokratie Europas seit langer Zeit in vollem Gange, in unterschiedlichem Entwicklungstempo. Es gibt zwar die internationalen Parteienzusammenschlüsse der verschiedenen Parteirichtungen, aber inzwischen mehr aus Gewohnheit denn aus gemeinsamer Überzeugung. Die Sozialistische Partei Italiens (PSI) war bis Anfang der 90er Jahre als »Schwesterpartei« der SPD in der Sozialistischen Internationale, ihre Abgeordneten saßen selbstverständlich in der sozialistischen Fraktion des Europaparlaments. Eine inhaltliche Gemeinsamkeit mit der PSI, die zu einer kriminellen Vereinigung geworden war und von Kleptokraten geführt wurde, gab es zuletzt an keinem Punkt mehr. Doch die internationale Parteiengemeinschaft war erst beendet, als sich die PSI – nachdem gerichtlich aufgedeckt war, was alle wussten – nach 1992 auflöste. Heute sind die einst führenden PSI-Leute überwiegend bei der Forza Italia Berlusconis, der – neben seinen kriminellen Verwicklungen – gerade den Rechtsstaat und die demokratische Medienfreiheit seines Landes zersetzt. Dessen Retortenpartei, in der sich zwielichtige Politiker mit Mafiakontakten tummeln, bildet zusammen mit den Christdemokraten eine Fraktion im Europaparlament, worüber jedem seriösen Christdemokraten die Haare zu Berge stehen müssten. Der britische Premierminister Tony Blair, der von manchen als Führer der »modernen« europäischen Sozialdemokratie bezeichnet wird, demonstriert offen, dass er – nicht nur in der Frage des Irakkriegs – mehr politische Gemeinsamkeiten mit Berlusconi und dem amerikanischen Präsidenten Bush hat. Solange aber die Fiktion von Gemeinsamkeiten nach offizieller Parteizuordnung aufrecht erhalten wird, wird die diesen Parteiströmungen zugerechnete politische Idee zum Muster ohne Wert und Glaubwürdigkeitsanspruch.

Die Vorstellung, dass – bei allen Meinungsverschiedenheiten innerhalb von Parteien – die Politiker einer Partei immer noch mehr Gemeinsamkeiten miteinander als mit Politikern anderer Parteien haben, stimmt auch in Deutschland immer weniger. Quer durch die Parteien laufen die Werte auseinander. Während die einen ihren Wertehorizont, etwa angesichts der ökologischen Weltkrise erweitern, re-

duzieren andere den ihren auf die »freiheitliche Reichsreligion des Totalen Marktes«, wie es Carl Amery nennt[34], oder binden selbst die
Demokratie – so der Politikwissenschaftler Wolfgang Fach, in die
»monetäre Logik« ein[35]. Mit dem CDU-Politiker Klaus Töpfer, dem
Exekutivdirektor der UN-Umweltbehörde, verbanden mich schon zu
den Zeiten, als er noch Bundesminister der Regierung Kohl war, wesentlich mehr politische Gemeinsamkeiten als mit vielen Mitgliedern
meiner Fraktion. Vielen Politikern wird es nicht anders gehen, nur in
Bezug auf jeweils andere Personen und aus anderen politischen Gründen.

Die tragenden Parteien der westlichen parlamentarischen Demokratien befinden sich in einer Situation, in der sie aus ganz unterschiedlichen Gründen bei Wahlen abgestraft werden können: Wenn
sie zu wenig Rücksicht auf ihre alten Wählerloyalitäten nehmen,
ebenso aber, wenn sie es versäumen, ihre Strategien zu revidieren –
oder das in einer Weise tun, die einen ideellen Identitätsbruch bedeutet. Oder wenn sie zur großen Täuschung ansetzen, indem sie offiziell
weiter plakativ ihre Grundideen verkünden, aber praktisch das Gegenteil davon tun. Ein wahrer Meister darin ist Tony Blair, so dass es
nur eine Frage der Zeit war, bis er in eine Glaubwürdigkeitskrise ge-
riet.

Nehmen wir zum Beispiel die Frage, wie sich Parteien zur ökologische Weltkrise stellen, deren Überwindung untrennbar verbunden ist
mit der Ablösung atomarer und fossiler Energieversorgung durch erneuerbare Energien. Greift die SPD diese Strategie zum Solarzeitalter
couragierter auf, als es bisher geschehen ist, ist der Konflikt mit der fossilen Energiewirtschaft unvermeidlich – und damit mit den Teilen der
SPD, die – nicht zuletzt wegen der Arbeitsplätze – mit dieser den Konsens pflegen oder sogar personell mit ihr verwoben sind. Wenn die
CDU/CSU diese Herausforderung ignoriert, verliert sie den Rückhalt
bei denjenigen ihrer Anhänger, die aus wertkonservativen Gründen
eine Erosion der natürlichen Lebensgrundlagen befürchten. Wenn sie
sich aber der Herausforderung stellt, muss sie zu einem schmerzlichen
inneren Klärungsprozess bereit sein, um sich von bisherigen Vorstellungen zu lösen – etwa der Unverzichtbarkeit der Atomkraft. Wenn

Grüne das Ziel einer umweltfreundlichen Energiepolitik nicht mit absoluter Priorität verfolgen, müssen sie sich die Frage gefallen lassen, wie ernst sie ihren ökologischen Grundsatz nehmen. Setzen sie diese Priorität konsequenter und umfassender als bisher, müssen sie zwischen zwei Grundkonzepten des Umweltschutzes wählen: zwischen klassischem Naturschutz, der – um mit dem ökologischen Systemwissenschaftler Frederic Vester zu sprechen – »bestrebt ist, in der sich ausbreitenden technischen Welt wenigstens einige heile Oasen zu erhalten«, und einer ökologischen Wirtschaftsperspektive, um »die Welt als Ganzes zu retten«[36]. Und wenn die FDP dieses Thema weiter verdrängt, führt sie das von ihr gepriesene individuelle Freiheits- und Toleranzgebot ad absurdum: Sie schützt dann die Freiheit zur Umweltzerstörung, die die Lebenschancen der Mitglieder einer Gesellschaft beeinträchtigt. Stellt sie sich jedoch diesem Thema, muss sie bereit sein, sich von ihrer Klientelpolitik für etablierte wirtschaftliche Interessen zu verabschieden. Ein praktisches Bekenntnis zur Notwendigkeit einer solchen grundlegenden Energiewende muss nicht bedeuten, dass alle denselben Weg dazu einschlagen. Aber welcher Weg auch immer vorgeschlagen würde: Es muss nachvollziehbar sein, dass das behauptete Ziel damit wirklich erreichbar ist. Alibivorschläge gibt es genug.

Unverkennbar neigen Parteiführungen und Parteien in ihren eingespielten Diskussionen und Aktivitäten dazu, diejenigen politischen Fragen auszuklammern oder aufzuschieben, die ihren inneren Zusammenhalt gefährden könnten oder nicht in das aktuelle taktische Konzept passen. Nicht zufällig wird dann über die unbequemsten und heikelsten Fragen möglichst sogar ein Diskurs vermieden. Beispiele dazu werden in den nächsten Kapiteln behandelt.

»Nur nicht daran rühren« ist das Motto thematischer Selbstbeschränkung. Aus eigener Anschauung und Mitwirkung kann ich den Vergleich ziehen zwischen dem Diskussionsklima, dem Niveau und der Ernsthaftigkeit der Debattenbeiträge im Verlauf der letzten 35 Jahre. Dieser Vergleich zeigt: Nie wurde so pragmatisch disputiert, wie es sich seit den 90er Jahren eingebürgert hat, aber es wurde auch noch nie so viel um den Kern der Probleme herumgeredet. Nie war das Interesse an tagesübergreifenden Fragen so gering: Zwar gibt es unzählige Diskussionsforen, bei denen jedoch selten disputiert und allenfalls in den Themen herumgeplätschert wird. »Runde Tische« gibt es noch und noch, aber sie dienen – wie der Name sagt – mittlerweile vor allem dazu, den Themen die Ecken und Kanten abzuschleifen. Auch hier gilt schnell als weltfremd, wer über die Tagesprobleme hinausschaut. Und selbst wenn es gelegentlich an den Kern der Probleme geht, so laufen diese Diskussionen unverbunden neben den Entscheidungsprozessen her. Parlamentarische Anhörungen gibt es mehr denn je, doch sind auch diese mehr Formsache statt Hilfen zur Entscheidungsfindung. Das muss zum politischen Seelen- und zum Funktionsverlust der Parteien führen.

Aus einem allzu ängstlichen Harmonie- und Stabilitätsbedürfnis heraus nimmt die Konformität in den Parteien in dem Maße zu, in dem ihre Identität als politische Wertegemeinschaften gefährdet ist. Je mehr die Grundwerte, die den Zusammenhalt ausmachen, und die Praxis auseinander klaffen, desto größer wird der Konformitätsdruck. So degenerieren die Parteien mehr und mehr zu miteinander konkurrierenden Vereinigungen von Berufspolitikern und zu Hilfsorganisationen für Kandidaten. Sie sind nicht zwangsläufig unterschiedslos. Aber für die Erhaltung ihrer Legitimationsbasis ist das entschieden zu wenig; und vor allem dafür, nicht an Parteien gebundene Bürger zu Engagement und Mitwirkung zu motivieren. Identitätsverlust und Konformitätsdruck sind kommunizierende Röhren. In der aktuellen Parteienkrise steckt eine Implosionsgefahr für die parlamentarische Demokratie selbst. Sie gründet tiefer, als man es in den Parteien wahrhaben will – allerdings aus anderen Gründen, als der Refrain der üblichen Parteienkritik in seiner postmodernen Tonleiter besagt.

Die großen Themen liegen auf der Straße. Die Menschen warten darauf, dass sie von der Politik aufgegriffen werden. Ihre Fragen werden bohrender. Mit der Selbstattestierung von Kompetenz und dem Vorwurf der Inkompetenz anderer – und dies nicht nur auf Personen, sondern auf ganze Parteien bezogen – kommt man nicht weit. Überzeugungs- und Bindungskraft gewinnt man durch ideell verankerte Perspektiven und Strategien, die glaubwürdig und konsequent verfolgt werden – und bei denen die Menschen auch Fehler verzeihen.

Wer nicht mehr an die Realisierbarkeit neuer Gesellschaftsentwürfe glaubt, wie die Parteistrategen des »neuen Realismus«, begnügt sich mit reaktiver Politik, halbfertigen Rezepten und verwaschener Rhetorik, mit werblichen Mätzchen und Schaulaufen in Halbseide. Die Folge ist, dass die Sprengkraft nicht thematisierter Probleme immer größer wird.

Auf Dauer lassen sich die politisch aufmerksamen Teile der Bevölkerung – und diese haben den längeren Atem – nicht von der Substanz der Politik ablenken. Wenn die Parteien warten, bis objektive Notsituationen zu neuem Handeln zwingen, ist der Vertrauensverlust in der Regel schon so groß, dass es dann an ausreichend Unterstützung für einschneidende Initiativen mangelt. Und wenn man sich das neue Handeln aufdrängen lässt, ist die Wahrscheinlichkeit groß, dass man weder geistig noch konzeptionell ausreichend darauf vorbereitet ist – und deshalb einen unfertigen und widersprüchlichen Kurs einschlägt. So leiert ein politisches System aus, verliert seine Vertrauensbasis – und die Politiker selbstredend mit, die sich »mehr Konsens« empfehlen lassen, wo prinzipielle Strukturentscheidungen nötig sind. Niemals ist zu erwarten, dass sich alle Parteien und alle Politiker in den Parteien gleichzeitig – und auch noch in dieselbe Richtung – neu orientieren. Ohne Vorreiter gibt es keine neue Politik. Sie dürfen nicht auf allseitigen Konsens setzen, sondern müssen sich um Mehrheiten bemühen – in ihren Parteien und in der Bevölkerung. 51 % Zustimmung ist schneller erreichbar als 80 oder 90 %.

Bei Politikern – vor allem bei Vorstandswahlen in einer Partei – wird heute nicht nur darauf geschaut, ob sie die erforderliche Mehrheit bekommen, sondern ob der eine 91 % bekommt (und vielleicht 7 % weniger oder mehr erreicht als bei der vorangegangenen Wahl) und der andere nur 67 %. Das ist ein Indiz dafür, wie sich das politische Bewusstsein der Republik vom Gedanken der Mehrheitsdemokratie auf das Niveau der früheren »Volksdemokratie« des kommunistischen Ostblocks zubewegt, bei deren Scheinwahlen es regelmäßig 99 % Zustimmung gab. Die Erwartung allseitiger Zustimmung ist Ausdruck eines Geschlossenheitswahns, an dem sich Medien manisch beteiligen. 94 % der Parteitagsstimmen hatte der CSU-Vorsitzende

Stoiber bei seiner vorletzten Wahl. Bei seiner Wiederwahl im Juli 2003 war die scheinbar spannendste Frage, ob er diese Quote übertreffen könnte. »97 % sind ein gutes Ergebnis«, hieß es vorher – und er erhielt 96,9 %. Wäre er tatsächlich politisch geschwächt gewesen, wenn er »nur« 92 % bekommen hätte? Ein anderes Moment dieses Wahns ist, bei Abstimmungen über zentrale Inhalte den Parteiführungen nicht »in den Rücken« zu fallen und Gegenstimmen nur noch zu tolerieren, wenn die Mehrheit gesichert ist, also der Hierarchie folgt. Würde es einer Partei wirklich schaden, wenn sie einen inhaltlich fragwürdigen Führungsvorschlag mehrheitlich ablehnt? Oder wenn eine Regierungsfraktion gut begründet einen für sie unakzeptablen Gesetzentwurf der Regierung ablehnt? Das psychologische Schlüsselproblem der Parteien, das mittlerweile auch die Grünen erfasst hat, ist die Obsession der Geschlossenheit. Sie fordert von den Politikern der Parteien individuelle Profillosigkeit. Sie gilt als Voraussetzung für Wahlerfolge. Tatsächlich lähmt diese Obsession die Parteien, macht sie steril und lernunfähig. Für eine offene Gesellschaft ist sie so wenig zeitgemäß, dass man sich über die Distanz gegenüber Parteien nicht wundern muss. Doch Parteien sind für eine parlamentarische Demokratie und für die »Ausbildung« von Politikern so unverzichtbar, dass sie sich nicht selbst verzichtbar machen dürfen. Es tut weh zu sehen, was viele Politiker mit sich machen lassen – nicht einmal aus Karrieregründen, sondern aus gut gemeinter Loyalitätsbereitschaft.

Besonders schwer wiegend ist das Ausklammern der für alle Politiker immer dringlicher werdenden Frage, welche Gestaltungskompetenz die politischen Institutionen der parlamentarischen Demokratie noch haben: Ob und inwieweit haben Parlamente, in die die Parteien mit ihren Politikern gewählt werden, und die Regierungen überhaupt noch Handlungsvollmacht? Welche Parlamentsrechte bestehen nur noch formal und wurden faktisch schon an die Regierungsinstitutionen abgegeben? Und: In welchem Ausmaß haben Regierungen ihre Gestaltungskompetenzen bereits abgetreten? Ist das tatsächlich eine zwangsläufige Entwicklung, der man sich nicht entziehen darf oder kann, oder ist diese Entwicklung korrigierbar? Geht die Ermüdung von Politikern nicht vor allem darauf zurück, dass sie bereits weitgehend entmachtet sind – mehr, als sie es der Öffentlichkeit eingestehen wollen? Wird deshalb mehr Blech getrommelt als agiert?

Politische Institutionen der gewaltengeteilten Demokratie, die selbst dazu beitragen, ihre Funktionsfähigkeit preiszugeben, bewirken ihre eigene Marginalisierung. Gleiches gilt für die Parteien und ihre Politiker, die diese Institutionen tragen. Dass es in der Politik institutionelle Sachzwänge und vielfach geteilte politische Zuständigkeiten gibt, ist noch allgemein vermittelbar. Nicht mehr vermittelbar ist, wenn der Verlust an Handlungsvollmachten demokratischer Institutionen als zwangsläufig und unumkehrbar hingenommen wird, als stünde die Frage der Zuständigkeiten von Politikern außerhalb ihrer Zuständigkeit. Nahezu alle institutionellen Veränderungen der letzten Jahre haben die Gestaltungsbarrieren von Parlamenten und Parteien vermehrt und erhöht, entweder zugunsten der Regierungen oder – im Zuge der internationalen Veränderungen – sogar zu deren Lasten.

3. KAPITEL

DEMOKRATISCHE POLITIK ZWISCHEN ENTMACHTUNG UND SELBSTBESCHNEIDUNG

Der Staat hat ein Leben.
Dieses Leben liegt in freier Selbstbestimmung.
Lorenz von Stein

Der Begriff der Politik könnte so klar sein, wenn er nicht so mehrdeutig und inflationär benutzt würde. Er umschreibt einen grundlegenden gesellschaftlichen Wert: alle Handlungen in Bezug auf die Bürgerschaft eines Gemeinwesens, das allgemein verbindliche Regelungen braucht und deshalb staatlich organisiert sein muss. Politik ist Staatshandeln nach innen und nach außen; Staatshandeln für die Lebenssicherheit der Bürger, ihre Freiheit und ihren Schutz vor der Willkür anderer – und nach Grundsätzen der Gleichheit und Gerechtigkeit. Dies macht die Legitimität des Staates mit seinen politischen Institutionen aus; sie muss ständig neu erworben werden. Wenn legale Regelungen starr bleiben, dem Wandel der Verhältnisse und den gesellschaftlichen Bedürfnissen nicht mehr gerecht werden, verlieren sie ihre Legitimität. Aufruhr, Rechts- und Systemzerfall sind die Folge. Jedes Rechtssystem bleibt nur so lange intakt, wie es der überwiegenden Mehrzahl der Menschen einsichtig ist und sie deshalb bereit sind, sich freiwillig daran zu orientieren. Eine freie Gesellschaft bedarf der überwiegend freiwilligen Akzeptanz ihrer Rechtsregeln, damit die Institutionen zur Rechtssicherung es nur mit relativ wenigen Rechtsbrechern zu tun haben.

Nun darf das Gemeinwesen, das vom Staat eingehegt ist, nicht als statische Einheit, sondern muss als Vielheit individueller Wertvorstellungen, Bedürfnisse und Interessen gesehen werden – eine Grunderkenntnis, die schon Aristoteles hatte.[1] Sie begründet, warum Politik ihre gesellschaftliche Erfüllung nur im demokratischen Pluralismus finden kann. Weil aber staatliche Geltungsmacht immer wieder einseitig und asozial – also im richtig verstandenen Sinn von Politik apolitisch – missbraucht wurde, ist der Begriff der Politik vielfach entwertet worden. Politik wird dann als etwas Undurchschaubares, Unberechenbares, gar Bedrohliches wahrgenommen, eben als »schmutziges Geschäft«. Daneben wird mit Politik auch jedes beliebige andere Handeln beschrieben, auch wenn diesem keinerlei gesellschaftliche Intention zugrunde liegt – etwa wenn das Marketingkonzept eines Unternehmens oder der Spielerkauf eines Fußballclubs als Unternehmens- oder Clubpolitik bezeichnet wird.

Ein Begriff, der so mehrdeutig verwendet und dabei inhaltlich ausgehöhlt wurde, müsste eigentlich ersetzt werden. Doch ein historisch und philosophisch verankerter Begriff wie Politik ist nicht einfach austauschbar. So bleibt nur, immer wieder an seine originäre Bedeutung zu erinnern und ihn möglichst präzise zu gebrauchen. Politik in diesem Sinne ist staatliche Gesetzgebung, deren Umsetzung und Beachtung – also die legislative, exekutive und richterliche Gesellschaftsfunktion, die klassische »trias politica« (Aristoteles). Der Staat ist die Gemeinschaft der Menschen innerhalb eines fest umrissenen Territoriums. In der englischen Sprache gibt es eine Differenzierung des Begriffs Politik, die hilfreich ist, obwohl sie inzwischen aus der Mode gekommen ist. Sie unterscheidet zwischen polity, policy und politics. Polity bezieht sich auf grundlegende Fragen der institutionellen Verfassung eines Gemeinwesens und seiner Rechtsprinzipien. Policy meint politische Programme und generelle Leitlinien der jeweils verfolgten Politik, und politics bezieht sich auf strategische, operative und taktische Durchsetzungsfragen, auf die politischen Konflikte.[2]

Die Auseinandersetzung darüber, wie weit Politik in das Leben der Gesellschaftsmitglieder eingreifen darf, werden nie aufhören. Vorkehrungen gegen Missbrauch durchziehen die Entwicklung zum Verfassungsstaat und dessen Weiterentwicklungen: die Garantie auch vom Staat unantastbarer individueller Grundrechte und keiner staatlichen Autorität unterliegender Freiräume – und vor allem die Einführung der Gewaltenteilung zwischen gesetzgebender, exekutiver und richterlicher Funktion. Die wohlklingende Formel »So wenig Staat wie möglich, so viel wie nötig« hilft jedoch allein nicht weiter. Da Gesellschaften im Fluss sind, sind auch die Handlungserfordernisse der Politik fließend. Ob mehr oder weniger Politik notwendig ist, hängt von den stets wechselnden gesellschaftlichen Bedingungen und Herausforderungen ab. Es gibt deshalb keinen Bereich der Gesellschaft, schon gar nicht jenen der »Wirtschaft«, der von den Gestaltungsanforderungen durch Politik ausgeschlossen werden darf.

Die Gestaltungskompetenz des demokratischen Verfassungsstaats muss unteilbar sein; sie muss alles, was von der Gesellschaft als regelungsbedürftig erkannt wird, an sich ziehen können. Ihm obliegt in der Gesetzgebung gegebenenfalls das entscheidende letzte Wort. Er muss von der »Idee der öffentlichen Vernunft« geleitet sein, wie der amerikanische Theoretiker der liberalen Demokratie, John Rawls, in »Das Recht der Völker« schreibt, die zur »Konzeption einer wohlgeordneten konstitutionellen demokratischen Gesellschaft gehört«.[3]

Dies ist, grob skizziert, die Quintessenz der Erfahrungen und Diskussionen, die die Entstehung des demokratischen Verfassungsstaats begründet haben. Sein Grundkonzept ist geronnene historische Erfahrung, wie sich ein Gemeinwesen vor potenziell selbstzerstörerischen Kräften schützen kann, wie sich seine politischen Institutionen immer wieder neu in der Gesellschaft verankern müssen. Zur Demokratie gehören nicht nur regelmäßig durchgeführte Wahlen – und auch nicht allein die formale Gewaltenteilung. Diesen Prinzipien geben erst viele weitere ihren Sinn: die Freiheit aller Menschen, sich zu versammeln und zu organisieren; die Meinungs- und Artikulationsfreiheit; die Transparenz politischer Entscheidungen, um diese bewerten und beeinflussen zu können; das Recht, Alternativen einzufordern und einzubringen, und die dauernde Möglichkeit, Gesetze zu ändern; und nicht zuletzt die freie Wahl- und Abwahlmöglichkeit der Politiker. Elementar gehört zur Realisierung der Idee der öffentlichen Vernunft, dass – um erneut mit Rawls zu sprechen – in der »Beziehung einer konstitutionellen demokratischen Regierung zu ihren Bürgern und deren Beziehungen untereinander« gerade »die grundlegenden politischen Fragen« aufgeworfen und in Form »legitimer Gesetze für ein demokratisches Volk« entschieden werden – und dass die Bürger überprüfen können, ob die Entscheidungen gerecht und angemessen sind.[4] Sie müssen die Politik jederzeit mehrheitlich korrigieren können.

Demokratie ist demnach mehr als ein formales Regelwerk zur Auswahl der Regierenden. Demokratie ist ein höchst praktisches gesellschaftliches Funktionsprinzip und damit unverzichtbare Existenzbedingung eines Staatswesens. Gerade die dauernde Überprüfungs- und Revisionsmöglichkeit von Gesetzen sichert die gesellschaftliche Selbstbestimmung.

Demokratie – das elementare gesellschaftliche Funktionsprinzip

Demokratisch gefällte Entscheidungen sind nicht von vornherein umsichtiger und kompetenter als autoritär dekretierte. Es ist keine politische Verfassung denkbar, die fehlerhafte und für die Gesellschaft kontraproduktive Entscheidungen ausschließen kann. Aber gesellschaftliche Fehlentwicklungen beruhen selten nur auf einzelnen Irrtümern, sondern folgen meist aus einem Zustand des gesamten politischen Systems, der dieses lernunfähig macht. Der einzigartige gesellschaftliche und politische Stellenwert der Demokratie ist, dass sie allein – solange sie nach ihrem Sinn und nicht nur der Form halber besteht – die dauernde Lern- und Selbstkorrektur einer Staatsgesellschaft gewährleistet. Besteht diese Möglichkeit nicht oder nicht mehr, ist – aufgrund der Unmöglichkeit garantierter Fehlerfreiheit – der allmähliche Niedergang eines Gemeinwesens vorprogrammiert.

Das Kardinalbeispiel dafür ist der innere Zusammenbruch der Sowjetunion, jahrzehntelang die zweite Weltmacht, und ihres Imperiums. Ihrem politischen Führungsapparat mangelte es sicher nicht an Intelligenz, Informationen und Organisationskraft. Aber es gab von Anfang an keine demokratischen Verhältnisse: keine Wahlen, keine Gewaltenteilung, keine Meinungs- und Versammlungsfreiheit, keine unabhängigen Medien. Stattdessen herrschte uneingeschränkt der bürokratische Apparat einer Staatspartei, von deren Doktrin niemand offiziell abweichen durfte – nicht einmal die Mitglieder des Politbüros. Grundlegende Fehlentwicklungen wurden deshalb entweder überhaupt nicht oder zu spät erkannt. Der Systemzusammenbruch war das zwangsläufige Resultat der Erstarrung; ein Resultat, das auch »westlichen« politischen Systemen drohen kann, wenn sie die elementare gesellschaftsfunktionale Bedeutung der Demokratie aus den Augen verlieren und sich stattdessen in doktrinärer Weise auf das andere Extrem der staatlichen Planwirtschaft, eine politisch ungesteuerte kapitalistische Marktgesellschaft, versteifen.

Genau das ist aber das Kardinalproblem unserer gegenwärtigen politischen Institutionen – und damit der Politiker. Im System der politischen Institutionen selbst ist ein schleichender Verfall des Demokratiebewusstseins unverkennbar. Der Wert der Demokratie an sich wird nicht offiziell bestritten, sehr wohl aber ihr gesellschaftlicher Funktionswert verkannt. Die unausgesprochene Handlungsmaxime lautet: nur noch so viel Demokratie wie nötig, um sie nicht formal aufkündigen zu müssen. Demokratie gilt mittlerweile als dysfunktional für »sachgerechtes« Handeln, als zu langwierig und zu umständlich, als bloßer regelmäßiger Wahlakt und kaum noch als gesellschaftlicher Kommunikationsprozess. Vermeintlich »höhere Werte« sind an ihre Stelle getreten: nicht nur der »Markt«, sondern auch die europäische Integration und die durch internationale Vertragswerke geregelte globale Zusammenarbeit. Zugunsten dieser Entwicklung hat sich eine nahezu selbstverständliche Bereitschaft in den demokratischen Verfassungsinstitutionen entwickelt, sich in ihrer politischen Kernfunktion selbst zu entmachten.

Demokratie ist nie allein dadurch gesichert, dass es eine demokratische Verfassung gibt. Kein einzelner Politiker kann den »ideellen Gesamtdemokraten«, keine politische Institution die »ideelle Gesamtdemokratie« darstellen. Die Realisierung von Demokratie setzt Gegengewichte unter Politikern und Parteien, im Verhältnis der Verfassungsorgane untereinander und der Öffentlichkeit voraus. Wenn Gegengewichte fehlen – durch zu viel Konformismus, ein faktisches Übergewicht eines politischen Verfassungsorgans, das Mehrheitsmonopol einer Partei, durch den generellen Kompetenzverlust politischer Institutionen, den unkontrollierbaren Einfluss von Privatmächten oder durch gesellschaftliche Lethargie –, gerät die Demokratie aus der Balance und verliert ihren einmaligen gesellschaftlichen Funktionswert.

Dieser lässt sich kybernetisch begründen, also mit der Wissenschaft über die Selbstregulierung lebensfähiger Systeme. Der Ökonom Paul Simek hat das in einer bemerkenswerten (noch nicht veröffentlichten) Untersuchung über die »Demokratie als geregeltes kybernetisches System« versucht.[5] Im Unterschied zur Maschine ist das Leben von biologischen und soziologischen Systemen ein dynamischer Prozess. Das jeweilige System ist in einem »Fließgleichgewicht« – im ständigen Zerfall und Wiederaufbau –, solange es seine Lebensfähigkeit nicht verliert. Es muss auf seine Umwelt mit anpassungsfähigem Verhalten reagieren und sich deshalb ständig rückkoppeln können. Es braucht dazu eigene Regeln mit eingestellten Sollwerten, um seine »Regelungen untereinander zu kombinieren und gleichzeitig verschiedene Ziele flexibel zu gestalten«. Die Sollwerte müssen im jeweiligen System veränderbar sein, sonst werden sie unfähig zur Rückkopplung. Aber sie müssen im jeweiligen System selbst verändert werden. Weder eine »Laissez-faire«-Ordnung noch ein von außen festgelegter, nicht beeinflussbarer Sollwert ermöglichen die dauernde Wiederherstellung des Fließgleichgewichts eines Systems. Es verfällt dann. Durch Demokratie erhält ein politisches System eine flexible Ordnung: durch dauernde Selbstregulierung mit veränderten Sollwerten, durch Rückkopplung im eigenen System und mit äußeren Faktoren. Die Kybernetik begründet, warum autokratische und fremdbestimmte Systeme nicht überlebensfähig sind.

Die gegenwärtige Situation ist geprägt von einem Funktionsverlust politischer Institutionen, vor allem dem des Parlaments. Er geht großenteils auf die Zeitenwende des Jahres 1990 zurück, in der sich nicht nur die inneren politischen Umbrüche überstürzten. Nach dem jahrzehntelangen ideologischen Weltkonflikt zwischen Ost und West war der Umbruch von 1990 zwangsläufig auch ein europa- und weltweiter Einschnitt. Auf die im Kern falsche Frage, wer denn gewonnen habe – falsch, weil sich die Sowjetunion selbst hinrichtete –, wurden zwei falsche, weil vereinfachende und vergröbernde Antworten gegeben: der Kapitalismus und die Politik der Stärke. Welcher Kapitalismus für die Völker des sowjetischen Imperiums erstrebenswert war – der des britischen Thatcherismus und der USA oder jener der westeuropäischen Wohlfahrtsstaaten, der Bundesrepublik, Frankreichs oder der skandinavischen Staaten –, erschien trotz der gravierenden Unterschiede sekundär. Und war es nicht eher die Politik der Entspannung als die der bloß demonstrierten militärischen Stärke, die den unblutigen Zusammenbruch des sowjetischen Imperiums möglich gemacht hatte?

Die pauschale Deutung, dass nun der Kapitalismus gewonnen habe, schuf eine gesellschaftliche und politische Atmosphäre, in der der »Washington-Konsens« eine geistige Monopolstellung eroberte – jene Ideologie, die sich gegen die Idee einer wirtschafts-, sozial- und umweltpolitischen Zähmung des Kapitalismus richtete. Er besteht im Wesentlichen aus drei Elementen: der zur Hybris gewordenen absoluten ideologischen Sicherheit, dass es zum Kapitalismus keine Alternative gebe; dem Glauben an die unbedingte Vorrangstellung des Marktes vor allen anderen politischen Gestaltungsinstrumenten sowie der uneingeschränkten, grenzenlosen Weltgeltung dieses Prinzips, dem damit ein weltrevolutionärer Charakter zugesprochen wurde. Den politischen Institutionen wird lediglich noch die Rolle zugewiesen, national wie international die entsprechenden Rahmenbedingungen zu schaffen und den »Marktstaat« zu errichten, der den »Nationalstaat« endgültig ablöst. Der amerikanische Verfassungsrechtler und Historiker Philip Bobbitt beschreibt dies als die neue historische Stufe weltweiter Gesellschaftsentwicklung: Der Nationalstaat verliere seine kulturellen Grenzen; er sei nicht mehr fähig, Gesetze und Strategien auf der Grundlage seiner nationalen kulturellen Werte zu verfolgen. Indem sich die Wertvorstellungen der Menschen fragmentierten, werde der Nationalstaat eher als eine Art Feind seiner Bevölkerung (»a kind of enemy of its people«) wahrgenommen. Nationalstaaten seien zu strikt, hätten zu viel Verhaltensregeln, einschließlich der wirtschaftlichen, verlangten zu hohe Steuern und seien von zu vielen Sonderinteressen beeinflusst. Der wirkliche Umbruch sei derjenige von einem Staat, der seine Legitimation durch die Herstellung allgemeiner

Wohlfahrt erfahre, zu einem, der die größtmöglichen Chancen zur Befriedigung individueller Interessen gewährleiste.[6] Indem die Gemeinwohlorientierung des sich selbst bestimmenden Staates schlicht mit dem »Nationalstaat« gleichgesetzt wird und privatwirtschaftliche Interessen nicht mehr als Sonderinteressen erscheinen, wird der Staat als reaktionäres Konstrukt denunziert. Bobbit formuliert damit eine Philosophie des Washington-Konsenses, dem lange Zeit kaum entgegengetreten wurde, nicht einmal von den politischen Protagonisten des Wohlfahrtsstaats; eine Philosophie, die inzwischen von der amerikanischen Politik selbst – was ihr eigenes Politikverhalten anbetrifft – zunehmend konterkariert wird, z. B. in Bezug auf die WTO, wovon später noch die Rede sein wird.

Eine Gesetzmäßigkeit jedweder Kommunikation ist: Wer einer Theorie nicht widerspricht, obwohl er mit ihren Konsequenzen nicht einverstanden ist, wird in die Defensive oder zur Unterwerfung gezwungen. Die Leitgedanken des Washington-Konsenses wurden seit den 80er Jahren offen oder stillschweigend zu denen des Globalisierungsprozesses, des europäischen Integrationsprozesses und nationalstaatlicher Politik – und nicht zuletzt der Reformprozesse der Staaten des ehemaligen Ostblocks, die ins kalte Wasser eines »Kapitalismus pur« geworfen wurden, wie er nicht einmal in Großbritannien seit Margaret Thatchers neokapitalistischem Umbruch und in den USA existiert. Kein Wunder, dass die Ostblockstaaten aus der Verdrossenheit über das staatskommunistische System rasch in eine vergleichbare Verdrossenheit über die demokratischen Systeme fielen. Francis Fukuyamas These vom »Ende der Geschichte« – weil sich die Verfassungsdemokratie endgültig als die vollendete politische Ordnung erwiesen habe – wurde zu Beginn der 90er Jahre damit begründet, dass diese als einzige »frei von fundamentalistischen Irrtümern« sei.[7] Ich teile die These, dass die gewaltengeteilte politische Demokratie die optimale politische Ordnung ist. Doch jene vom »Ende der Geschichte« teile ich nicht; vielmehr ist zu befürchten, dass der Verfassungsstaat in Zukunft noch weiter unter Druck gerät und dass umfassende politische Regressionen folgen: weil der Marktstaat im Sinne des Washington-Konsenses das demokratische Selbstbestimmungsrecht einer

Staatsgesellschaft in elementaren Existenzfragen unfähig zur Selbst-korrektur macht und die politischen Institutionen verstümmelt, und weil er damit die politischen Mandatsträger der demokratischen Gesellschaft bis zur politischen Impotenz sterilisiert. Der Marktstaat ist ein fundamentalistischer Irrtum.

Doch das (wirtschafts-)liberale Axiom ist nicht der einzige Grund für den schleichenden Entdemokratisierungsprozess in den 90er Jahren. In dieser Dekade vollzog sich eine dramatische Gewichtsverlagerung zugunsten der Regierungen – und zu Lasten der Rolle der Parlamente und der Recht sprechenden Gewalt. Diese politische Kontinentalverschiebung ergab sich aus der atemberaubenden Geschwindigkeit des politischen Umbruchs, der – fast zwangsläufig – zur »Stunde der Exekutive« wurde. Die Antwort »des Westens« auf den Systemzerfall »im Osten« bestand in der schnellen Verfestigung des eigenen Systems und dessen Ausdehnung nach dem Prinzip konzentrischer Kreise, die um das vermeintlich unfehlbare Zentrum gezogen wurden: unverzügliche wirtschaftliche Vollintegration Ostdeutschlands in die Bundesrepublik Deutschland; sofortige und abrupte Privatisierung der Wirtschaftsunternehmen in den Ländern des Sowjetimperiums, bevor es überhaupt Steuergesetze, Finanzämter und ein Sozialversicherungssystem gab; schnelle Vertiefung der Europäischen Gemeinschaften und deren Erweiterung um neue Mitgliedsstaaten; schnelle Stärkung – nicht etwa Relativierung – und Neudefinition der NATO (für eine »weltweite Rolle« gegen die »neuen Gefahren aus dem Süden«; sie müsse »out of treaty« expandieren, um nicht »out of business« zu sein) und deren Erweiterung um neue Mitglieder und weitere Beitrittskandidaten; schnelle Installierung der Welthandelsordnung und Einbeziehung möglichst aller Staaten. Alle diese Schritte erfolgten sturzartig, ohne Diskussion außerhalb exklusiver Expertenkreise, und wurden als »alternativlos« deklariert, weil glückhafte Umbrüche in eine neue Epoche unverzüglich genutzt werden müssten, bevor die Tür wieder zufiele – obwohl nicht zu erkennen war, wer diese Tür wieder hätte zuschlagen können.

Es war verständlich, dass sich die Zentren des Westens als die strahlende Weltenmitte fühlten. Noch verständlicher war, dass die Menschen des Ostblocks, die sich der starren Systeme entledigt hatten, nun dem funkelnden Vorbild des Westens unverzüglich folgen wollten. Weniger verständlich war die westliche Eilfertigkeit, die zeigte, wie wenig innere in der nach außen demonstrierten Selbstsicherheit steckte. Regierungen erschienen als die einzigen international handlungsfähigen politischen Institutionen. Den Parlamenten, den Parteien und der politischen Öffentlichkeit blieb nur noch die Akklamation, obwohl die zwischen den Regierungen getroffenen Vereinbarungen über gewöhnliche internationale Verträge weit hinausgingen: Sie regeln nicht mehr bloß wechselseitige Verpflichtungen der Staaten, sondern greifen unmittelbar in deren innere Regelungskompetenz ein – und damit in die Gesetzgebungskompetenz der Parlamente und ihre Verantwortung gegenüber der von ihnen repräsentierten Bevölkerung. Auf diese Weise geht mit der Selbstbestimmung einer Staatsgesellschaft, für die es – wie im Folgenden gezeigt wird – auf internationaler Ebene keinen adäquaten Ersatz gibt, auch die Funktionsfähigkeit eines politischen Systems verloren. Die Weltdemokratie – die 1990 endgültig eingeleitet schien – über eine Gleichschaltung wirtschaftlicher Systeme zu erreichen: Das ist nicht nur ein Widerspruch in sich, sondern verrät auch eine unhistorische Einstellung, besonders, wenn dieser auch noch eine einseitige Wirtschaftsdoktrin zugrundeliegt. Das Eiltempo ließ solch störende Fragen gar nicht erst aufkommen. Parlamentarische Erörterungen, parteipolitische Willensbildung, Diskurse über Alternativen: Alles galt als zu zeitraubend und langatmig, zu umständlich, zu unsicher. Die Entfremdung der politischen Institutionen von ihrer gesellschaftlichen Basis; eine zunehmende Lethargie in den entmachteten Parlamenten und Parteien; ein schleichender Akzeptanzschwund der politischen Institutionen und der Politiker; ein wachsendes Misstrauen in deren Handlungskompetenz: Das alles war damit vorprogrammiert.

So erfolgte die deutsche Vereinigung im Eilverfahren eines bilateralen Staatsvertrags – mit einem Staat, der anschließend nicht mehr existierte, womit der Vertrag auch nicht mehr korrigierbar war. Das Parlament konnte ihn nur noch abnicken. Der Staatsvertrag selbst wurde zum Gesetzgebungssammelwerk für die einstige DDR, in wenigen Wochen ausgearbeitet, ohne praktische Beteilungsmöglichkeit der Parlamente. In dieser kurzen Zeit eine bewundernswerte Leistung vor allem des CDU-Politikers Wolfgang Schäuble. Nur: Hätte es wirklich nicht die andere Möglichkeit gegeben, die politische Vereinigung sofort zu vollziehen, aber die zahlreichen Übergangsregelungen für Ostdeutschland erst anschließend Schritt für Schritt durch Einzelgesetze zu regeln, vom gesamtdeutschen Parlament erörtert und verabschiedet, wie es einige wenige anmahnten? Wären dann nicht viele Fehler und anschließende Enttäuschungen vermeidbar gewesen, ebenso Milliarden öffentlicher Ausgaben, die ihr Ziel verfehlt haben? Musste es die Superbehörde der Treuhandanstalt geben, die das öffentliche Vermögen auch von Kommunen in Windeseile veräußerte, und hätte eine gesamtdeutsche parlamentarische Beratung unter Einbeziehung des Bundesrates und damit der neuen ostdeutschen Landesregierungen nicht einen differenzierteren Weg möglich gemacht, etwa den von Landestreuhandanstalten, bei denen die politischen Institutionen der Länder eine Mitgestaltungsmöglichkeit gehabt hätten? Doch bereits solche Fragen passten nicht in die politische Hast dieses Zeitabschnitts.

Und gab und gibt es tatsächlich keinen anderen Weg der europäischen Integration als den seitdem beschrittenen: den Versuch, von Griechenland bis Schweden, von Polen bis Portugal die Länder zusammenzuschweißen, indem man staatliche Gestaltungskompetenzen auf EU-Institutionen überträgt und Gesetze EU-weit vereinheitlicht, ohne zuvor die Frage zu erörtern, was aus der Substanz der gewaltengeteilten demokratischen Verfassungsstaaten wird? Doch solche Bedenken wurden als schlicht europafeindlich bzw. als nationale Nostalgie gegeißelt. Sakrosankt war auch die neue NATO-Strategie, selbst als die NATO sich selbst ermächtigte, über ihre Vertragsbestimmungen hinauszugehen. Kritiker sahen sich mit dem Verdikt konfrontiert, das erfolgreichste und begehrteste Sicherheitsbündnis der Welt in Frage zu stellen, den einzigen verbliebenen Hort internationaler Stabilität – mit der Folge, dass kritische Meinungsäußerungen über die neue NATO-Strategie, die es selbst in den heißen Zeiten des Kalten Krieges immer wieder gegeben hatte, nicht mehr wahrgenommen wurden oder als absurd erschienen.

Die Aushebelung des Parlamentarismus

Die Parlamente und die meisten Parteien haben solche Diskussionen jedenfalls kaum noch erreicht. Konformismus, eine immer bequeme Verhaltensneigung, wuchs sich im heute verbreiteten Ausmaß in dieser Umbruchsphase aus. Manche reden sogar schon von einer nicht mehr rückholbaren Marginalisierung parlamentarischer Funktionen. Das Gewicht technokratischen Regierungshandelns, bei dem Entscheidungen sich dem frühzeitigen Diskurs um alternative Optionen weitgehend entziehen und lediglich noch dem Parlament zur verspäteten formalen Billigung und der Öffentlichkeit zur nachträglichen Akzeptanzbeschaffung präsentiert werden, hat zugenommen. Dies ist die größte Fehlerquelle politischen Handelns – und es bedeutet zugleich eine Entmündigung gewählter Politiker und ihrer Parteien, die bloß noch die versalzenen Suppen auslöffeln sollen. Diese Entwicklung hat allerdings schon lange vor 1990 eingesetzt.

Parlamente können ihre Rolle gegenüber anderen Verfassungsorganen – insbesondere gegenüber der Regierung – nur dann wirklich spielen, wenn die jeweilige Parlamentsmehrheit gegenüber der von ihr gestellten Regierung ein Eigengewicht behält. Wenn sie sich aber in die Rolle des Verteidigers und Unterstützers für jedes Regierungsvorhaben drängen lässt, kann sich der Parlamentarismus nicht entfalten.

Es geht hier nicht um den berühmt-berüchtigten »Fraktionszwang«, auf den üblicherweise hingewiesen wird, wenn vom Funktionsverlust des Parlamentarismus gesprochen wird. Ich beziehe mich hier auf die Rolle des Parlaments und seiner Fraktionen insgesamt, auf die systematische »Aushöhlung parlamentarischer Steuerung durch Exekutive und Justiz sowie durch die Einbindung verfassungsrechtlich ungebundener Akteure in die Staatsleitung«, wie es der Verfassungsrechtler Mathias Herdegen beschreibt; er sieht darin eine schleichende »Verfassungserosion«. In einem 2003 gehaltenen Vortrag vor der Vereinigung der deutschen Staatsrechtslehrer hat er die Erosionsfaktoren aufgelistet: Neben internationalen Faktoren, die sich aus den EG-Verträgen und anderen völkerrechtlichen Verträgen ergeben, sind es zunehmend mehr »hausgemachte« und zwischenstaatliche Kooperationsabkommen, die an die Stelle der demokratischen Willensbildung durch Parlamente treten.[8]

Es stellt zweifellos eine Erniedrigung des Parlaments dar, wenn Gesetzesinhalte von Regierungsvertretern und Interessenverbänden bis ins Detail ausgekungelt werden, wie es etwa beim »Atomkonsens« geschehen ist. Dieser enthielt, neben den unmittelbar die Beendigung der Atomenergienutzung betreffenden Fragen, auch darüber hinausgehende energiepolitische Vereinbarungen, die festlegten, welche gesetzgeberischen Initiativen der Bundestag im Bereich der Energiepolitik für den Zeitraum mehrerer Legislaturperioden zu unterlassen habe. Vom Bundestag wurde verlangt, sich als bloße Ratifikationsmaschine herzugeben. Initiativen aus dem Parlament wurden nicht einmal Beratungsgegenstand der Regierungsfraktionen – etwa mein von über 50 Abgeordneten unterstützter Antrag, dass die steuerfreien Rückstellungen für die atomare Entsorgung in Höhe von über 30 Mrd. Euro künftig festverzinslich angelegt werden sollten, damit diese Mittel nicht weiter von den Stromkonzernen für Unternehmensaufkäufe verwendet werden können. Noch schwerer wiegt der Politikverzicht, wenn auf gesetzliche Regelungen zugunsten von »Verbändevereinbarungen« verzichtet wird, wie es bei den Wettbewerbsregeln im Bereich der Strom- und der Gasversorgung geschah, obwohl solche Privatvereinbarungen die Interessen Nichtbeteiligter unmittelbar berühren. Oder wenn der »Selbstverpflichtung der Wirtschaft« Vorrang vor gesetzlichen Regelungen gegeben wird, obwohl Wirtschaftsverbände gar nicht in der Lage sind, ihre Mitglieder verbindlich zu veranlassen, solche Vereinbarungen einzuhalten. Die verfassungsgemäße demokratische Verantwortlichkeit wird auch durch internationale Verträge untergraben, die das Parlament nie gesehen hat, obwohl sie unmittelbar das ihm allein zustehende Entscheidungsrecht über den Haushalt betreffen. So geschehen bei der Bestellung eines großen Kontingents neuer militärischer Transportflugzeuge oder bei Verträgen zur Wiederaufarbeitung atomarer Brennstäbe, aber auch bei zwischenstaatlichen Kooperationsabkommen, die vom Baseler Ausschuss für die Bankenaufsicht oder von der internationalen Zivilluftfahrtorganisation (ICAO) vereinbart werden. Sie haben nicht den Charakter von

Staatsverträgen und müssen deshalb nicht vom Parlament ratifiziert werden, dennoch wird ihnen rechtliche Verbindlichkeit zugestanden.

Die verfassungsmäßigen Zuständigkeiten werden umgangen, weil sie schlicht als unpraktikabel erscheinen oder unpraktikabel gemacht wurden. Als fatal erweist sich dabei das unüberschaubare Geflecht geteilter Kompetenzen. Die zunehmenden Mischfinanzierungen, die Vermischung und damit Verwischung von Landes-, Bundes- und EU-Zuständigkeiten, zwischen den Regierungs- und Verwaltungsebenen werden zum Sachzwang gegenüber den nicht miteinander vernetzten und vernetzbaren Parlamenten. So stehen die gewählten Stadt-, Gemeinde-, Kreis- und Regionalratsversammlungen, die Landtage, der Bundestag und das Europaparlament – jeweils für sich und unverbunden – dem dschungelhaften Geflecht nicht mehr klar erkennbarer geteilter Zuständigkeiten der Kommunal-, Landes- und Bundesregierung, der EU-Kommission, intergouvernementaler Ausschüsse und internationaler Vertragsorganisationen mit ihren jeweiligen Verwaltungsapparaten gegenüber. Aus diesem Geflecht wird den gewählten politischen Repräsentanten bedeutet, worüber sie nicht mehr zu bestimmen haben. Manchmal stimmt es, manchmal stimmt es nicht. Dass ein Gesetz WTO- oder europarechtswidrig sei, ist eine dauernde Ausrede geworden, die einer näheren Überprüfung nicht immer standhält. Doch kaum ein Volksvertreter oder Minister kann neben der eigenen Verfassung auch noch alle überwölbenden EU-Richtlinien, internationalen Verträge und Kooperationsabkommen überblicken, geschweige denn deren Auslegungen und die Auslegungspraxis. Hinzu kommt, dass nur wenige die Autonomie, die Zeit und die Mittel haben, die Auslegungstricks zu hinterfragen und in ihrem konkreten Fachgebiet notfalls selbstständig den Rechtsregeldschungel zu durchforsten, um die eigenen Gestaltungsspielräume zu erkennen.

So sollte im Frühjahr 2000 die Verabschiedung des Erneuerbare Energie-Gesetzes auf Wunsch der Bundesregierung aufgeschoben werden, weil der vom EU-Wettbewerbskommissar Mario Monti beanspruchte Genehmigungsvorbehalt beachtet werden müsse. Unsere Vermutung war, dass Monti auch deshalb hartnäckig versuchte, dieses Gesetz zu blockieren, weil seine Generaldirektion dazu hinten herum aus dem Wirtschaftsministerium ermuntert worden war. Die Regierungsfraktionen ließen sich in diesem Fall nicht auf diesen Genehmigungsvorbehalt ein und beschlossen das Gesetz, das ein Jahr später vom Europäischen Gerichtshof in einem umweltpolitisch bahnbrechenden Urteil als mit dem Europarecht vereinbar bewertet wurde. Wären wir auf diesen Europarechtstrick hereingefallen, so wäre das Gesetz möglicherweise nie zustande gekommen.

Auf der nationalen Ebene hat die Umfunktionierung des Bundesrats zu einer zweiten Parlamentskammer die Parlamentsfunktion zusätzlich empfindlich geschwächt. Selbst als das Bundesverfassungsgericht feststellte, das der Bundesrat keine zweite Kammer sei – sondern eben die Vertretung der Länder, die jeweils aus ihrer Sicht beurteilen sollen, ob die vom Bundestag beschlossenen Gesetze ihrem jeweiligen Landesinteresse entsprechen –, blieb es nicht nur bei einer solchen Praxis, sondern auch dem offiziellen Anspruch der Länder darauf. Die Landesregierungen stimmen in den bundespolitisch strittigen Fragen überwiegend nach ihrer Parteizugehörigkeit ab. Mit wem das Bundesland Rheinland-Pfalz, das seit 1991 von einer SPD/FDP-Koalition regiert wird, im Bundesrat stimmt – mit der Bundeslinie der SPD oder der FDP, oder ob es sich enthält –, wird seit Jahren mit dem FDP-Landesvorsitzenden Brüderle ausgehandelt, der dem Bundestag angehört! Das alles ist unverhohlene, die Verfassung hintertreibende Praxis. Die Unterscheidung zwischen A-Ländern (unter SPD-Führung) und B-Ländern (unter CDU- bzw. CSU-Führung) kam auf, nachdem die CDU/CSU 1969 ihre für angestammt gehaltene Regierungsmacht im Bund verlor und dann alle institutionellen Hebel in Bewegung setzte, diese Entwicklung umzudrehen. Bei dieser Praxis blieb es auch, als die CDU/CSU 1982 wieder die Bundesregierung führte, nunmehr unter umgekehrten Verhältnissen. Aus dieser Entwicklung ergab sich auch, dass der Vermittlungsausschuss zwischen Bundestag und Bundesrat im Zurufverfahren ausgefeilschte Gesetzeskompromisse beschließt. Nicht selten werden vom Vermittlungsausschuss sogar Gesetzeselemente eingebaut, die weder in den diesbezüglichen Gesetzesentwürfen des Bundestags noch des Bundesrats vorgeschlagen waren.

Verhaltensappelle, sich doch gefälligst wieder an der demokratischen Verfassung zu orientieren, werden das komplexe Problem nicht lösen. Wenn die einen es versuchen, die anderen aber nicht, haben Letztere einen Durchsetzungsvorteil. Die einzig schlüssige Konsequenz, bevor das demokratische Verfassungssystem immer weiter ruiniert wird – und damit die Mandatsausübung der überwiegenden Mehrzahl der gewählten Politiker unmöglich wird –, besteht darin, eine – der Norm und dem Funktionswert der gewaltengeteilten Demokratie entsprechende – Verfassungsreform zu starten, die die Politikverflechtungen aufhebt, die gestörte Gewaltenteilung wieder herzustellen hilft und die Kompetenzen der jeweiligen Staatsebenen wieder feststellt oder neu zuweist. Eine solche Initiative wird nunmehr vom SPD-Fraktionsvorsitzenden Franz Müntefering in Angriff genommen, unterstützt vor allem von der CSU, die – der bayerischen Tradition folgend – ein besonderes Augenmerk auf einen funktionsfähigen Föderalismus legt. Sie ist seit vielen Jahren überfällig. Sie wurde in dem Verfassungsausschuss, der nach der deutschen Vereinigung Vorschläge zur Modifizierung des Grundgesetzes machte, fahrlässig – zu Lasten der demokratischen Handlungsfähigkeit aller – versäumt. Er orientierte sich an dem angeblichen ersten Artikel der alten mecklenburgischen Verfassung: »Es bleibt alles beim Alten.«

Die Revision der Verfassung, um deren Erosion entgegenzuwirken, ist das einzige Thema, für das ein Konsens unter den Parteien und Politikern unabdingbar ist. Dies zu erkennen, muss das Eigeninteresse aller Beteiligten sein. Es geht nicht um ein statisches Verfassungsverständnis, sondern »nur« um eine Inventur und Reformierung des politischen Institutionensystems. Sie muss getragen sein von der Idee der Demokratie und darauf zielen, ihren Funktionswert wiederzugewinnen. Demokratiekonsens statt Washington-Konsens! Das gilt auch für die europäische und die globale Politikentwicklung, die eine ebenso unreflektiert entdemokratisierende Eigendynamik angenommen hat.

Die Welthandelsordnung als Weltverfassung?

Die neue Welthandelsordnung (WTO), die am 1. Januar 1995 in Kraft trat, ist der völkerrechtliche Rahmen dessen, was seitdem unter »Globalisierung« verstanden wird: die globale Liberalisierung von Waren, Kapital, Dienstleistungen, geistigen Eigentumsrechten und Investitionen, also letztlich aller wirtschaftlichen Tätigkeiten. Damit, so die Verheißung, werde die Weltzivilisation auf dem elementarsten Feld menschlicher Bedürfnisse und Tätigkeiten zusammenwachsen, steigere sich der Wohlstand aller, entstünden wechselseitige Abhängigkeiten mit friedensstiftender Wirkung und würden historisch unselige nationale Grenzen überwunden: der WTO-Vertrag als Grundlage eines neuen Goldenen Zeitalters der Weltzivilisation. Die Ratifizierung im Deutschen Bundestag erfolgte am 29. Juni 1994.

An diesem Tag und auch schon am Vortag war ich bei der Parlamentarischen Versammlung des Europarats in Straßburg. Bei einem routinemäßigen Telefonkontakt mit meinem Bonner Bundestagsbüro wurde mir nachmittags mitgeteilt, dass die Ratifizierung des WTO-Vertrages am selben Abend im Bundestag anstehe. Ich war perplex, fragte, wie das denn möglich sei, da auf der Tagesordnung davon nichts zu lesen war, die jeweils am Ende der vorhergehenden Woche den Abgeordneten zugeleitet wird. Nachfragen ergaben, dass der Ältestenrat des Bundestags die Ratifizierung – also die gesetzliche Bestätigung dieses Vertragswerks – nachträglich in eine ohnehin vorgesehene Wirtschaftsdebatte eingeschoben hatte. Ich konnte das nicht fassen, weil zu diesem Vertrag noch nicht einmal eine offizielle Drucksache mit dem vollständigen Vertragstext – also kein Ratifizierungsentwurf – vorlag und es keine erste Lesung im Bundestag gegeben hatte. Nach allem parlamentarischen Ermessen war es also theoretisch unmöglich, dass dieser Vertrag schon zur Endabstimmung im Bundestag anstehen konnte. Eine weitere telefonische Nachfrage ergab, dass am Vortag in der Sitzung der SPD-Bundestagsfraktion Bedenken gegen dieses alle Gesetzgebungsregeln sprengende Ratifizierungsverfahren geäußert worden waren. Diese seien mit dem Hinweis beruhigt worden, dass man sich ausnahmsweise auf das von der Bundesregierung gewünschte Eilverfahren einlassen sollte, weil ja der WTO-Vertrag ohnehin unumstritten sei – zwischen Regierung und Parlament, den Parteien, Unternehmerverbänden, Gewerkschaften, den Entwicklungsorganisationen – und man dazu beitragen solle, dass er zügig am 1. Januar 1995 in Kraft treten könne.

Bei der Ratifizierung eines internationalen Vertrages hat das Parlament keine Möglichkeit, Einzeländerungen vorzunehmen. Es kann den Vertrag nur komplett ablehnen oder akzeptieren. Dennoch dauert es in der Regel ein bis zwei Jahre bis zur Ratifizierung. Schon die offizielle Übersetzung des Vertrages beansprucht einige Monate; beim WTO-Vertrag, einem Dokument von über 20.000 Seiten, war mit einer besonders langen Übersetzungszeit zu rechnen. Und nun schon die Ratifizierung, zehn Wochen nach der Unterzeichnung am 15. April 1994 im marokkanischen Marrakesch!

Ich war ohnehin bereits fest entschlossen, gegen den WTO-Vertrag zu stimmen und meine Ablehnung im Bundestag zu begründen: wegen seiner einseitigen Festlegung auf ein Wirtschaftsprinzip und wegen seiner unmäßigen Regelungsflut, mit der Handlungskompetenzen demokratischer Verfassungsinstitutionen auf nationaler Ebene ausgehebelt würden. Zwar war mir klar, dass damit die Ratifizierung keinesfalls aufzuhalten war. Ich wollte jedoch einen Anstoß geben für die bis dahin im Parlament ausgebliebene kritische Erörterung dieser Art von Globalisierung. Um auf dem vollen Informationsstand über den Vertrag zu sein, hatte ich wenige Tage nach der Unterzeichnung in Marrakesch das Bundeswirtschaftsministerium um ein Vertragsexemplar gebeten. Mir wurde gesagt, dass ein fertig redigierter Text mit allen Vertragsbestandteilen noch gar nicht vorliege. Auf meine Frage, wie dann die in Marrakesch anwesenden Journalisten über das Vertragswerk – durchgängig positiv – berichten konnten, erhielt ich die Antwort, dass die Presse vom Sekretariat der Konferenz einen zusammenfassenden Kurzbericht erhalten habe. Mir wurde die Zuleitung des Vertragstextes zugesichert, sobald er verfügbar sei.

Doch bevor es dazu kam, stand bereits die Ratifizierung auf der Tagesordnung! Als ich die Nachricht erhielt, war es sogar zu spät, noch rechtzeitig zur Abstimmung nach Bonn zurückzukehren. Um meine

Ablehnung dennoch wenigstens zu Protokoll zu geben, vereinbarte ich mit meinem Fraktionskollegen Michael Müller – von dem ich wusste, dass er eine ebenso kritische Einstellung zu diesem WTO-Vertrag hatte –, gemeinsam eine schriftliche Erklärung abzugeben, dass wir diesen Vertrag ablehnen, und dafür einige weitere SPD-Parlamentarier zu gewinnen. Ich schrieb schnell den Text dieser Erklärung und faxte ihn nach Bonn, wo er im Namen von insgesamt sechs SPD-Abgeordneten als »Erklärung zur Abstimmung zu dem Übereinkommen zur Errichtung der Welthandelsorganisation (Tagesordnungspunkt 3 b)« im Sitzungsprotokoll des Bundestages publiziert ist.[9]

In dieser Erklärung heißt es u. a.: »Zwei Jahre nach dem Erdgipfel von Rio ist das Übereinkommen vom 15. April 1994 ein falsches Signal. Es ist nicht glaubwürdig, sich auf der UN-Konferenz zu einem Kurswechsel in Richtung auf eine dauerhafte Entwicklung zu verpflichten, aber schon kurze Zeit später Entscheidungen zu treffen, die darauf keine Rücksicht nehmen und die Teilentwicklungen sogar verschärfen. Das Übereinkommen ist nicht in der Lage, die großen sozialen, ökologischen und ökonomischen Probleme der Weltgemeinschaft zu lösen: Die ökologische Krise wird insbesondere durch das exponentielle Wachstum der Verkehrsströme und des Energieumsatzes verschärft, in der Entwicklungszusammenarbeit wird die Kluft zwischen Arm und Reich vertieft, ökonomisch wird an den Strukturen festgehalten, die für die zunehmende Instabilität der Weltwirtschaft verantwortlich sind. Es hat sich historisch als Irrtum erwiesen, dass die Orientierung am maximalen Produktionswachstum, an den Methoden der expansiven Industrialisierung und den bisherigen Formen des Freihandels zu allgemeinem Wohlstand führt. Die Vereinbarungen weisen keinen Weg zur Herstellung der Chancengleichheit und zum Schutz der Umwelt, sondern helfen denen, die über große Macht verfügen und die Märkte beherrschen. Dies ist in einer ungleichen Welt mit ungleichen Wettbewerbsbedingungen, endlichen Rohstoffen und störanfälligen Ökosystemen unverantwortlich.«

Das Ratifizierungsverfahren zum WTO-Vertrag, einem Regelwerk mit tief greifenden und weit reichenden Folgen für die Wirtschaftsordnungen und Wirtschaftsweisen aller Mitgliedsstaaten, wurde im

Parlament abgewickelt, als handele es sich um eine nebensächliche Ergänzung einer Gebührenordnung. Die offenkundige Beschneidung der parlamentarischen Mitwirkungsrechte empfand ich als klare Verfassungsbeugung, weshalb ich mir überlegte, diese Ratifizierung beim Bundesverfassungsgericht anzufechten. Da ich dafür hohe Anwaltskosten hätte aufbringen müssen und im Erfolgsfall bestenfalls hätte erreichen können, dass die Ratifizierung einige Monate später in einem dann korrekten Verfahren mit überwältigender Mehrheit wiederholt worden wäre, habe ich davon abgesehen. Aber ich sehe diese Entscheidung heute als Fehler an, weil dadurch vielleicht eine inhaltlich kritische Debatte im Parlament über den WTO-Vertrag und die ihm zugrundeliegende Wirtschaftsideologie angestoßen worden wäre, die stattdessen erst Jahre später einsetzte. Zum Zeitpunkt seiner Ratifizierung gab es nahezu ausschließlich hymnisch zustimmende Kommentare zu diesem Vertrag. Unsere Ablehnung erschien derart absonderlich, dass keine einzige Tageszeitung ein Wort darüber verlor. Der Einfachheit halber hieß es, der WTO-Vertrag sei »einmütig« ratifiziert worden.

Das Beispiel der deutschen Ratifizierung des WTO-Vertrags symbolisiert, wie sich politische Verfassungsorgane in geradezu fatalistischer Weise auf eine Entwicklung eingestellt haben, in der ihre Entmachtung und ihre Selbstbeschneidung fließend ineinander übergehen. Auch in anderen Parlamenten der europäischen Demokratien ging die Ratifizierung zügig und mit früheren Ostblockmehrheiten über die Bühne. Nur in Frankreich gab es eine kritische, wenn auch nicht sehr heftige Debatte. Die einzige Ausnahme von dieser Politikerapathie bildete – ausgerechnet! – der amerikanische Senat, der sich monatelang mit dem Vertrag auseinander setzte. Das Selbstverständnis des US-Senats und das amerikanische Selbstbewusstsein vertragen sich nicht mit der wortlosen Hinnahme umfassender internationaler Regelwerke. Aber auch die großen Umwelt- und Verbraucherorganisationen der USA starteten eine breite öffentliche Kampagne gegen den WTO-Vertrag, ebenso die US-Gewerkschaften, die von den europäischen Gewerkschaften sonst als wenig politikbewusst eingeschätzt werden. 25 % der Senatsmitglieder, fast alle von der Demokratischen

Partei, stimmten gegen den Vertrag, den sie als »trade voodoo« charakterisierten.

Erst fünf Jahre später, auf der WTO-Konferenz in Seattle, gab es erstmals spektakulären internationalen Widerstand gegen die neue Dominanz dieser Organisation; nicht seitens der Regierungen oder der Parlamente, sondern seitens der amerikanischen Gewerkschaften und einiger neu entstandener Initiativen gegen die Globalisierung. In Europa begann sich erster Unmut zu regen, als 1998 das schon unterschriftsreife, strikt geheim verhandelte MAI-Abkommen (Multilateral Agreement on Investment) an die Öffentlichkeit drang, das eine kanadische Initiative in die Hand bekommen und publiziert hatte. Es war nicht im WTO-Rahmen, aber im »Geist der WTO« von Beamten der OECD-Länder ausgearbeitet worden und sah beispielsweise vor, dass ein internationaler Investor die Kostenbedingungen zum Zeitpunkt seiner Investition auf Dauer garantiert bekommt. Jede politisch erwirkte Erhöhung seiner Betriebskosten durch veränderte Steuern, Sozial- oder Umweltauflagen sollte die politischen Institutionen des betreffenden Landes schadenersatzpflichtig machen: ein rechtsfreier Raum für transnationale Unternehmen und deren Privilegierung gegenüber den jeweils heimischen Unternehmen![10] Im französischen Parlament löste das MAI-Projekt einen Proteststurm aus, angefeuert von der Zeitschrift »Le Monde diplomatique«. Er löste die Gründung der globalisierungskritischen Organisation »attac« aus, die sich bald auf andere Länder ausweitete. Ihr zentraler Kritikpunkt war zunächst die Dominanz politisch unkontrollierter internationaler Finanzmärkte, die die wirtschaftliche und soziale Handlungskompetenz von Regierungen unerbittlich einengen und ganze Volkswirtschaften zum Spielball von Währungsspekulanten werden lassen – bis zu deren Ruin.[11] Doch inzwischen steht auch bei attac das gesamte Konstrukt der globalen Wirtschaftsliberalisierung im Kreuzfeuer der Kritik. Nicht nur, dass das Gegenteil der Verheißung eingetreten ist, überall auf der Welt werde die Globalisierung den Wohlstand mehren. Das weltweite Sozialgefälle wird immer größer, so dass selbst die »Financial Times« schon feststellte: »Globalisierung und weltweite Ungleichheit hängen zusammen.«[12]

Zwar wird der Kritik an der globalwirtschaftlichen Liberalisierung immer wieder mit dem Argument begegnet, dass der globale Freihandel schon vor dem Ersten Weltkrieg proportional gesehen einen größeren Umfang hatte als heute. Doch dieser Einwand geht an den zentralen Punkten der Kritik vorbei: Veränderungen in der volkswirtschaftlichen Gesamtrechnung geben keine Auskunft über die Veränderung der sozialpolitischen Verhältnisse in den jeweiligen Ländern – über die Konzentrationsprozesse, die damit verbundenen Beschäftigungsverluste; über Reichtum und Armut in der Gesellschaft; über den Zustand der staatlichen Institutionen; über die Umweltzerstörungen. Neben der wachsenden Ungleichheit richtet sich die Kritik auf die Erpressungsmöglichkeit politischer Institutionen nicht nur durch Finanzmärkte, internationale Finanzinstitutionen und Liberalisierungsverträge, sondern auch durch die wachsende Dominanz transnationaler Unternehmen, die mit der Drohung, ihre Produktionsstandorte zu verlegen, ein »race-to-the-bottom« um immer tiefere Sozial- und Umweltstandards veranstalten und eine »Globalisierung der Unsicherheit« (Elmar Altvater/Birgit Mahnkop) hervorrufen.[13]

Inzwischen ist der Protest gegen »die neuen Herrscher der Welt« (Jean Ziegler) zu einer weltweiten Bewegung geworden.[14] Mittlerweile gibt es – als Gegenveranstaltung zum Davoser Weltwirtschaftsforum, dem jährlichen Exklusivtreffen der selbst ernannten neuen Weltelite – das Weltsozialforum, das im Januar 2003 im brasilianischen Porto Alegre 100.000 Teilnehmer zählte; das Europäische Sozialforum, an dem im November 2002 in Florenz 60.000 Menschen teilnahmen; entsprechende Parallelveranstaltungen in Asien und Afrika. Kein Weltwirtschaftsgipfel, keine WTO-Konferenz oder Jahreskonferenz des Internationalen Währungsfonds findet mehr ohne Massendemonstrationen statt – wenn sie nicht in entlegene, nur unter hohem Kostenaufwand erreichbare Orte verlegt werden. Auch EU-Gipfelkonferenzen werden schon von diesem Massenprotest erfasst, weil die wirtschaftliche Liberalisierung auch innerhalb der EU absolute politische Priorität genießt.

Nahezu alle Regierungen und Parlamente waren von der neuen Protestbewegung überrascht – obwohl deren Aufkommen alles andere als überraschend war. An Vorwarnungen hatte es nicht gemangelt: Der ehemalige Weltbank-Ökonom und Träger des Alternativen Nobelpreises, Hermann E. Daly, warnte schon 1994 davor, dass »freier Wettbewerb zwischen Systemen mit unterschiedlicher Kosteninternalisierung äußerst ungerecht« sei. Er sah deshalb einen Wettbewerb um »Externalisierungschancen« voraus, also die Übertragung betriebswirtschaftlicher Kostenelemente auf die Allgemeinheit, der eine laufende Verschlechterung der Sozial- und Umweltstandards provoziere. Die globalen Liberalisierungstheoretiker bezeichnete er als »Gefahr für die Erde und ihre Bewohner« und prophezeite, der globale Freihandel werde nicht »zur Integration, sondern zur Auflösung der Nationen« führen.[15] In einer Denkschrift mit dem Titel »The Limits to Competition« der »Gruppe von Lissabon« um den Wirtschaftswissenschaftler und leitenden EU-Beamten Ricardo Petrella hieß es: »Wettbewerbsfundamentalisten sind aggressiv in ihrer Theorie, blind in ihrem Ansatz und sektiererisch in ihren Wertungen und Urteilen«.[16]

Die Warnungen blieben nicht auf wissenschaftliche Kreise beschränkt. Das Buch »Die Globalisierungsfalle« der »Spiegel«-Redakteure Hans-Peter Martin und Harald Schumann, 1996 erschienen, wurde mit 200.000 verkauften Exemplaren allein in Deutschland zum Bestseller.[17] Das Buch »The Trap« (1994) des bekehrten britischen Milliardärs James Goldsmith[18] erreichte gleich hohe Auflagen, ebenso »Der Terror der Ökonomie« der französischen Kulturkritikerin Viviane Forrester, erschienen 1997.[19] Die Zahl der kritischen Publikationen über die Globalisierung hat seit Mitte der 90er Jahre von Jahr zu Jahr zugenommen und ist inzwischen unübersehbar.

Doch das alles ging weitgehend an den Parlamenten und Parteien vorbei, sogar an den sozialdemokratischen und grünen Parteien. Stattdessen ertönte regelmäßig der Refrain, dass die WTO-Globalisierung der prinzipiell richtige Weg sei; ein Weg ohne Umkehrmöglichkeit, den man nur noch mit Sozial- und Umweltklauseln trassieren müsse. Prinzipielle Kritiken seien verständlich, aber rück- und randständig.

Erst Ende 1999 begann sich der Deutsche Bundestag systematischer mit der Globalisierung zu beschäftigen, indem er eine Enquetekommission zur »Globalisierung der Weltwirtschaft« einsetzte, deren Vorsitzender der SPD-Abgeordnete Ernst-Ulrich von Weizsäcker wurde; 2002 legte sie ihren Schlussbericht vor. Darin würdigten die Abgeordneten der SPD, der Grünen und der PDS sowie die von ihnen bestellten Sachverständigen die Globalisierungskritik weitgehend als berechtigt; an den CDU/CSU- und FDP-Vertretern indes tropfte sie weiter ab – als kümmere diese der Verlust ihrer eigenen politischen Gestaltungskompetenz wenig.

Nun gibt es zwar auch staatstheoretische Rechtfertigungsversuche des WTO-Regimes, die zum einen besagen, dass eine protektionistische Handelspolitik der wirtschaftlichen Entwicklung einer Gesellschaft schade; zum anderen verletze Protektionismus ein grundlegendes Verfassungsprinzip: das Individualrecht auf Außenhandelsfreiheit, das nicht nur für einheimische Staatsbürger, sondern für jeden Weltbürger gelte. Es ist aber ein absonderliches Verständnis staatsrechtlicher Grundsätze, sich auf eine wirtschaftstheoretische Annahme zu stützen, für die es keinen eindeutigen empirischen Beleg gibt: Es gibt ebenso viele Beispiele dafür, dass protektionistische Handelspolitik nützlich für eine Volkswirtschaft sein kann, wie es Beispiele dagegen gibt. Und dass das generelle Individualrecht der Außenhandelsfreiheit – das in keiner Verfassung steht – mehr wert sein soll als andere Individualrechte, dass gar das freie Handelsrecht eines Nicht-Staatsbürgers über den Individualrechten eines Staatsbürgers stehen könnte, ist eine absurde staatsrechtliche Konstruktion (der möglicherweise ein »hoch bezahltes Gutachten« eines WTO-Protagonisten zugrundeliegt). Verfassungsnäher ist der Befund des Staatsrechtlers Markus Krajewski über das Demokratie- und Legitimationsdefizit der WTO: »Dieses Defizit verhindert, dass das WTO-Recht als völkerrechtliche Nebenverfassung bewertet werden kann, da aus der Sicht einer demokratischen Verfassungsordnung eine internationale Rechtsordnung hierfür in einer hinreichenden Weise demokratisch legitimiert sein muss.«[20]

Genau das ist das Problem: der Anspruch der WTO und ihrer Protagonisten, mit dem Vertrag von Marrakesch und seinen demnächst möglicherweise folgenden Fortschreibungen sei ein verfassungsgleicher Rahmen geschaffen worden. Es geht also nicht um »National-staat« versus internationale Ordnung, nicht um Protektionismus oder Globalisierung, nicht allein um tatsächlichen oder vermeintlichen Wohlstand – sondern um eine demokratische oder nichtdemokra-tische Staatsverfassung, um die autonome Gestaltungsfähigkeit oder -unfähigkeit demokratischer Institutionen, um Selbst- oder Fremdbe-stimmung. »Moderne« Formen der Fremdbestimmung sind nicht ak-zeptabler als traditionelle. Die Festlegung des Staates auf eine einzige konkrete Wirtschaftsordnung und -doktrin, die in den 50er Jahren von der CDU/CSU versucht wurde, hat das Bundesverfassungsgericht in einer spektakulären Entscheidung von 1954 ausgeschlossen.[21] Dabei spielt keine Rolle, ob diese Festlegung auf nationaler Ebene versucht wird oder über den Weg internationaler Verträge.

Es ist eine politische Ironie, dass sich die außerparlamentarischen und außerparteilichen Globalisierungskritiker – mehr als die Träger der politischen Institutionen selbst – dafür engagieren, dass der Ge-staltungseinfluss der staatlichen Institutionen erhalten bleibt bzw. zu-rückgewonnen wird! Mehrheitlich haben die politischen Institutionen und Parteien schon vor der laufenden Kompetenzübertragung kapi-tuliert und tragen nur noch gelegentlich Rückzugsgefechte um ver-bleibende Zuständigkeiten aus, die ansonsten auf internationale Vertragswerke und deren Organisationen, auf die Organe der Euro-päischen Gemeinschaften und auf »den Markt« bzw. dessen interna-tionale Hauptspieler übergehen. Zwar hat der Bundestag im Frühjahr 2003, auf Antrag von SPD und Grünen, mehrheitlich beschlossen, dass gegenüber dem demnächst anstehenden Vertrag für das WTO-Regime – dem GATS (General Agreement on Trade in Services), der darauf zielt, auch die öffentlichen Dienstleistungen global zu liberalisieren – ein Parlamentsvorbehalt geltend gemacht werden müsse. Doch ist es – jedenfalls gegenwärtig – noch schwer vorstellbar, dass selbst ein Vor-schlag zur weitgehenden Liberalisierung dieser Dienstleistungen, die eine globale Privatisierungsvorschrift der öffentlichen Dienstleistun-gen bedeutet, vom Bundestag abgelehnt wird, wenn ein Vertrag mit diesem Inhalt von der EU-Kommission (die Verhandlungsführer der EU-Länder ist) und von der Bundesregierung unterzeichnet würde.

Es ist kaum vorstellbar, aber leider wahr, wie selbstverständlich die Aushöhlung demokratischer Verfassungskompetenzen im breiten Parteien- und Parlamentskonsens und damit vom Gros der gewählten Politiker toleriert wird, als sei es ihre historische Mission, sich selbst zugunsten der »global players« das Wasser abzugraben und dann für Entscheidungen, an denen sie gar nicht beteiligt waren, in der Öffentlichkeit den Kopf hinzuhalten. Wenn die tatsächlichen Träger politischer Entscheidungen der Kritik entzogen sind, braut sich der Unmut über die von solchen Verträgen ausgelösten Fehlentwicklungen zwangsläufig über denjenigen zusammen, die als einzige identifizierbar und greifbar sind: Parlamente, Parteien und Politiker. Diese können zwar die Verantwortung von sich weisen und mit dem Finger auf die WTO zeigen – was aber nur davon ablenkt, dass sie dieser Institution zuvor widerstandslos Vollmacht erteilt haben.

Das gilt nicht nur in Bezug auf die WTO. Auch die Europäische Union hat in den 90er Jahren in ihren Integrationsverträgen das Prinzip der Wettbewerbsgleichheit und der Warenverkehrsfreiheit in ihrem Binnenmarkt in den Mittelpunkt gestellt. Im Maastricht-Vertrag von 1992 wurde das ein *Primärrecht*, also ein über allen anderen Bestimmungen stehender Rechtsgrundsatz. Zwar wurden im Amsterdam-Vertrag von 1997 weitere Primärrechte festgelegt, so das Primärrecht Umweltschutz. Aber das Verständnis, dass die wirtschaftliche Liberalisierung das vorrangige Primärrecht sei, dominiert – und entspricht überwiegend dem Selbstverständnis der EU-Kommission. Zwar hat der Europäische Gerichtshof in seinem Urteil vom 13. März 2001 festgestellt (es ging um das deutsche Stromeinspeisungsgesetz für erneuerbare Energien), dass das Primärrecht Wettbewerb keinen Vorrang vor dem Primärrecht Umweltschutz beanspruchen kann.[22] Die EU-Kommission, insbesondere die Generaldirektion Wettbewerb, zeigt sich davon jedoch weitgehend unbeeindruckt. Da es wenig politische ohne wirtschaftliche Bezüge gibt, verändert diese Einstellung – in Verbindung mit den sich ständig vermehrenden und in ihrer Regelungsdichte erhöhenden EU-Richtlinien – ebenfalls laufend die Verfassungswirklichkeit, hin zu fortschreitender Entdemokratisierung. Wie bei der WTO geht es »nur« um die individuelle wirtschaftliche

Verkehrsfreiheit und nicht um die Gesamtverfassung des Staatswesens. Doch indem diese Verkehrsfreiheit über alles andere gestellt
wird, erfasst sie tendenziell alles, was monetarisierungs- und marktfähig ist. Und was ist keine Ware, wenn inzwischen (mit Emissionsrechten) Luft und (mit Erschließungsrechten) weltweit auch Wasser
gehandelt wird? Weder die sozialdemokratischen noch die grünen
Parteien haben registriert, wie sehr diese Entwicklung ihren eigenen
politischen Grundsätzen widerspricht. In ihrem eigenen Land würden
sie sich mit Händen und Füßen gegen die Forderung wehren, die wirtschaftliche Liberalisierung zum Hauptgrundsatz der Verfassung zu
machen. Stürme öffentlicher Empörung würden sich erheben, wenn
offiziell als Verfassungsänderung eingebracht würde, was Heribert
Prantl als »Grundrecht auf ungestörte Investitionsausübung« sarkas-
tisch auf den Begriff gebracht hat: »Die wahre Verfassung sieht so aus:
Die ungestörte Investitionsausübung ist gewährleistet. Niemand darf
gegen sein Gewissen zum Umweltschutz, zum Datenschutz, zum Kün-
digungsschutz oder zu sonst ihn beeinträchtigenden Maßnahmen gezwungen werden. Das Nähere regelt ein Bundesgesetz.«[23]

Was auf nationaler Ebene nicht möglich ist, wird über den Umweg
völkerrechtlicher Verträge systematisch eingeführt. Immerhin sticht
Völkerrecht nicht nur nationale Gesetze, sondern wird Bestandteil
staatlichen Verfassungsrechts. Somit kommen Liberalisierungsverträge, die den Gestaltungsraum demokratischer Politik derart ein-
schränken, kalten Staatsstreichen gleich. Warum wird bisher kaum
erkannt, dass man in einer Staatsgesellschaft nicht zugleich zwei unterschiedliche politische Ordnungen praktizieren kann?

Der sozialdemokratische Widerspruch

Die wirtschaftsliberale Schlagseite des EU-Integrationsprozesses und
die noch einseitigere wirtschaftsliberale Ausrichtung der WTO-Ver-
tragswerke fielen in eine Zeit, in der die an diesen Prinzipien ausgerichtete Politik national schon abgewirtschaftet hatte: der »Thatcherismus«
in Großbritannien und die »Reaganomics« in den USA. In Großbritan-

nien wurde die Schrift »Social Justice«, die der Labour-Vorsitzende John Smith (dessen Tod den Weg für Blair frei machte) angestoßen hatte, zum populären Dokument über eine missratene Politik des sozialen und ökologischen Kahlschlags.[24] Ende der 90er Jahre hatten zwölf von fünfzehn EU-Mitgliedsländern einen sozialdemokratischen Regierungschef. Im Jahr 2003 waren es nur noch vier – nicht, weil ihre Wähler wechselten, sondern weil zu viele enttäuscht nicht mehr zur Wahl gingen. Die sozialdemokratischen Parteien wurden Opfer ihres eigenen offenkundig werdenden Zwiespalts: dass sie selbst nicht mehr wissen, wie sie ihre sozialökonomischen Ziele noch umsetzen können, wenn sie sich immer mehr Instrumente dafür aus der Hand nehmen lassen oder wie selbstverständlich auf andere übertragen – so dass ihnen nur noch übrig bleibt, sich auf die wirtschaftsliberale Realität einzustellen. Dieser Zwiespalt wird mit Wortgeklingel übertönt und mit politischen Versatzstücken zu kompensieren versucht.

Offenkundig wurde das auf dem Treffen sozialdemokratischer Regierungschefs, das 2000 in Berlin stattfand. Das Thema war »Progressives Regieren im 21. Jahrhundert«. Das Treffen schloss mit einem gemeinsamen Kommuniqué ab, in dem es von »Neuem« nur so wimmelte – »neue Chancen«, »neues Jahrhundert«, »neue Wege«, »neue Wirtschaft«, »neue Märkte«, »neue Formen der Arbeitsorganisation«. Die »neue Herausforderung« wurde vor allem in der »digitalen Revolution« gesehen: »Wir müssen die digitale Kluft überwinden und sie in internationale digitale Chancen verwandeln.« Die Globalisierung wurde als »wirtschaftliche, soziale und kulturelle Realität« betrachtet, als sei diese wie die zehn Gebote vom Himmel gefallen und nicht auch ein Resultat politischer Entscheidungen ohne Endgültigkeitscharakter. Verharmlosend wird festgestellt, »dass die Vorteile der Globalisierung nicht allen Menschen zugute kommen, insbesondere in Entwicklungsländern, wo die Einkommen immer ungleicher verteilt sind«. Und weiter, realitätsverzerrend: »Die neue Wirtschaft, die den Globus mit rasender Geschwindigkeit erobert, führt zu beispiellosem Wohlstand. Wir glauben, dass Wirtschaftswandel und innovative Technologien neue Arbeitsmethoden erschließen und dass neue Märkte dem Einzelnen mehr Gestaltungsmöglichkeiten verschaffen und demokratisch angelegt werden können.« Um das zu erreichen, müssten »alle Bürger über die Fähigkeit verfügen, an den Technologien teilzuhaben«. Die »neue Methode des Regierens« bedeute praktisch: »Lehrer ausbilden und starke Partnerschaften mit Regierungen und Unternehmen, Stiftungen und Organisationen der Zivilgesellschaft aufbauen.« Und: »Wir müssen die Verantwortung zwischen staatlichen Stellen und dem Einzelnen, zwischen Regierungen und internationalen Organisationen, zwischen nichtstaatlichen Organisationen und dem öffentlichen Sektor aufteilen. Diese Frage steht im Mittelpunkt modernen Regierens im 21. Jahrhundert.« Die neuen Kommunikationstechnologien als globaler deus ex machina, in Verbindung mit einem Teilrückzug aus der politischen Verantwortung, die nicht legitimierten Organisationen sowie den Unternehmen übertragen wird! Da bleiben nur Glaubenssätze übrig: »Wir, die Chefs progressiver Regierungen, glauben, dass die Demokratie im 21. Jahrhundert die Ideale und Instrumente für eine hoffnungsvolle Zukunft aller Menschen fördert. Trotz vorübergehender Hindernisse und Opfer im tagespolitischen Geschäft sind wir der Auffassung, dass sich die Bedeutung unserer Grundsätze durch tatsächliche Fortschritte erweisen wird.« Und: »Wir glauben, dass unsere Bürger aus unseren gemeinsamen Erfahrungen und Ansätzen Vertrauen schöpfen sollten.«

Demokratieabbau und Globalisierung – ein unumkehrbarer Prozess?

Doch warum lässt sich das Gros der Politiker, lassen sich die staatlichen Institutionen auf diesen anhaltenden Prozess ein? Ist es die objektive Notwendigkeit des »Sachzwangs Weltmarkt« (Elmar Altvater/Birgit Mahnkopf), ein realpolitisches Sich-Fügen in den Lauf der Geschichte? Aus meiner Sicht sind es vor allem vier Beweggründe, die dafür maßgeblich sind:

1. Die Auffassung, Politik müsse die heutigen Realitäten des Globalkapitalismus zur Kenntnis nehmen, gegen den ein Primat der Po-

litik nicht mehr durchsetzbar sei. Deshalb gilt der Washington-Konsens als realitätsgemäß und schon dessen Infragestellung als Donquichotterie. Die internationalen Finanzmärkte werden als politisch nicht mehr steuerbar eingeschätzt. Gleiches gilt für die Multi- und Transnationalisierung großer Unternehmen und damit deren zunehmende Möglichkeit, die öffentliche Meinung zu beeinflussen, internationale Institutionen und Regierungen gegeneinander auszuspielen und störende Wirtschaftsregeln und Steuersysteme zu unterlaufen, wie es David C. Korten in seinem Buch »When Corporations Rule the World« beschrieben hat.[25] Somit gilt es als politisch naiv, ein Kräftespiel mit diesen »global players« zu riskieren. Welche Regierung dies auch immer tue, könne dabei nur verlieren. Es sei gar nichts anderes mehr möglich, als sich auf eine »public-private partnership« mit ihnen einzulassen, um die wirtschaftliche Einflussmacht wenigstens mit ihnen zu teilen.

Diese Auffassung erklärt auch das kollektive Versäumnis der sozialdemokratischen Parteien, sich anders auf diese Entwicklung einzustellen als durch eine Übernahme neoliberaler Wirtschaftsvorstellungen. Zu lange hatten sie wie gewohnt auf die soziale Sicherung durch Wirtschaftswachstum und damit verbundene Steuereinnahmen und Arbeitsplatzangebote gesetzt – also auf die Kontinuität der bisherigen Wohlfahrtspolitik. Je mehr internationalisierte Wirtschaftsunternehmen sich aber der Steuerhoheit entziehen konnten und je mehr die Formel »Wachstum gleich Beschäftigung« von der informationstechnologisch ausgelösten Produktivitätsrevolution überholt wurde, desto notwendiger wird eine neue politische Leitlinie: ökologische Wirtschaftsperspektiven, die Steigerung der Staatsproduktivität (als Gegenkonzept zur Privatisierung öffentlicher Aufgaben) und die Entwicklung neuartiger Verteilungsformen. Doch solche Ansätze wurden bisher kaum so ernsthaft und konsequent verfolgt, dass daraus eine kohärente Strategie hätte erwachsen können.

2. Die Vorstellung, dass der unumkehrbare wirtschaftliche Globalisierungsprozess nur noch auf globaler Ebene mitgestaltet werden könne, in Verbindung mit der These, dass auf globale Probleme

nur gemeinsame globale Antworten möglich seien. Tatsächlich hat die wirtschaftliche Globalisierung nicht erst mit der WTO begonnen. Dass das, was ohnehin geschieht, einen globalen Regelrahmen erhalten soll, ist unmittelbar einleuchtend; ebenso, dass dabei Kompromisse geschlossen werden müssen, je mehr Beteiligte am Werk sind. Ein Diskurs über einen anderen, demokratiegemäßeren Regelungsrahmen gab es schon deshalb nicht, weil zu lange auf eine kritische Erörterung der WTO verzichtet wurde.

3. Schritte in Richtung einer Überwindung des Nationalstaats, nationaler Engstirnigkeiten und Egoismen haben a priori bei den traditionell internationalistisch ausgerichteten sozialdemokratischen Parteien, aber auch bei vielen »Dritte Welt«- und Umweltorganisationen, einen psychologischen Bonus. Der Begriff der Globalisierung wurde in den 80er Jahren, im gedanklichen Gefolge des Umweltreports »Global 2000«, vor allem mit dem Umweltgedanken identifiziert. Die über den Nationalstaat hinausweisenden Begriffe wurden jedoch unversehens von den Verfechtern des globalen Liberalismus übernommen: Die Schaffung der WTO wurde von ihren Initiatoren mit einem antinationalen Vokabular begründet, das die Diktion des linken Internationalismus und des Engagements für die Entwicklungsländer übernahm. Aus der Abschaffung des Staates und seiner Ersetzung durch freie Vereinigungen, eine klassische linke Utopie, wurde die Marginalisierung von Staaten durch den Weltmarkt und durch global operierende Konzerne. Die Umdeutung des Begriffs der Globalisierung auf die Inhalte globaler Wirtschaftsliberalisierung wurde zunächst kaum bemerkt – eine psychologisch genial angelegte und erfolgreiche semantische Okkupation.

4. Dass die Globalisierung auch auf anderen Wegen als über eine Gleichschaltung der Wirtschaftsstrukturen möglich ist und auch schon jahrzehntelang stattgefunden hatte, wurde in den Hintergrund gedrängt. Von den Konventionen zum Schutz der Biodiversität bis zum Internationalen Seerechtsvertrag, von der Menschenrechtskonvention bis zum atomaren Nichtverbreitungsvertrag, vom Internationalen Arbeitsvertrag bis zum Weltklimaabkom-

men: Bei allen handelt es sich um völkerrechtliche Verträge, die mit dem WTO-Vertrag gleichrangig sind. Das Völkerrecht kennt keine Rangordnung unter seinen einzelnen Verträgen. Der WTO-Vertrag kann deshalb nicht den rechtlichen Anspruch erheben, der allverbindliche Obervertrag zu sein, der im Zweifelsfall selbst dann eine überlegene Geltungskraft hat, wenn seine Bestimmungen im Widerspruch zu anderen völkerrechtlichen Vertragsbestimmungen stehen. Doch de facto erhebt er diesen Anspruch, und dieser wird ihm leichtfertig zugestanden, weil er die stärkeren Bataillone auf seiner Seite hat: die Weltbank und den Internationalen Währungsfonds, die von den Regierungen seine Beachtung verlangen; die großen Wirtschaftsnationen, die auf seine vorrangige Geltungskraft pochen, wenn es ihren Interessen entspricht, auch mit den Lockmitteln der Entwicklungshilfe; die »global players«, die die Organisationskraft haben, die Entwicklung zu verfolgen und auf diese unmittelbaren Einfluss auszuüben. Hinzu kommt, dass anderen Verträge nicht dieselben Durchsetzungsinstrumente zugestanden wurden wie dem WTO-Vertrag. Schon wird von der WTO als einer »Welthandelsverfassung« oder einer »Wirtschaftsverfassung der Weltwirtschaft« gesprochen – zumindest als »nucleus« dafür.[26]

Sind die beschriebenen Entwicklungen aber tatsächlich so geschichtsmächtig, dass keine realisierbare Alternative dazu denkbar ist? Zum jeweiligen Zeitpunkt der Unterschriftsleistung und der Ratifizierung des WTO-Vertrages, des EU-Vertrages oder anderer internationaler Verträge gab es tatsächlich keine Alternative mehr, die noch eine praktische Durchsetzungschance gehabt hätte – außer der, sich dem Vertragsschluss zu verweigern. Alternativen gibt es in der Praxis meist nur, wenn sie vor oder in der Phase der Vertragsentstehung verfochten werden. Doch was heute realpolitisch alternativlos scheint oder ist, kann sich morgen oder übermorgen als unrealistisch herausstellen. Deshalb ist in diesem Zusammenhang die Frage der Fragen, ob die apodiktische These von der historischen Zwangsläufigkeit und Unumkehrbarkeit einer letztlich alle Poren der Gesellschaften durchdringenden Globalisierung unter dem Vorzeichen der wirtschaftlichen

Liberalisierung stimmig ist. Und ist die These uneingeschränkt haltbar, dass die globalen Probleme und Gefahren allein durch ständige weitere Kompetenzübertragungen auf internationale Institutionen zu lösen und überwinden seien? Sind einmal übertragene Kompetenzen unwiederbringlich verloren, so dass eine noch so plausible Kritik daran nur noch von akademischem Interesse ist? Woher rührt überhaupt das Grundvertrauen in die Zukunftsfähigkeit der Globalwirtschaft und ihre relative Krisenfestigkeit? Wer fängt deren Krisen auf, wenn es nur noch entmachtete, unzuständig gewordene Staatsinstitutionen gibt?

Mir scheint diese These vom ehernen Globalisierungsgesetz geschichtslos und unpolitisch. Sie macht die Rechnungen ohne die Gesellschaft, zudem ohne voraussehbare Entwicklungen, die sogar »die Wirtschaft« selbst empfindlich treffen können. Nicht nur, weil diese sich keineswegs zwingend unaufhörlich weiter globalisiert, sondern vor allem, weil auch sie ein elementares Interesse an sozialer Stabilität als Vorbedingung berechenbarer Märkte haben muss.

Welche Regierung und welches Parlament können sich auf Dauer leisten, berechtigte, massenhaft vertretene Forderungen ihrer Bevölkerung unter Verweis auf internationale Verträge zurückzuweisen, ohne bei der nächsten Wahl davongejagt zu werden? Wie viele Regierungen können sich zum Vollstrecker der in internationalen Verträgen festgeschriebenen Unternehmensinteressen machen, wenn es etwa um die Durchsetzung von Patenten auf Naturgüter geht? Welche Regierung kann riskieren, dass die für jede Gesellschaft unerlässliche Infrastruktur – Stromnetze, Kommunikationsnetze, Wassernetze, Straßen, Häfen, Bildungs- und Gesundheitseinrichtungen – vollständig privatisiert wird, in die alleinige Verfügung transnationaler Unternehmen übergeht, zum Spekulationsobjekt auf den Weltbörsen wird, besonders, wenn nach der Errichtung von Privatmonopolen für die Mehrheit der Menschen unerschwingliche Preissteigerungen stattfinden und sogar – im Konkursfall – die Infrastruktur ausfällt und alle gesellschaftlichen Räder stillstehen? Kann oder soll sich eine Gesellschaft leisten, dass es keine – oder nur noch eine minimale – eigene Landwirtschaft mehr gibt, keine heimische Bauwirtschaft und keine breit gestreute mittelständische Wirtschaft mehr, weil diese Sektoren dem Weltmarkt und damit dem globalen Konzentrationsprozess zum Opfer fielen? Und ist nicht schon die Vorstellung illusionär, dass man mit immer detaillierteren internationalen Vertragswerken unterschiedlichste Rechtskulturen ersetzen und die korrekte Einhaltung vieler tausend einzelner Vertragsbestimmungen auf vielen zehntausend Seiten Text sicherstellen könne? Welche staatliche Verwaltung in welchen Ländern kann das leisten? Führen solche Vertragsmonstren nicht zum Gegenteil dessen, was sie beabsichtigen: Marktfreiheit und Bürokratieabbau? Dass das alles dauerhaft Bestand haben könnte, ist eine äußerst gewagte Vorstellung.

Die globale Radikalliberalisierung ist unrealistisch. Den Hohepriestern der umfassenden Wettbewerbsglobalisierung fehlt die Vorstellungskraft, dass es immer mehr Menschen existenziell überfordert, wenn das Wettbewerbsprinzip zwischen Unternehmen totalisiert und sogar auf den täglichen Wettbewerb jedes Menschen gegen jeden übertragen wird, so dass es keine Schutzräume, Rast- und Ruhepunkte mehr gibt und die Gesellschaft durch und durch neurotisiert wird. Es ist nicht anzunehmen, dass die Menschen weltweit auf Dauer akzeptieren werden, dass die Freiheit von Spekulanten und von anonymen Importeuren chemisch belasteter Nahrungsmittel über ihre Konsumenteninteressen gestellt wird. Die Freiheit weniger auf Kosten der Freiheit vieler ist eine Pervertierung des Freiheitsbegriffs, die nur zu gesellschaftlichen Revolten führen kann.

Der einseitige wirtschaftsliberale Globalisierungsprozess provoziert zwangsläufig Gegenbewegungen aller Art, nicht zuletzt nationalistische und religiös-fundamentalistische. Man kann die Uhr danach stellen, dass demnächst Staaten – allen voran die einflussreichen – wieder verstärkt dazu übergehen werden, die Weltmarktbestimmungen zu missachten, so dass statt globaler Rechtssicherheit globale Rechtswillkür nach dem »Recht des Stärkeren« um sich greift – bis solche Verträge schließlich nicht mehr das Papier wert sind, auf dem sie geschrieben wurden. Die Macht der WTO nimmt schon wieder ab – siehe die neuen Privilegierungen für US-Stahl. Es ist keineswegs ausgeschlossen, dass in überschaubarer Zeit die ersten Staaten aus solchen

Verträgen offiziell wieder aussteigen werden – aus schlichter Notwehr und aus der Erfahrung, dass die umfassende globale Liberalisierung ihnen nicht nur die eigene Gestaltungsfähigkeit entzogen hat, sondern auch mehr wirtschaftliche Nachteile als Vorteile bringt. Die USA selbst – die Hauptpromotoren der globalen Liberalisierung – könnten die Ersten sein, die offiziell das WTO-System sprengen, weil es ihnen zu viele Fesseln auferlegt, so wie sie bereits im Fall des Irakkriegs faktisch das Völkerrecht gesprengt haben. Den WTO-Vertrag demonstrativ zu ignorieren, wenn er den eigenen Interessen widerspricht, ist politisch leichter zu vermitteln als die Verletzung der UN-Charta für einen Krieg. Nicht zu übersehen ist, dass sich die USA bereits politisch dafür wappnen, auf den WTO-Vertrag verzichten zu können: durch ein immer direkter werdendes Netz bilateraler Verträge mit Handelspartnern. Turbulenzen stehen immer mehr Gesellschaften bevor, wenn die Wohlstandsversprechen des globalen Wirtschaftsliberalismus, wie etwa im neoliberalen Musterland Argentinien, nicht eintreffen.

Es gibt also mannigfaltige und massive Gründe für alle politischen Institutionen und Akteure, nicht weiter von der Zwangsläufigkeit der wirtschaftslibertären Globalisierung auszugehen. Statt sich die eigenen Gestaltungskompetenzen weiter beschneiden zu lassen oder sie selbst zu beschneiden, müssen Regierungen und Parlamente danach streben, politischen Spielraum wiederzugewinnen. Die Richtung der Globalisierung – globaler Föderalismus oder wirtschaftliche Uniform – ist noch nicht entschieden. Das Demokratiedefizit wird spätestens dann als elementares gesellschaftliches Funktionsdefizit erkannt werden, wenn die Menschen in den Krisen der Zukunft wieder zunehmend Staatsbedürftigkeit entwickeln. Mit der unvermeidlichen Unnahbarkeit transnationaler Institutionen und Unternehmen werden sie sich nicht abfinden. Deshalb betrachte ich auch das Konzept einer »global governance«, die als Ersatz für die staatlichen Institutionen und deren demokratische Legitimierung angeboten wird, als abwegig.

Die Unvereinbarkeit von Demokratie und »global governance«

Erstmals forderte die »Commission on Global Governance« im Jahr 1995, dass das bisherige internationale System zwischenstaatlicher Beziehungen ausgeweitet und Finanzmärkte, Konzerne, Nicht-Regierungsorganisationen und Bürgerbewegungen einbezogen werden müssten.[27] Keine Weltregierung sei das Ziel, sondern eine Art des Regierens (»governance«) in »Mehr-Ebenen-Systemen« mit fünf Säulen: eine Welthandelsordnung, die gleichermaßen die Interessen der Industrie- wie der Entwicklungsländer berücksichtigen solle; eine Weltwährungs- und eine Finanzordnung; eine Weltsozial- und eine Weltumweltordnung. Die Nationalstaaten müssten dabei Kompetenzen »nach oben« und »nach unten« abgeben. »Global governance« versprach mehr Transparenz, mehr wechselseitige Rücksichtnahme und Kompetenz.

Das Konzept wird nicht zuletzt von progressiven Kräften begrüßt, weil es die Verkrustung der abgeschotteten intergouvernementalen Strukturen aufbrechen könne und die Zivilgesellschaft und die Nicht-Regierungsorganisationen scheinbar auf Augenhöhe mit Regierungen, Konzernen und Währungsspekulanten hebt. Besonders euphorisch äußert sich der Soziologe Ulrich Beck in seinem Buch über »Macht und Gegenmacht im globalen Zeitalter«.[28] Ausgehend von der Idee des Weltbürgers, sieht er in der Entwicklung zur »global governance« ein großes Morgenleuchten: »Ein neuer kosmopolitischer Realismus liegt in der Luft.« Das »alte Spiel« des nationalen Wohlfahrtsstaats sei ausgespielt. Aus der »Kritik des nationalen Blicks« beschreibt er die neuen Kosmopoliten: die Menschen, die zugleich Gemeinde- und Globusbürger sind. »Nur Kritik an der nationalstaatlichen Orthodoxie und neue Kategorien, die einen kosmopolitischen Blick anleiten, eröffnen neue Machtchancen.« »National-Selbstbindung« stünde im Widerspruch zur Transnationalisierung. Deshalb müsse das »falsche Apriori von der Unlösbarkeit von Nation und Staat, von Politik und Territorium, von politischer Gestaltung und nationaler Souveränität« aufgegeben werden. Es gehe künftig um Deterritorialisierungs- und Denationalisierungsstrategien, hin zu »transnationalen Kompetenz-

strategien« und »Strategien der zwischenstaatlichen Konkurrenzre-
duktion«. Der »kosmopolitische Staat« müsse in Zukunft »ermächtigt
und berechtigt« sein, Entscheidungen zu treffen: Diese wären dann
»die Summe aus der Handlungsfähigkeit der nationalen Regierungs-
organisation und Bürokraten plus der gezielt genutzten kooperativen
Kapazitäten transnationaler Politiknetzwerke. Diese umfassen NGOs,
supranationale Organisationen, transnationale Konzerne.« Beck leug-
net das Problem der dschungelhaften Politikverflechtung nicht, wie es
vor allem von dem Gesellschaftswissenschaftler Fritz W. Scharpf
beschrieben worden ist.[29] Aber er schreibt der nationalstaatsinternen
und der kosmopolitischen Politikverflechtung willkürlich unterschiedliche Effekte zu. Die interne Verflechtung führe zum Autono-
mieverlust des problematisierten Staates, die äußere im Zuge seiner
Kosmopolitisierung erweitere hingegen den staatlichen »Aktionsra-
dius nach innen wie nach außen«. Becks Begründung: »Während im
Innern die Gestaltungsmacht staatlichen Handelns in kooperativen
Netzwerken versandet, erweitert und belebt die kreative Mitwirkung
in externen Politiknetzwerken das staatliche Handlungsvermögen.«
Der Nationalstaat verschwindet, seine Regierung bleibt, mit dann allerdings stark gestutzten Kompetenzen; und die Politik wird von den
»global governance«-Akteuren und in den »Regionen« gemacht.

Kosmopolitismus als Machtmultiplikator: Als individuelle Grundhaltung teile ich Becks kosmopolitisches Votum. Ich bin seit vielen
Jahren durch mein Engagement für die Durchsetzung der erneuerbaren Energien weltweit aktiv; ich stehe also nicht in dem Verdacht eines
engen nationalen Blickwinkels. Aber als politisches Konzept steht
Becks Votum im empiriefreien Gesangbuch einer Zivilreligion. Was
der Soziologe beschreibt, ist das antidemokratische Konzept eines globalen Korporatismus, in dem demokratische Wahlen, Parteien, Parlamente und Gewaltenteilung keinen Platz mehr haben, sondern nur
noch Regierungen. Diese sollen ihr demokratisches Mandat mit anderen Einflussgruppen teilen, ohne dass nach deren demokratischer
Legitimation gefragt wird. Der demokratische Staat mit seinen Institutionen der Lernfähigkeit und Selbstkorrektur wird einfach wegge-
wischt, als altmodischer nationalstaatlicher Mummenschanz abgefer-

tigt. Da bleibt kein Platz für die Auseinandersetzung mit dem sehr viel differenzierteren Konzept des gewaltengeteilten demokratischen Staates und seinen Gefährdungen, die im »kosmopolitischen Staat« noch größer sein dürften. Kurzum: Der Soziologe Beck lässt Erfahrungswerte der Geschichte und der politischen Soziologie außer Acht – so wie es schon vielen passiert ist, die vom Erscheinen des neuen Menschen träumten.

Sieht er nicht die Entfremdung der Menschen von ihren politischen Institutionen, die sich angesichts unerreichbarer globaler Institutionen nur noch steigern kann? Oder die noch starreren und umständlicher arbeitenden globalen Bürokratien? Soll – nach der Entkoppelung der Unternehmen von ihren weltweiten »shareholders« und damit dem Verlust jeglicher Unternehmensbindung und -verantwortung, der Entkoppelung von Unternehmensstandorten von ihren globalen Märkten, der Entkoppelung von Ressourcengewinnung und -verbrauch im globalen Maßstab, der Entkoppelung der Verursachung und der Wirkung von Umweltschäden – jetzt auch noch die Entkoppelung der Menschen von den politischen Entscheidungsebenen stattfinden? Warum sollen die Menschen noch wählen, wenn die Gewählten keine Wählerbindung mehr haben können und die Einzigen, die noch ein demokratisches Mandat haben – also die Regierungen – in ein schwer durchschaubares Geflecht von transnationalen Organisationen wie der WTO, Konzernen und Nicht-Regierungsorganisationen eingebunden sind? Ist das tatsächlich »Machtzuwachs« von Regierungen? Was soll im kosmopolitischen Staat entschieden werden und was in den Regionen? Warum soll der »Nationalstaat« am Ende sein, aber die Regionen eine Zukunft haben? Und wie werden beide voneinander unterschieden? »Postnationales Bewusstsein«, schreibt Klaus von Beyme, einer der weltweit anerkanntesten Politikwissenschaftler auf dem Gebiet der vergleichenden Regierungslehre, wohl mit Blick auf Ulrich Beck, »kann vom idealisierten Weltbürgertum bis zum Rückzug in die alternative Ökokommune eine Fülle von Identifikationsmustern umfassen. Aber es gibt keinen Anlass, diese Form zu idealisieren, weil ihre Ansatzpunkte für Identität sehr diffus sind. Postnationalismus in der Form eines negativen Nationalismus, der unkritisch Identifikationsobjekte vom Kiez bis zum Weltstaat akzeptiert und nur den nationalen Ansatzpunkt für Identifikationsgefühle für suspekt hält, bleibt vermutlich ein Traum – und nicht einmal ein schöner.«[30]

Nationalstaat versus Regionalismus

Wenn wir von »Nationalstaat« sprechen, ist es zur gedanklichen Klärung – aus historischen wie hochaktuellen Gründen – zwingend, zwischen traditionellem Nationalstaat und demokratischem Staat zu unterscheiden. Zur Idee des traditionellen Nationalstaats gehörte die ethnische Identität seiner Bürger, zumindest aber die Dominanz einer ethnischen Großgruppe; die völkische Selbstbestimmung zählte mehr zu seinem Selbstverständnis als eine demokratische Verfassung. Dagegen fußt der demokratische Verfassungsstaat darauf, dass alle seine Einwohner die gleichen Grundrechte haben; das Selbstbestimmungsprinzip ergibt sich aus der Demokratie und wird nicht mehr ethnisch begründet; ebenso wird die Staatsbürgerschaft nicht mehr von der ethnischen Herkunft abgeleitet. Dass es im demokratischen Staat dennoch ein kulturelles Identitätsgefühl gibt, das über gemeinsame historische Erfahrungen, natürliche Lebensbedingungen, Kulturformen und gemeinsame Sprache entsteht, muss einem demokratischen Verfassungspatriotismus nicht entgegenstehen.

Dass diese wesentliche Unterscheidung zwischen ethnischer und demokratischer Selbstbestimmung übersehen wurde, hat zur politischen Tragödie Jugoslawiens mit beigetragen. Der seinerzeitige Außenminister Genscher, der 1991 mit der Anerkennung Sloweniens und Kroatiens der Auflösung des jugoslawischen Bundes Vorschub leistete, begründete das mit den Worten: »Deutschland, das gerade die Selbstbestimmung bekommen hat, darf diese anderen jetzt nicht verweigern.« Doch das westdeutsche Nachkriegscredo war anders: Demokratie und die Westbindung gingen vor Einheit. Diese kam erst, als sie unter demokratischen Bedingungen möglich wurde. Hingegen wurde Kroatien anerkannt, obwohl es seine nichtkroatischen Ethnien in der neuen Verfassung gerade zu Bürgern zweiter Klasse gemacht hatte und von einer Demokratie noch nicht die Rede sein konnte.

Im englischen Sprachgebrauch wird »Nation« mit Staat gleichgesetzt. Doch der klassische Begriff der Nation im deutschen Sprachgebrauch meint eher ein Volk als ethnische und als gewachsene Sprach- und Kulturgemeinschaft. Deshalb nannte der frühere österreichische Bundeskanzler Kreisky sein Land »einen selbstständigen Staat deutscher Nation«. Den Begriff der Nation hat er also weiter gefasst als den des Staates. In den meisten Staaten ist es allerdings umgekehrt, worauf der Historiker Wolfgang Reinhard in seiner »Geschichte der Staatsgewalt« aufmerksam macht. Weniger als zehn Prozent der Staaten der Welt bestehen zu mehr als 90 % ihrer Einwohner aus einer ethnischen Gruppe. In allen anderen sind mehr als zehn Prozent der Menschen ethnische Minderheiten, in fast einem Drittel der Staaten sogar mehr als 50 %. Die Realität der Staatenwelt bestehe aus multiethnischen Staaten, so Reinhard, ohne dass sich alle dazu bekennen, weil überall eine Großgruppe den Anspruch erhebe, die eigentliche Staatsnation zu sein. Diese Staatsnation prägte vor allem das 19. Jahrhundert. Reinhard: »Das Staatsvolk besteht nicht mehr aus der zufälligen Summe aller Einwohner eines Staatsgebiets, sondern aus der Nation als einer bewussten politischen Gemeinschaft, die ihren eigenen Staat beansprucht, frei von Fremdherrschaft. Umgekehrt werden nur noch Völker und Staat historisch und politisch ernst genommen.« Doch Staaten, die auf dem Weg zum Staatsnationalismus darin versagten, »ihre Minderheiten zu assimilieren, zu gewinnen oder wenigstens zu unterdrücken, waren in ihrer Existenz bedroht«.[31] Der Staat, der allen seinen Mitgliedern gleiche Rechte gibt und damit nicht diskriminiert, überwindet demgegenüber seinen ethnischen Identitätsbezug und findet seine Identität in der demokratischen Selbstverwaltung der integrierten Gesellschaft, die auf einem Territorium zusammenlebt und dafür eine Gemeinschaftsverantwortung kultiviert. Die Vorbedingung für diese Verantwortungsgemeinschaft ist das Zusammenleben, also die räumliche Identität eines überschaubaren Staatsgebiets – die demokratisch organisierte Gebietshoheit.

Wer nunmehr auf Regionen statt auf den Nationalstaat setzt, müsste zwangsläufig den Regionen die Eigenschaft eines selbstständigen Staates zusprechen, damit sie in demokratischer Selbstverwaltung existieren können. Doch nach welchen Kategorien würden diese Regionen gebildet? Nach der Größe? Der Nationalstaat Bundesrepublik Deutschland umfasst ein kleineres Territorium und weniger Einwohner als manche chinesische Provinz oder mancher indische Einzelstaat. Bayern oder Nordrhein-Westfalen gelten innerhalb der Europäischen Union als Region, sind aber räumlich weit größer und haben sehr viel mehr Einwohner als die Nationalstaaten Irland oder gar Luxemburg. Soll sich also der Nationalstaat Luxemburg gegenstandslos machen und zu einer Region mutieren, und soll diese Region dann mehr oder geringere demokratische Selbstverwaltungsrechte haben? Und wenn der Regionalismus statt der Nationalstaaten angesagt sein soll: Führt das nicht geradewegs dazu, dass sich Regionen bilden, in denen der ethnische Nationalismus wieder Urstände feiert, indem sich nationale Minderheiten wieder als kleine Staatsnation etablieren, sich ethnisch abgrenzen und neue Diskriminierungen entstehen? Solche Prozesse sind nicht nur im ehemaligen Jugoslawien oder in der ehemaligen Sowjetunion zu erfahren, sondern auch im Baskenland, in Flandern, in Norditalien (wo die Lega Nord einen chauvinistischen Regionalnationalismus gegen Süditalien praktiziert), auf Korsika und in der Bretagne. Und demnächst dann in Bayern, in Schottland oder Wales? Können sich kosmopolitische Einstellungen so verbreiten und zum gemeinsamen Weltbewusstsein werden, dass sich das verhindern ließe? Dagegen spricht schon die innere Entwicklung der Europäischen Union, in der sich die Aversion gegen die Zentralisierung und Anonymisierung der politischen Entscheidungen zu Lasten der demokratischen Verfassungsstaaten – der Nationalstaaten – ausbreitet. Die Herabwürdigung demokratischer Nationalstaaten mit ihren vollzogenen Integrationsschritten zugunsten eines Regionalismus erhöht eher die Gefahr klassischer Renationalisierung und verringert die Chancen einer postnationalen Zukunft. Diese Zukunft kommt nur zustande, wenn der Preis dafür nicht die Entkernung der staatlichen Verfassungsdemokratien ist. »Global governance«-Konzepte mit kosmopolitischer Vision – wie bei Beck – übersehen, dass die Entkernung des »Nationalstaats« mit höchster Wahrscheinlichkeit die Gegenreaktion neuen Nationalismus provoziert. Es geht um den Grundsatz: nur so viel globale Gemeinschaftsregeln wie unbedingt nötig, stets überprüfungs- und korrekturfähig, und so viel umfassende kommunale, regionale und eigenstaatliche demokratische Selbstverantwortung wie möglich!

Die Überforderung der Nicht-Regierungsorganisationen

NGOs – Non-Governmental Organizations: Darunter kann man viel verstehen. Wenn das Hohelied der NGOs als Element der »global governance« gesungen wird, denken die meisten an ideell motivierte Organisationen wie Amnesty International, Ärzte ohne Grenzen oder Greenpeace. Zu den NGOs zählen aber auch die mächtigen Interessenverbände der Wirtschaft, die von den Wirtschaftskonzernen nicht zu trennen sind. Zwischen diesen beiden Arten von NGOs liegen Welten, nicht nur in der Motivation und Zielsetzung, sondern auch in ihren Kapazitäten. Während die großen Interessenverbände keine Finanzprobleme haben und sich die für ihre Arbeit erforderliche Zahl hochbezahlter professioneller Mitarbeiter, Anwälte, Büros und Reisekosten leisten können, haben fast alle ideellen NGOs chronische Finanzprobleme. Ihre Finanzierung erfolgt durch Mitgliedsbeiträge und unregelmäßige Spenden; das Personal ist knapp, hat niedrige Einkommen oder arbeitet ehrenamtlich. Sie sind zwar mittlerweile bei den zahlreichen globalen Konferenzen und deren Vorbereitungstreffen anwesend und spielen dort eine offizielle Rolle, bei den meisten übersteigt aber bereits dies ihre Finanzkraft.

Ihre Möglichkeiten liegen vor allem in der Idee selbst, für die sie aus humanitären Gründen eintreten, die sie gegenüber Regierungen und/oder Unternehmen einklagen und für die sie selbst unmittelbare praktische Initiativen starten: zur medizinischen Nothilfe, zur Armutsbekämpfung, zum Umweltschutz, für Entwicklungshilfe, gegen Rüstung, Umweltverschmutzung, Diktatur und Ausbeutung. Das kompromisslose Engagement, die Aufklärung und Information über totgeschwiegene Probleme, die Demaskierung von Lügen – das alles mobilisiert Unterstützung, erzeugt öffentliche Glaubwürdigkeit und kann das politische Geschehen manchmal in unerwarteter Weise beeinflussen. Die von NGOs geleistete Konzept- und Strategiearbeit schlägt sich gelegentlich sogar unmittelbar in Gesetzesinitiativen und in der Regierungspraxis nieder. So hat eine kleine Organisation um Christoph Then namens »Kein Patent auf Leben« mehr als alle anderen – von wissenschaftlichen Instituten bis zu politischen Institutionen – dazu beigetragen, die rechtswidrige Praxis der Patentierung von Genen aufzudecken und ein kritisches öffentliches Bewusstsein über die damit verbundenen prinzipiellen Probleme entstehen zu lassen. Then arbeitet heute bei Greenpeace. Greenpeace, aufgrund relativ hoher Spendenflüsse eine der wenigen wohlhabenden und mit überdurchschnittlicher Personalkapazität ausgestatteten NGOs, hat das Baseler Abkommen zur Kontrolle und Verhinderung von Giftmülltransporten maßgeblich beeinflusst und Atommächte mit der Blockierung von Atombombentests oder Ölkonzerne bei Meeresverseuchungen erfolgreich herausgefordert. Die Erfolgsliste der NGOs ist, gemessen an ihren begrenzten Kapazitäten, lang – mit vielen kaum bekannten und manchen spektakulären Beispielen. Ihre Hauptwirkung ist der öffentliche Druck, das Setzen neuer Maßstäbe, die unverhohlene Kritik. So haben auch das Netzwerk attac und die Gruppe WEED (World Economy, Ecology and Development) mehr zur Aufklärung über die wirtschaftliche Globalisierung, ihrer Widersprüche und Folgen, beigetragen als Organisationen und Institute, denen es finanziell leichter gefallen wäre: Ministerien, Gewerkschaften, Parteien, wissenschaftliche Institute.

Dennoch ist fraglich, ob der jeweilige Einfluss der NGOs von Dauer sein und sogar auf internationaler Ebene institutionalisiert werden kann. Wie lange die Finanzkraft ideell motivierter NGOs reicht, hängt von der permanenten öffentlichen Aufmerksamkeit für ihr Tun ab, weil diese zu Mitgliedschaft und Spenden motiviert; die Aufmerksamkeit kann aber schnell versiegen. Keine Organisation kann sich längere Zeit über die Selbstausbeutung unterdurchschnittlich oder gar nicht bezahlter Kräfte halten; sie muss sich früher oder später professionalisieren. Das ist nur wenigen möglich, es sei denn, sie gehen zu einer öffentlichen Finanzierung über, z. B. aus Entwicklungshilfeetats. Das aber produziert Abhängigkeiten, verführt zur Zurückhaltung. Nicht wenige haben ihren einstigen Idealismus dann vergessen und werden zu »Lords of poverty«, wie sie der Amerikaner Graham Hancock in seinem gleichnamigen Buch bitter beschrieben hat: »Armutshelfer mit Managergehältern, die in Gehabe und Lebensstil früherer Kolonialherren auftreten«.[32] Einbindungsversuche von NGOs haben bereits System, was der Schweizer Soziologe und radikale Sozialdemokrat Jean Ziegler anhand der sozialen Begleitprogramme der Weltbank für deren Projekte ausführlich beschreibt: »Die Durchführung dieser Programme vertraut sie so genannten glaubwürdigen Organisationen an. Diese entnehmen dabei eine Provision in Höhe von mindestens fünf Prozent der Kredite, die dem von ihnen betreuten Programm bewilligt worden sind. Resultat: Die Reden, welche auf den großen internationalen Konferenzen gehalten werden und die an die Adresse der Weltbank gerichtete Kritik werden plötzlich milder. Diese NGOs verhalten sich letztlich wie wohlfeile Dirnen. Die Manipulation bestimmter NGOs hat noch einen Effekt. Viele der konsultierten Führungspersönlichkeiten und Kader der NGOs werden später diskret in die höheren Etagen der Weltbank gehievt.«[33] Das Urteil Zieglers ist etwas zu hart, denn das von ihm treffend beschriebene Anpassungsverhalten findet sich nicht nur bei NGOs – aber auch bei ihnen.

NGO-Aktivisten treten, oft noch ohne gesichertes Einkommen, auf Weltkonferenzen auf oder sitzen in Konsultationsgremien neben Diplomaten, hochrangigen Regierungsbeamten, Interessenvertretern der Wirtschaft oder deren Anwälten, die am Tag mehr verdienen als ein NGO-Delegierter im Monat. Sie gewinnen viele Kontakte, und mit diesen kommen berufliche Angebote. Es ist in fast jedem einzelnen Fall individuell nachvollziehbar, wenn sich einer darauf einlässt, weil mit einer langfristig gesicherten Berufsperspektive bei einer ideellen NGO nicht gerechnet werden kann. Kurzum: Man sollte NGO-Aktivisten nicht zu Heiligen machen; auch sie sind von dieser Welt.

Das heißt aber auch, dass man die NGOs – und nur die ideellen NGOs sind ein belebendes Element in der globalen Politik, alle anderen sind Interessenverbände, die es seit eh und je gegeben hat – kaum als dauerhaft wirksames konstitutives Element einer »global governance« ansehen kann. Sie haben eine gelegentlich wirksame Anstoß- und Wächterfunktion, als Störfaktor, wenn und solange sie wahrgenommen werden. Ein demokratisches Mandat haben sie nicht.

Die Konzerne in der »global governance«

Noch vermessener ist es, den globalen Konzernen und ihren internationalen Interessenverbänden eine konstitutive Rolle im Rahmen der »global governance« zuzuschreiben. Dass die Regierungen dadurch an Macht gewinnen würden, sieht nicht nur Ulrich Beck als politischen Gewinn, sondern auch der Politikwissenschaftler Stefan A. Schirm in seinem Beitrag für den 21. Wissenschaftlichen Kongress der Deutschen Vereinigung für Politische Wissenschaft, der dem Thema »Politik in einer entgrenzten Welt« gewidmet war. Er versteigt sich zu der These: »Autonomie gewinnt die Regierung, indem sie politische Maßnahmen dem Zugriff von Interessengruppen durch ihre Regelung in multilateralen Verträgen entzieht, die nicht in dem Maße veränderbar sind, wie es rein nationale Politik ist ... Besonders ausgeprägt ist der Autonomiegewinn nach innen, wenn internationale Institutionen mit eigener Entscheidungsfindung geschaffen werden. Diese Institutionen sind zwar – wie die EU-Kommission – ebenfalls das Ziel des Lobbying von Interessengruppen, national organisierte Gruppen besitzen hier aber im Prinzip weniger Einfluss.« Außerdem sei eine »staatenübergreifende Organisation von Interessen offenbar schwerer zu erreichen, wie die vierzigjährige Geschichte Europäischer Integration belegt«.[34] Offenbar kennt der Verfasser dieser These die Europäische Union oder die Prozesse der internationalen Vertragsentstehung nur aus dem Bilderbuch. Gerade weil multilaterale Verträge in der Tat »nicht in dem Maße veränderbar sind« wie nationale Gesetze, hat die erfolgreiche Einflussnahme auf multilaterale Verträge schwerwiegendere und umfassendere Konsequenzen.

Warum die Einflussnahme von Interessenverbänden auf die globale und die europäische Politik weniger problematisch sein soll als auf nationaler Ebene, bleibt unerfindlich. Sie ist auf europäischer und globaler Ebene sogar in mehrfacher Hinsicht massiver, frivoler, direkter. Wäre sie im Rahmen der »global governance«-Idee auch noch institutionalisiert, käme das einer offiziellen Machtübergabe gleich. Einflussmöglichkeiten von Interessengruppen wachsen mit mangelnder Transparenz – und die europäische und die globale Ebene sind eindeutig weniger transparent als die nationale. Sie wachsen in dem Maße, wie sich jemand besser organisieren kann als andere – und die internationalen Konzerne und Wirtschaftsverbände sind nicht wie internationale Institutionen von umständlichen Entscheidungsverfahren abhängig. So kann es niemanden verwundern, dass eine Untersuchung der UN-Menschenrechtskommission aus dem Jahr 2000 zum Thema »Der institutionelle Rahmen der internationalen Handels-, Investitions- und Finanztätigkeit« zu dem Ergebnis kam, dass die »WTO fast vollständig in der Hand internationaler Privatgesellschaften« ist.[35] Die große Nähe ergibt sich nicht nur aus der täglichen freundlichen Umzingelung der WTO-Verantwortlichen durch Lobbyisten, sondern auch aus der ideologischen Nähe: Die einen sind aus Überzeugung für den Freihandel, die anderen aus Interesse. Und diejenigen, die aus Überzeugung dafür sind, halten es besonders gern mit den großen Unternehmen. Da diese weltweit aktiv sind, gelten sie bei den politischen und wissenschaftlichen Protagonisten globaler Liberalisierung als die idealen Partner, als Brüder im Geiste.

In der Europäischen Union ist das nicht anders. Als etwa der Strom- und Gasmarkt der EU liberalisiert wurde, hieß es in den Etagen der EU-Kommission, der Bundesregierung, der Energiekonzerne und der meisten Wirtschaftsredaktionen: Nun müsse auch die Unternehmenskonzentration kommen; mehr als vielleicht drei oder vier Stromkonzerne und zwei Gaskonzerne in Deutschland seien international gar nicht marktfähig. Die Sympathie für Großkonzentrationen, Großfusionen und Oligopolbildung scheint grenzenlos, damit der globale Markt floriert! Es ist also ein schlechter Witz, supranationalen Organisationen – allen voran der WTO – eine größere Autonomie gegenüber mächtigen Sonderinteressen zu bescheinigen als parlamentarisch verantwortlichen Regierungen.

Internationale Verträge mit hoher Regelungsdichte, die an die Stelle der staatlichen demokratischen Gesetzgebung treten bzw. deren Inhalt sogar bis in Einzelheiten determinieren, sind das verbindlichste Element der propagierten »global governance«. Sie gelten auch als das vorbildlichste Element – sind aber, an Prinzip und Funktion der Demokratie gemessen, das problematischste.

Den zur Einflussnahme auf internationale Vertragsverhandlungen notwendigen Überblick zu haben – über die bestehenden Vertragswerke, ihre Auslegungen, die tatsächliche Praxis, die Positionen anderer und die dahinter stehenden Absichten –, setzt in jeder Regierung einen großen Apparat mit exzellenten Fachleuten voraus, die sich permanent damit beschäftigen. Darüber verfügen aber nur wenige Länder, in der dafür erforderlichen Gesamtkapazität vielleicht nur die USA – und einige Konzerne. Wenn über einen internationalen Vertrag verhandelt wird, was sich meistens über Jahre hinzieht, dann erledigen das nicht die zuständigen Minister; sie hätten dafür gar nicht die Zeit. Es tagt ein langjähriges »Parlament« von delegierten Ministerialbeamten, und nur sie kennen alle Verhandlungsdetails. Wenn Minister von ihrer Delegationsleitung verlangen, eine bestimmte Position voranzutreiben, können sie kaum kontrollieren, wie intensiv das tatsächlich geschieht; wenn die Rückmeldung kommt, diese Position sei nicht durchsetzbar, kann das der Minister in der Regel kaum widerlegen.

Irgendwann heißt es, der Vertrag sei unterschriftsreif. Die beamteten Unterhändler legen ihn ihrer Regierung vor. Und wenn diese Einwände zu bestimmten Punkten hat, dann kann ihr die Delegationsleitung leicht plausibel machen, dass man sich mit hartnäckigem Insistieren international isoliere oder das gesamte mühsam konstruierte Vertragswerk gefährde. Die Folge: Die heimische Regierung akzeptiert und fährt zur feierlichen Unterzeichnung. Gelegentlich werden besonders strittige Fragen noch in der Schlussrunde globaler Vertragskonferenzen auf der Ministerebene entschieden, etwa bei den Weltklimakonferenzen: Wenn die Kröte zu groß ist, die geschluckt werden soll, oder wenn die Öffentlichkeit alarmiert ist. Doch der Normalfall ist das »internationale Beamtenparlament«. Es zieht diskrete Verhandlungen schon deshalb vor, weil jeder öffentliche Diskurs das globale Vertragswerk gefährden könnte: Zu offensichtlich würde dann, auf welche Einseitigkeiten und Verengungen des eigenen Spielraums man sich womöglich einlässt. Die eigene Regierung, das eigene Parlament, die eigene Öffentlichkeit arglos zu halten und sie dann erst mit dem Sachzwang zu konfrontieren, ein internationales Abkommen zu unterschreiben oder scheitern zu lassen: Das ist die Methode globaler Entscheidungsfindung, ihre inhärente Logik.

Dass also Regierungen im globalen Gesetzgebungsprozess einen Autonomiegewinn oder gar »Machtzuwachs« (Beck) erhalten, ist eine schlichte Legende. Einfluss auf das Geschehen *nach* einem Vertragsabschluss haben sie tatsächlich nur dann, wenn sie noch eine Rolle im Vollzug eines internationalen Vertrages spielen, etwa im UN-Sicherheitsrat oder im durchaus einflussreichen Gouverneursrat der Weltbank sitzen. Aber wenn es um die definitive Übertragung von Kompetenzen an internationale Institutionen geht, können Regierungen nur bis zur Vertragsunterzeichnung mitreden. Ist die neue internationale Regelung verankert, bei der EU oder bei einer der globalen Organisationen, dann bleibt auch für Regierungen – wiederum vertreten durch Beamte – nur noch die Rolle eines Beirats, der über manche Vertragsauslegungen oder Personalfragen mit entscheiden darf. Aber ihre bisherige staatliche Gestaltungskompetenz ist auch für sie verloren. Sie sind wie Drohnen, die nach dem Befruchtungsakt sterben, zusammen mit ihrem Parlament, das nach der Ratifizierung dieses Aktes in dieser Frage »stirbt«.

Aber selbst wenn es den Machtzuwachs der Regierung gäbe – mit den Grundsätzen der gewaltengeteilten Demokratie wäre er unvereinbar. Der elementare Unterschied zwischen einer sich intensivierenden globalen Kooperation und den »global governance«-Konstrukten ist:

• Verbindliche internationale Kooperation stützt sich auf wechselseitige vertragliche Verpflichtungen für Ziele, die gemeinsam verfolgt werden müssen, ohne bei deren Umsetzung die Selbstbestimmung von Staatsgesellschaften in Frage zu stellen.

- Internationale Verträge, die an die Stelle staatlicher Gesetze treten, die sogar deren Ausführungsbestimmungen detailliert regeln – und die somit die gesetzgeberischen, exekutiven und richterlichen Gewalten ersetzen und diesen ihre Staatseigenschaft nehmen – schalten die unverzichtbare Lern- und Selbstkorrektur einer Demokratie aus.

Demokratie und »global governance« sind unvereinbar. Deshalb – so auch das Resümee einer Autorengruppe von NGO-Akteuren – »wirken die supranationalen politischen Institutionen ent-demokratisierend, denn demokratische Grundbedingungen wie Transparenz und Kontrolle oder eine funktionierende politische Öffentlichkeit sind dort bisher so gut wie nicht vorhanden«.[35] Mehr noch: Sie sind dort auch nicht herstellbar, jedenfalls nicht in der Weise, wie es auf den vielfältigen dezentralen staatlichen Ebenen möglich ist.

Um es noch einmal auf den Punkt zu bringen:

Es gibt kaum noch praktische Korrekturmöglichkeiten internationaler Verträge, wenn sich ihre Umsetzung als unverhältnismäßig, unzulänglich, verfehlt oder gar verhängnisvoll herausgestellt hat – zumindest keine rechtzeitig und selbstbestimmt ergreifbaren; es sei denn, die Vertragstreue wird gebrochen. Das Parlament eines Staates kann ein fehlerhaftes Gesetz innerhalb einer Wahlperiode mehrfach ändern. Internationale Verträge sind demgegenüber fest wie Beton. Sie können vielleicht erst nach jahrzehntelangen Auseinandersetzungen geändert werden, wenn eine überwältigende Zahl der Vertragsstaaten zur gleichen Erkenntnis gekommen ist; eine einfache 51 %-Mehrheit reicht dazu nicht aus. Insofern stellt die um sich greifende Praxis einer geradezu inflationären Regelungsdichte internationaler Verträge einen politischen Missbrauch des internationalen Vertragsrechts dar. Je durchgängiger die »global governance« ausgebaut wird, desto früher wird das zum Bruch ihrer Institutionen führen.

Der Philosoph Otfried Höffe hat in »Demokratie im Zeitalter der Globalisierung« das Leitmotiv formuliert: »Beim gesamten Prozess ist streng darauf zu achten, dass nirgendwo das schon Erreichte aufs Spiel gesetzt wird. Weder darf die einzelstaatliche Demokratie bei der Bildung einer großregionalen Union, noch darf deren demokratisches

Niveau bei der Bildung der Weltrepublik gefährdet werden.«[36] Doch schon der Europäischen Union hat es an Bewusstsein dafür gemangelt, wie im nächsten Abschnitt gezeigt wird.

Zurück zu Metternich?
Die Gefahren des Liberalisierungsabsolutismus für die EU

Ende 2000, als in Nizza die Regierungschefs der Europäischen Union tagten, gab es Massendemonstrationen, so wie im Sommer zuvor anlässlich des Weltwirtschaftsgipfels (G8) in Genua. Auch die EU sieht sich mit der Kritik konfrontiert, an einem einseitigen Wirtschaftsprinzip ausgerichtet zu sein und zu dessen Gunsten die demokratische Selbstbestimmung der Mitgliedsländer außer Kraft zu setzen. Das Demokratiedefizit der EU ist unübersehbar geworden.

Unter dem Eindruck des Protestes von Nizza und einer in den Jahren zuvor gewachsenen Europamüdigkeit in der Bevölkerung – die sich u. a. in der Wahlbeteiligung bei den Europaparlamentswahlen von 1999 zeigte, der niedrigsten aller bisherigen Wahlen – beschloss der Europäische Rat in Nizza, einen Konvent für die Ausarbeitung einer EU-Verfassung einzusetzen. Dessen Hauptaufgabe sollte die Prüfung sein, »wie eine genauere, dem Subsidiaritätsprinzip entsprechende Abgrenzung der Zuständigkeiten zwischen der Europäischen Union und den Mitgliedsstaaten hergestellt und danach aufrechterhalten werden kann«. Ein Jahr später, auf der Europäischen Ratstagung im belgischen Laeken, wurde dieser Auftrag noch deutlicher formuliert: Der EU-Konvent soll »die Aufteilung der Zuständigkeiten transparenter« gestalten und die Zuständigkeiten neu ordnen.

Der Hintergrund der EU-Müdigkeit und des Auftrags für den Konvent ist der zu hohe Zentralisierungsgrad der EU, deren Kommission durch den Maastricht-Vertrag von 1992 und den Amsterdam-Vertrag von 1997 immer mehr Zuständigkeiten zugewiesen bekommen hatte. Darüber hinaus hatte sie weitere, vertraglich gar nicht vorgesehene Zuständigkeiten an sich gezogen, ohne dass sich der Europäische Rat dagegen gewehrt hätte. Ein Beispiel dafür sind die EU-Richtlinien zur Energiepolitik, obwohl die EU nach den EG-Verträgen keinerlei Zuständigkeit für Energiepolitik hat. Die Rechtfertigung dafür, trotzdem hierzu Richtlinien auf den Weg zu bringen, leitete sie aus dem Primärrecht des freien Wettbewerbs in der EU ab. Dieses ist zu einer Generalermächtigung geworden, die zur ständigen Einmischung der EU-Kommission – insbesondere ihrer Generaldirektion Wettbewerb – in die Gesetzgebungskompetenz der Mitgliedsländer und in die Entscheidungen von Regierungen, Parlamenten, Landes- bzw. Regionalregierungen und Kommunalverwaltungen führt. Einzelne EU-Beamte dirigieren auf diese Weise in immer mehr Fällen die Parlamente und versuchen, bei der Beratung von Gesetzen zu intervenieren. Je mehr Anläufe die EU-Kommission – die bisher als Einzige das Initiativrecht für neue EU-Richtlinien hat – macht, desto größer die Erfolgsquote: ein schleichender Auszehrungsprozess der Demokratie in allen Mitgliedsländern! Die Parlamente der Mitgliedsstaaten stehen der Richtlinienflut wehrlos gegenüber, weil sie aus diesem Prozess bereits ausgeschaltet sind. Längst herrscht eine europäische »Regierungsdiktatur«, wie es der Spitzenkandidat der FDP bei der Europawahl 1994, der ehemalige deutsche UN-Botschafter von Wechmar, auf den Begriff brachte. Helmut Schmidt spricht von der »nahezu täglichen Verletzung des Subsidiaritätsprinzips durch alle Organe der EU«, also einschließlich des Europaparlaments.[37]

Bei der Ratifizierung des Maastricht-Vertrages im Bundestag enthielt ich mich der Stimme und begründete das damit, dass diese Zuständigkeitsanhäufung eine unheilvolle Entdemokratisierung bedeute; ich wollte dennoch nicht mit »Nein« stimmen, um nicht als Gegner der europäischen Integration missverstanden zu werden. Ich erinnerte daran, dass das Europaparlament vor der Beschlussfassung des Europäischen Rates über den Maastricht-Vertrag angekündigt hatte, es werde mit »Nein« stimmen, wenn dieser Vertrag keine vollen parlamentarischen Rechte für dieses Parlament vorsehe; dass niemand ein solches Votum als antieuropäisch hätte auslegen können, sondern dass es als Kampf des Parlaments für die Schaffung einer parlamentarischen Demokratie in Europa verstanden und sicher auch in der europäischen Öffentlichkeit unterstützt worden wäre.[38] Tatsächlich geht es bei der Demokratiefrage in Europa nicht nur um die Rechte des Europaparlaments, sondern auch darum, welche Zuständigkeiten die Organe der EU haben. Die übermäßige Zentralisierung der Zuständigkeiten und die damit verbundene Entmachtung der Verfassungsorgane der Mitgliedsstaaten hat auch das Europaparlament überwiegend mitgetragen. Es sah sich darin bisher im Einvernehmen mit der EU-Kommission und im Konflikt mit dem Ministerrat. Immer wieder drängen Kommission und Parlament darauf, dass der Ministerrat bei seinen Entscheidungen über die Richtlinien, also die EU-weit geltenden Gesetzgebungsaufträge, vom Einstimmigkeitsprinzip abkehren und Mehrheitsentscheidungen zulassen solle. Damit aber wären weitere Bremsen gegenüber der übermäßigen Anhäufung von Zuständigkeiten auf EU-Ebene gelockert – weshalb ich die Aufhebung des Einstimmigkeitsprinzips nur dann für gerechtfertigt halte, wenn es eine maßstabsgerechte – d.h. die demokratische Substanz der EU-Mitgliedsstaaten nicht weiter aushöhlende – neue Zuständigkeitsverteilung gibt. Es gibt bereits zentralisierte Zuständigkeiten, die meiner Auffassung nach von der EU-Kommission auf die Ebene der Mitgliedsstaaten zurückgeholt werden müssen; in anderen Fragen sollte die EU-Ebene neue Zuständigkeiten bekommen, etwa in der Außen- und Sicherheitspolitik. Im Kern geht es mir um eine eurodemokratische statt eurokratische Entwicklung im Integrationsprozess und um ein anderes Verständnis von Subsidiarität.

Subsidiarität bedeutet: So wenig Zentralisierung wie möglich und nur so viel wie unbedingt nötig – aus elementaren Gründen demokratischer Selbstbestimmung und Transparenz. Doch tatsächlich herrscht die Praxis: so viel Zentralisierung wie möglich, eine »Subsidiarität von oben«. Die EU-Kommission hat mit ihrem alleinigen Initiativrecht für EU-Richtlinienentwürfe eine Art Vorentscheidungsrecht, wie die Subsidiarität auszulegen ist. Sie handhabt es mit der Mentalität, Subsidiarität quasi als großzügige Gefälligkeit gegenüber den Verfassungsorganen der Mitgliedsländer zu betrachten, wenn diesen eine Kompetenz gelassen wird. »Subsidiarität von unten« hingegen bedeutet, dass die demokratischen Verfassungsorgane der Mitgliedsstaaten – also nicht nur deren Regierungen – ein exklusives demokratisches Selbstbestimmungsrecht haben, außer in den Fragen, die explizit durch Verfassungsbeschluss an die Gemeinschaftsorgane abgetreten worden sind. So funktioniert es in der Schweiz: Die Volkssouveränität ist bei den Kantonen, die Bundesbehörden haben allein die Kompetenzen, die in der Verfassung stehen: die Außenvertretung, die Verteidigung, die Außenwirtschaftsvertretung, die Festlegung der Mehrwertsteuer, die Atomenergieaufsicht. Das ist eine föderale Struktur, die offensichtlich trotz der vielen Kantone existenzfähig ist und dies bruchloser über längere Zeiträume bewiesen hat als jedes andere europäische Gemeinwesen. Von einer das Demokratieprinzip achtenden Entwicklung kann beim bisherigen Integrationsprozess der EU keine Rede sein. Die Summe dieser Entwicklungsschritte hat einen anfangs unmerklichen, mittlerweile aber breit wirkenden Funktionsverlust der parlamentarischen Demokratie und zugleich einen wachsenden Politikverdruss, eine Lähmung des politischen Institutionensystems und eine Bürokratisierung der Politik mit zu verantworten – und all dies, ohne dass den Politikern selbst oder ihren Kritikern die Ursachen bewusst sind.

Das unterschätzte Demokratiedefizit der EU

Der Widerstand gegen diese tief wirkende Entdemokratisierung und Eurotechnokratisierung regte sich sofort nach Abschluss des Maastricht-Vertrags: Dänemark stimmte in einer ersten Volksabstimmung mit 51 % gegen das Abkommen, die französische Volksabstimmung entschied mit nur 51 % Mehrheit extrem knapp dafür. Norwegen stimmte dem EU-Beitritt per Volksabstimmung nicht zu, in Schweden stand der Beitritt lange auf der Kippe. So auch in Österreich: Erst als sich der FPÖ-Chef Jörg Haider dagegen aussprach und die negative Stimmung der Bevölkerung in seine politische Richtung kanalisieren wollte, wurde daraus eine Mehrheit für den Beitritt.

Wo immer Volksabstimmungen stattfanden, gab es breiten Widerstand, der nachdenklich stimmen müsste: Alle einflussreichen gesellschaftlichen Gruppen – die großen Parteien, die Massenmedien, die Gewerkschaften, die Arbeitgeber – waren einhellig für den Maastricht-

Vertrag; die Initiatoren für ein »Nein« waren dagegen fast ausnahmslos »nobodies« und lehrten dennoch die in dieser Frage einträchtigen politischen und wirtschaftlichen Meinungsführer das Fürchten. Dennoch taten diese den Protest als letztes Gefecht einiger rückständiger »Antieuropäer« ab oder verwiesen darauf, dass die Menschen nicht ausreichend informiert gewesen seien. Dabei wussten die Vertragsbefürworter die überwältigende Mehrheit der Medien auf ihrer Seite und hatten bei ihren Informationskampagnen nicht gespart. Dass der ganze Maastricht-Prozess eine geradezu ideologische Eigendynamik entwickelt hatte, zeigt nur ein kleines Beispiel: Eine Woche vor dem dänischen Referendum über Maastricht war ich zufällig wegen eines Vortrags in Kopenhagen. Im Fernsehen sah ich abends die Diskussion zwischen dem dänischen Außenminister, der den Maastricht-Vertrag mit ausgehandelt hatte, und dem Sprecher der Initiative dagegen. Letzterer begründete seine Haltung mit konkreten Beispielen, welche demokratischen Selbstbestimmungsrechte der Maastricht-Vertrag aushebeln würde. Der Außenminister stritt das ab und warf seinem Kontrahenten vor, nicht informiert zu sein – bis dieser als Beleg konkrete Textpassagen aus dem Vertrag vorlas. Sie waren dem Außenminister entfallen.

Zwar hat der Amsterdam-Vertrag von 1997 eine Reihe von Einseitigkeiten der bisherigen EU beseitigt, u. a. durch die Aufnahme von Primärrechten wie dem Umweltschutz, so dass nicht länger die Wettbewerbsgleichheit der alleinige Dreh- und Angelpunkt aller Integrationsschritte ist. Einige zusätzliche Mitgestaltungsmöglichkeiten für das Europaparlament wurden eingebaut, wie die Bestätigung der vorgeschlagenen Kommissare durch das Parlament. Doch am kardinalen Punkt ändert sich nichts: Der Trend zur Zentralisierung der EU-Zuständigkeiten und damit zur Entdemokratisierung der Politik der Mitgliedsländer ist ungebrochen. Die Demokratie kommt abhanden, schlimmer noch: schon die Sensibilität für den Verlust.

Die für die demokratische Zukunft Europas heikelste Frage – und der wichtigste Grund für die systematische Anhäufung von EU-Kompetenzen – ergibt sich aus einem kaum noch in Frage gestellten Dogma: dem *europäischen Binnenmarkt* als vermeintlich wichtigstem Treibriemen der europäischen Integration. Die einseitige Orientierung darauf, die politische Integration über die wirtschaftliche voranzutreiben, gehört zur Geschichte der EU. Das Credo ist, die Europa-Idee über das große gemeinschaftliche wirtschaftliche Wohlstandsversprechen populär zu machen und wirtschaftliche Anreize zur Erweiterung der Integration zu bieten – über den gemeinsamen Markt zur gemeinsamen Gesellschaft, und nicht über die gemeinsamen Grundwerte der freiheitlichen Demokratie, die der Ausgangspunkt der europäischen Idee waren.

Der 1949 gegründete Europarat ist die älteste existierende europäische Integrationsform. Er ist kein Organ der EU. Voraussetzung für die Europaratsmitgliedschaft ist eine demokratische Verfassung auf der Grundlage der Menschenrechte und der Gewaltenteilung. Der Europarat, der mehr Mitgliedsstaaten zählt als selbst die erweiterte EU, wurde zum Wächter der gewaltengeteilten Demokratie in Europa: Deshalb konnte Portugal in der Zeit seiner Diktatur, also bis 1975, nie Mitglied werden – obwohl es Mitglied der NATO zur »Verteidigung der Freiheit« war. Spanien konnte ebenfalls erst nach der Überwindung der Diktatur aufgenommen werden. Die Türkei und Griechenland wurden, trotz kontinuierlicher NATO-Mitgliedschaft, während der Zeit ihrer Militärdiktatur aus dem Europarat ausgeschlossen. Die Aufnahme der Länder des ehemaligen Ostblocks wurde von ihrer verfassungsmäßigen Demokratisierung abhängig gemacht. Bei Rückfällen werden Mitgliedschaften suspendiert, wie im Fall Russlands – immerhin des größten und bevölkerungsreichsten Mitglieds – geschehen. In den 50er Jahren war der Europarat *das* Zentrum der europäischen Integration – auf der Grundlage der demokratischen Verfassungsidee. Dieser Entwicklungsweg scheint erfolgreich durchschritten, spätestens seit Beendigung der iberischen Diktaturen, der Diktaturen der einstigen Ostblockländer und der Länder des ehemaligen Jugoslawien. Die Aufgabe des Europarats scheint damit nahezu erfüllt, weshalb ihm deutlich weniger politische und öffentliche Aufmerksamkeit zuteil wird als der EU. Warum dieser Hinweis?

Die europäische Integration nach dem Zweiten Weltkrieg ist eine einzigartige Erfolgsgeschichte – insbesondere vor dem Hintergrund der Selbstzerfleischungskonflikte Europas in der ersten Hälfte des 20.

Jahrhunderts. Es ist ein Erfolg seiner demokratischen Verfassungsordnungen als gemeinsam gehüteter Grundbedingung. Diese Kernaufgabe des Europarats war für die europäische Entwicklung entscheidender als die Entwicklung der Wirtschaftsgemeinschaft, die zur EU führte. Welche wirtschaftlichen Wohlstandserfolge zumindest in den Kernländern der europäischen Wirtschaftsintegration – den Benelux-Staaten, Deutschland, Frankreich und Italien – auf ihre eigenen Leistungen und welche auf Leistungen der Europäischen Gemeinschaften zurückzuführen sind, ist eine offene Frage. Dass Spanien, Portugal, Griechenland und Irland als hinzugestoßene Mitglieder den EU-Geldern einen wirtschaftlichen Aufschwung verdanken, ist offensichtlich. Bei den Kernländern spricht jedoch kein Argument dafür, dass sie ohne die Institutionen der Wirtschaftsgemeinschaft nicht den gleichen Wirtschaftserfolg gehabt hätten wie etwa Österreich und Schweden, die erst 1997 hinzukamen. Es stellt sich sogar die Frage, ob einige der zentralen wirtschaftlichen Gemeinschaftsprojekte nicht bereits einen wohlstandsmindernden, die soziale Balance beeinträchtigenden, die Umweltqualität systematisch verschlechternden und die Zukunftsfähigkeit gefährdenden Effekt haben. Allen voran der EU-Agrarmarkt, der seit Jahrzehnten riesige und teilweise unsinnige öffentliche Subventionen verschlingt, die Landwirtschaft in die Rolle einer Umweltzerstörerin drängte und eine monströse Planwirtschaft mit einem unüberschaubar gewordenen bürokratischen Vorschriftensalat unterhält, der das Bauernsterben in Europa beschleunigt und damit die Zahl der Arbeitslosen erheblich gesteigert hat! Etwa zehn Millionen Menschen haben in den letzten 30 Jahren in der EU ihre Existenz in der Landwirtschaft verloren, was 40 % der gesamten Arbeitslosen des Jahres 2003 in der »EU 15« entspricht (also der Zahl der Mitgliedsländer vor der Erweiterung des Jahres 2004). Die besondere Förderung und Privilegierung der Atomenergie durch die EU, seit dem Jahr 1957 gesichert durch EURATOM, bedeutete eine jahrzehntelange und anhaltende forschungs-, wirtschafts-, struktur- und umweltpolitische Fehlsteuerung – um den Preis unkalkulierbarer Zukunftslasten und der Vernachlässigung zukunftsfähiger ökologischer Energietechnologien. Die EU-weite Liberalisierung im Bereich der Energieversorgung, der Telekommunikation, des Flugverkehrs hat nicht nur erhebliche Beschäftigungsverluste gebracht, sondern auch einen bisher einmaligen unternehmerischen Konzentrationsprozess hervorgerufen – mit dem Ergebnis der Zerstörung marktwirtschaftlicher Verhältnisse, zu denen viele konkurrierende Anbieter gehören. Das sind Resultate einer europäischen Integrationspolitik, die den Binnenmarkt mit einer wirtschaftsliberalen Doktrin als treibende Kraft der beschleunigten politischen Integration ansieht – und dafür scheinbar zum Wohle aller den Mitgliedsländern demokratische Selbstbestimmungsrechte entzogen hat.

Wann immer es darüber Beschwerden gab – z. B. dass die Generaldirektion Wettbewerb einem Bundesland verbot, die Herkunft seiner landwirtschaftlichen Produkte zu deklarieren, um die regionale Vermarktung zu fördern –, hieß der europapolitische Refrain: »Das ist der Preis des Binnenmarkts. Wer die EU-Integration will, muss den Binnenmarkt wollen.« Das war und ist ein Totschlagargument, denn wer will schon gegen die europäische Integration sein, das große historische Projekt? Die demokratischen Verfassungen der Mitgliedsländer galten als so belastbar, dass aus ihnen bedenkenlos in technokratischer Überheblichkeit und politischer Fahrlässigkeit ein Steinbruch gemacht wurde.

Der auf 2004 datierte Beitritt der zehn neuen Mitgliedsländer – wovon acht zum ehemaligen Ostblock gehören – war in deren innenpolitischer Diskussion sehr umstritten, was in Westeuropa Erstaunen hervorrief angesichts der Fördermittel für die wirtschaftliche Entwicklung, die aus Brüssel zu erwarten sind. Die weit verbreiteten Vorbehalte in diesen Ländern stützen sich jedoch auf Zweifel, ob die Einbindung und Anpassung an die Wirtschaftsstrukturen der EU tatsächlich eine Besserung für sie bedeuten werden – und ob nicht die 1990 frisch erworbenen demokratischen Rechte, noch ehe sie gefestigt sind, von den EU-Organen wieder kassiert werden könnten. Die Phantasie der Konstrukteure des Integrationsprozesses reicht offenbar nicht so weit, sich die Folgen für das innere Gefüge der EU vorzustellen, wenn der wirtschaftliche Erfolg einmal ausbleibt. Dann werden alle politischen Institutionen nackt dastehen: hier die Organe der EU mit ihren absorbierten Zuständigkeiten, aber ohne wirkliche demokratische Legitimation; da die politischen Institutionen der Mitgliedsstaaten mit demokratischer Legitimation, aber nur noch rudimentären Zuständigkeiten.

Doch wie konnte man in eine Situation hineinschlittern, in der die demokratische Integrationsidee des »Europarat«-Europas von der wirtschaftlichen Doktrin Europas abgelöst wird, so als seien die Grundsätze selbstbestimmter Demokratie nur noch ein Diskussionsthema für Universitätsseminare und Wochenzeitungen, eine Asservatenkammer für Demokratietheoretiker? Auch eine EU-Richtlinie ist, wie ein internationaler Vertrag, nur sehr schwer korrigierbar. Eine Änderung ist weniger kompliziert und langwierig als bei einem globalen Vertragswerk, aber sie bleibt wesentlich schwieriger als bei einem innerstaatlichen Gesetz. Es gibt kein Initiativrecht des EU-Ministerrats, des Europaparlaments, einer Regierung oder des Parlaments eines Mitgliedslandes für Änderungen oder für die Außerkraftsetzung von Richtlinien. Die EU-Kommission hat zugleich eine exekutive Funktion, das alleinige Initiativrecht für europäische Gesetze und mit ihrer Generaldirektion Wettbewerb auch eine richterliche Funktion. Machtvoll bündelt sie in sich alle Gewalten, die sie nur bei der Verabschiedung von Richtlinien mit dem Europaparlament und dem Ministerrat und bei deren Umsetzung mit dem Europäischen Gerichtshof teilen muss. Protokolle bleiben Verschlusssache. Es gibt keine gewählte Regierung, kein Initiativrecht des Parlaments, keine wirkliche Gewaltenteilung. Kurz: Ein Staat, der die Mitgliedschaft im Europarat beantragen würde und eine ähnliche Verfassung wie die EU hätte, hätte keine Chance, Mitglied im Europarat zu werden. Er würde durch den demokratischen Eignungstest fallen.

Dieser eurokratische Übermut ist nicht allein mit der geistigen Hegemonie des Wirtschaftsliberalismus und der Geschwindigkeitsobsession zu erklären. Er erklärt sich auch aus einer verständlichen Europa-Euphorie der vielen Menschen, die sich für die europäische Integration engagieren – ob im Europaparlament selbst oder in nationalen Parlamenten, in Parteien, in Vereinigungen wie der Europa-Union, in Akademien oder in den Medien. Für diese können gar nicht genug Zuständigkeiten »europäisiert« werden. Die Parteien in Deutschland überbieten sich gegenseitig, um ihre volle Identifikation mit »Europa« zu unterstreichen. In einem der Wahlkämpfe zum Europaparlament stand auf dem Plakat der SPD »Wir sind Europa« und auf dem der CDU »Europa sind wir«. Viele Europaparlamentarier fühlen sich weniger als Repräsentant ihrer Bevölkerung gegenüber der EU-Kommission oder dem Ministerrat, sondern vielmehr als Repräsentant der EU-Organe gegenüber der Bevölkerung. Europa-Idee und EU-Kommission gelten fast als eins, Kritik an Letzterer gilt schnell als antieuropäisch. Deshalb spielt auch die EU-Kommission offiziell die Rolle als »Hüterin der Verträge« – und nicht etwa der Europäische Gerichtshof, wie es sich für einen gewaltengeteilten Verfassungsstaat gehört. So wurde aus der Europa-Euphorie eine Europa-Hermetik.

Der Binnenmarktabsolutismus

Solange die EU noch relativ wenige Zuständigkeiten hatte, fiel das Demokratiedefizit nicht ins Gewicht. Doch seit den Zuständigkeitserweiterungen durch die Verträge der 90er Jahre, in Verbindung mit der von Anfang an bestehenden, noch darüber hinausgehenden Selbstermächtigung der Kommission in vielen Einzelbereichen, geht die europäische Zentralisierung zunehmend an die Substanz der demokratischen Verfassungsinstitutionen der Mitgliedsländer und damit der Handlungsspielräume der Politiker. Zahllose politische Vorschläge werden unverzüglich mit dem Argument zurückgewiesen, sie verstießen gegen das Europarecht. Im Zweifelsfall lassen auch die Regierungen in Brüssel lieber ihre Verordnungen und sogar bereits von Parlamenten beschlossene Gesetze von der EU-Kommission prüfen, bevor diese in Kraft treten.

Bleibt es dabei, wird sich Europa nicht selbst behaupten, sondern selbst gefährden. Die Mischung aus Europa-Euphorie und eurokratischem Übermut hat ein Gebilde entstehen lassen, das seine untragbare Einseitigkeit nicht sieht und kein Gespür für demokratische Verankerung, Legitimation und Gestaltungsvielfalt hat. Die Zuständigkeitsanhäufung bei der EU-Kommission hat die Grenze der Verträglichkeit mit demokratischen Institutionen der Mitgliedsstaaten längst überschritten.

Darüber hinaus hat sich die EU bisher um ihre Aufgabe herumgedrückt, die Grenzen ihrer Ausweitung – also ihre territoriale Finalität – zu definieren. Solange es um die EU herum Staaten gibt, die sich in einem zerrüttetem Zustand befinden oder ein Entwicklungsgefälle zur EU haben und zugleich Aussicht auf großzügige Anpassungsbeihilfen, wird es neue Begehren auf Mitgliedschaft geben. Daraus ergibt sich: Jeder Staat, der an einen EU-Mitgliedsstaat angrenzt, strebt die EU-Mitgliedschaft an. Nach den 25 Mitgliedern der jetzigen Erweiterungsrunde (2004) sind Rumänien, Bulgarien und die Türkei die nächsten Prätendenten. Eine Beitrittsperspektive wurde den Ländern des westlichen Balkan – also Kroatien, Serbien-Montenegro, Mazedonien, Bosnien-Herzegowina und Albanien – offiziell in Aussicht gestellt. Mit der Ukraine, Moldawien und Weißrussland wird im Zuge der »Wider Europe«-Initiative zunächst eine Marktöffnung und Liberalisierung angestrebt und eine Beitrittsperspektive offen gelassen. Zu dieser Initiative gehören auch die Mittelmeer-Anrainerstaaten des sogenannten Barcelona-Prozesses im Nahen Osten und Nordafrika. Wo ist die Erweiterungsgrenze? Ist es praktisch vorstellbar, dass irgendwann 40 Länder von einem immer dichter gewebten Netz von EU-Richtlinien gesteuert werden und die Generaldirektion Wettbewerb zur Genehmigungsbehörde aller marktrelevanten Gesetze, Verordnungen und Regierungsinitiativen der Mitgliedsstaaten wird?

Diese Entwicklung ist Ausdruck einer sträflichen Demokratievergessenheit. Mussten und müssen den Mitgliedsländern für die Entstehung eines Binnenmarkts tatsächlich so viele wirtschaftliche Gestaltungsfunktionen weggenommen werden? Ich meine damit ausdrücklich nicht die gemeinsame Währung: Der Euro erleichtert den Zahlungsverkehr innerhalb Europas, er bietet die größte Chance, Welthandel unter Umgehung des US-Dollars zu betreiben und damit die perverse Situation zu überwinden, in der die USA mit ihrer überbewerteten Währung auf Kosten anderer Volkswirtschaften ihre Staatsverschuldung finanzieren und ihr Handelsdefizit ausgleichen.

Würden die russischen und arabischen Ölförderländer ihre Lieferungen künftig mit dem Euro statt mit dem »Petro-Dollar« abrechnen, wäre die Weltwirtschaft weniger von Washington aus manipulierbar – und die Weltpolitik obendrein. Für die Demokratie in der deutschen Bundesrepublik bedeutete es keine Einschnitte, dass die währungspolitische Zuständigkeit der regierungsunabhängigen Bundesbank auf die regierungsunabhängige Europäische Zentralbank übertragen wurde. Eine andere Frage ist die der Stabilitätskriterien, die jedes Mitgliedsland des Euro-Raums erfüllen muss. Der Euro könnte auch ohne diese Kriterien seine Funktion erfüllen. Dass konjunkturpolitische Handlungsspielräume generell enger geworden sind, ist im Übrigen weniger der EU geschuldet als der Tatsache, dass die klassische Formel von der Verbindung zwischen Wirtschafts- und Beschäftigungswachstum nicht mehr aufgeht.

Umso wichtiger wird die wirtschaftliche Strukturpolitik. Doch genau diese steht unter der Fuchtel der EU-Behörden und möglicherweise demnächst auch unter der des WTO-Regimes. Zinsgünstige Kredite für umweltbezogene Investitionen in einem Mitgliedsland, vergeben durch staatliche Investitionsbanken; öffentliche Bauaufträge, die vorzugsweise an das heimische Baugewerbe vergeben werden, um die regionale Beschäftigung oder das heimische Handwerk zu fördern; Quersubventionen von Stadtwerken, die mit Einnahmen aus dem Stromgeschäft den öffentlichen Nahverkehr fördern; Vorzugsaktien einer staatlichen Gebietskörperschaft in einer Aktiengesellschaft, um damit eine Standortverlagerung zu verhindern (z.B. die Anteile Niedersachsens am Volkswagenkonzern, weil dessen Standortwechsel eine wirtschaftliche Katastrophe für das Land wäre): Das alles und noch viel mehr ist verboten oder durch EU-Behörden genehmigungspflichtig – und minimiert den strukturpolitischen Handlungsspielraum der Mitgliedsländer. Unabdingbarer Preis des Binnenmarkts? Die Fälle häufen sich, in denen EU-Kommissare Regierungen der Mitgliedsländer Anweisungen geben – so wie einst die Politkommissare kommunistischer Staatsparteien.

Bevor es den EU-Binnenmarkt mit seiner reinen Gleichmachungslehre gab, hatte die Bundesrepublik Deutschland ihren eigenen Binnenmarkt. Dennoch hatte und hat die Bundesregierung kein Recht, eigene strukturpolitische Initiativen eines Bundeslandes zu unterbinden. Die einzige Instanz, die das konnte, war das Bundesverfassungsgericht, wenn die Initiative verfassungswidrig gewesen wäre. Warum braucht die EU-Kommission zwingend eine solche Kompetenz? Manche, die diese Kritik am Binnenmarktabsolutismus lesen, werden möglicherweise denken, dass ich von einer nostalgischen Idee linker Staatswirtschaft aus argumentiere. Deshalb will ich zur Untermauerung meiner Kritik auf ein politisches System verweisen, das weder eine linke noch eine staatswirtschaftliche Tradition hat, aber in den hier aufgeworfenen Fragen demokratischen Prinzipien offenbar mehr Respekt schenkt: die USA.

Auch die USA sind zweifellos ein Binnenmarkt. Dennoch haben die 50 amerikanischen Bundesstaaten für ihre eigene Wirtschaftsförderung deutlich mehr eigene Gestaltungskompetenzen als die EU-Mitgliedsländer. Sie würden es sich verbitten, wenn sie für ein Wirtschaftsstrukturgesetz oder eine regionale Wirtschaftsfördermaßnahme erst die Genehmigung (Notifizierung) bei ihrer Bundesregierung in Washington einholen müssten. Natürlich sind die Spielräume der Einzelstaaten nicht beliebig. Artikel I der amerikanischen Verfassung verbietet ihnen, eigene Steuern, Abgaben und Zölle auf Ein- und Ausfuhr zu erheben. Doch nur der Supreme Court, das höchste Bundesgericht, kann einzelstaatliche Gesetze außer Kraft setzen, nicht die Regierung. Seit den 70er Jahren ist sogar in mehreren Anläufen eine neue Dezentralisierung der politischen Zuständigkeiten auf die Einzelstaaten und die kommunalen Gebietskörperschaften eingeleitet worden: Die Zuweisungen aus dem Bundeshaushalt (grants) wurden wieder stärker pauschaliert, wodurch eine Politikentflechtung eingetreten ist. Absolut übliche Praxis ist es in den USA, die Vergabe öffentlicher Aufträge an die Bedingung zu knüpfen, dass der überwiegende Teil der Auftragssumme an Unternehmen des eigenen Staates fließen muss. Bei den neuen Regierungsbauten in Berlin wäre das ein Verstoß gegen das EU-Recht gewesen, obwohl in Berlin die größte öffentliche Bausumme der Stadtgeschichte investiert wurde und es in derselben Zeit über 20 % Arbeitslosigkeit im lokalen Baugewerbe gab. Der Zentralisierungsgrad in Fragen wirschaftlicher Strukturpolitik ist also in der EU höher als in den USA, obwohl sie politisch und gesellschaftlich deutlich weniger vergemeinschaftet ist. So wird die EU nie über das staatsgesellschaftlich integrierende Element einer gemeinsamen Sprache verfügen. Sie hat keinen direkt gewählten Präsidenten und auch keine direkte parlamentarische Vertretung der Einzelstaaten wie den amerikanischen Senat. Und das Europaparlament ist ohnehin noch weit von den gesetzgebenden Rechten einer echten Volksvertretung entfernt. Dennoch fördert es in seiner überwiegenden Mehrheit den eurokratischen Zentralisierungs- und Gleichmachungstrend.

Mehr Zentralisierung in allen mit der Wirtschaft zusammenhängenden Fragen, weniger demokratische Legitimation: Dieser Kontrast im Vergleich mit den USA macht deutlich, auf welch dünnem Eis das EU-Gebäude steht und welcher Selbstgefährdung die Gemeinschaft sich ausgesetzt hat. Das Gefühl, ohnehin nichts mehr beeinflussen zu können, grassiert nicht nur in der Wahlbevölkerung, sondern auch in den Parlamenten der Mitgliedsländer. Die Konsequenzen könnten fatal sein. Die europäische Politik ist wegen ihrem alle anderen politischen Prinzipien überragenden Binnenmarktabsolutismus konzipiert als »Herrschaft für das Volk« statt als »Herrschaft durch das Volk«, wie es der Gesellschaftswissenschaftler Fritz W. Scharpf in seinem Buch »Regieren in Europa« formuliert. Es handelt sich mehr um eine »negative Integration« als um eine »positive Integration«. Sie basiert – so Scharpf – »auf einem Legitimitätsglauben, der den inneren Kontrollmechanismen des Rechtssystems und der Legitimation richterlicher Rechtsschöpfung durch Diskurse innerhalb der juristischen Profession vertraut, die – so jedenfalls die Hoffnung – in allgemein geteilten Vorstellungen von Gemeinwohl und Gerechtigkeit verwurzelt sind«.[39] Das Ergebnis ist, dass die Politiker in den Mitgliedsländern unter einem doppelten Legitimitätsdruck stehen: seitens der EU-Organe und seitens ihrer Bevölkerung. Die EU-Organe können sich dagegen einem Legitimitätsdruck weitgehend entziehen. Geben die staatlichen Institutionen diesem Absolutismus nach, können sie der Handlungserwartung ihrer Wähler, denen sie ihre Legitimation verdanken, kaum noch entsprechen. Geben sie den Erwartungen ihrer Wählerbasis nach, müssen sie zu Konflikten mit diesem Absolutismus bereit sein. Wenn sich aber ihr Spielraum dafür durch weitere Zuständigkeitshäufungen der EU-Kommission weiter verengt, muss die Europa-Skepsis im Volk wachsen, bis sie zu antieuropäischen Eruptionen führt und das historische Projekt Europa gefährdet ist. Der Auslöser dafür könnte sein, dass in irgendeinem der Mitgliedsländer ein Volksentscheid den Austritt aus der EU erzwingt und damit eine Lawine ins Rollen bringt.

Zurück zu Metternich?

Eine fahrlässige Missachtung der demokratischen Selbstbestimmungsidee hat sich historisch immer gerächt.

Schon zweimal sind in Europa multilaterale und multikulturelle Staatenvereinigungen gescheitert. Die eine war das bis 1918 existierende habsburgische Vielvölkerreich. Obwohl es zu seiner Zeit in seiner Multikulturalität durchaus vorbildlich war, zerfiel es aufgrund seines demokratischen Legitimationsdefizits.[40] Das Resultat des Verfalls war aufschäumender Nationalismus. Das zweite Beispiel war gesamteuropäisch: die aus dem Wiener Kongress von 1815 hervorgegangene »Heilige Allianz«, die europäische Friedensordnung Metternichs, des jahrzehntelangen Reichskanzlers der Habsburger Monarchie. Ihr Credo war, für die Zukunft eine Situation auszuschließen, wie sie Europa mit der Französischen Revolution und ihren Folgen bis zu den napoleonischen Kriegen erlebt hatte. Deshalb sollten sich die fünf europäischen Großmächte (die Habsburger Monarchie, Preußen, England, Frankreich und Russland) als die wichtigsten Träger dieser Allianz »bei jeder Gelegenheit Beistand, Hilfe und Unterstützung gewähren«. Die Gemeinsamkeit dieser Pentarchie war die Monarchie von »Gottes« statt von »Volkes Gnaden«. Es gab ein gemeinsames Vollzugs- und Führungsorgan.

Diese Allianz bedrohte, wie der Verfassungshistoriker Ernst Rudolf Huber in seiner »Verfassungsgeschichte der Neuzeit« ausführt, »alle gegen den Status quo gerichteten europäischen Bewegungen, und zwar sowohl diejenigen, die die Befreiung von Völkerschaften oder Volksteilen aus bestehender Fremdherrschaft, als auch diejenigen, die für die Völker einen Anteil an der Ausübung der Staatsgewalt erstrebten«.[41] Demokratisch-revolutionäre Bewegungen wurden in den folgenden Jahrzehnten inquisitorisch verfolgt und vereint mit Waffengewalt niedergeschlagen – von der französischen Juli-Revolution 1930 bis zu der Revolution von 1848. Dieses System des allgemeinen europäischen Friedens, als das es gedacht war, konnte keinen Bestand haben, weil es gegen die Demokratisierung gerichtet war. Es war ein reaktionäres Europa, das die Demokratiebewegungen zu national-revolutionären Bewegungen machte und aus dem später der unselige Nationalismus entsprang, der zur Selbstzerfleischung führte.

Hier soll nicht unterstellt werden, dass sich die EU dahin entwickeln könnte, gewaltsam gegen demokratische Bewegungen vorzugehen. Dennoch ist die Erinnerung an die gescheiterte Metternichsche Friedensordnung angebracht. Die gegenwärtige Form ist vor allem »von Marktregeln statt von Volkes Gnaden« bestimmt. Das Ergebnis: Sie richtet sich nicht gegen die Erringung demokratischer Rechte, sondern gegen bereits errungene demokratische Rechte.

Der EU-Verfassungsentwurf, im Sommer 2003 vom EU-Konvent vorgelegt, enthält manche Verbesserungen im Verhältnis der EU-Organe zueinander. Aber er enthält keine Korrektur dieses Demokratieabbaus. Er hat damit seinen wichtigsten Auftrag von Nizza nicht erfüllt. Zwar heißt es in dem Entwurf des »Vertrags über eine Verfassung für Europa«, dass die Union die »nationale Identität der Mitgliedsstaaten« achtet, die ihr von den Mitgliedstaaten übertragenen Zuständigkeiten in gemeinschaftlicher Weise ausübt und auf die Werte der »Menschenwürde, Freiheit, Demokratie, Gleichheit, Rechtsstaatlichkeit und Wahrung der Menschenrechte« gründet. Demokratie als Wert wird also anerkannt – aber auch als gesellschaftliches Funktionselement? Bei der Formulierung der Ziele der Union geht es – neben Frieden, der Förderung der Werte und des Wohlergehens der Völker – am ausführlichsten um ihr bisheriges Hauptanliegen: um den totalen Binnenmarkt. Dies wird gleich zweimal abgesichert. Unter den Zielen der EU heißt es gleich an zweiter Stelle in Artikel I-3: »Die Union bietet ihren Bürgerinnen und Bürgern einen Raum der Freiheit, der Sicherheit und des Rechts ohne Binnengrenzen und einen Binnenmarkt mit freiem und unverfälschtem Wettbewerb«. In Artikel I-4 (»Grundfreiheiten und Nichtdiskriminierung«) heißt es an erster Stelle von nur zwei Bestimmungen: »Der freie Personen-, Waren-, Dienstleistungs- und Kapitalverkehr sowie die Niederlassungsfreiheit der Union werden innerhalb der Union und von der Union gemäß der Verfassung gewährleistet.«

Der demokratische nervus rerum wird umgangen (Art. I-9). »Nach dem Subsidiaritätsprinzip wird die Union in den Bereichen, die nicht in ihre ausschließliche Zuständigkeit fallen, nur tätig, sofern und so weit die Ziele der in Betracht gezogenen Maßnahmen von den Mitgliedsstaaten weder auf zentraler noch auf regionaler oder lokaler Ebene ausreichend erreicht werden können, sondern vielmehr wegen ihres Umfangs oder ihrer Wirkungen auf Unionsebene besser erreicht werden können.« Das ist de facto ein Regelungsrecht bis in die kommunale Ebene, denn in der Praxis soll die Beweislast, dass die eigenen Maßnahmen der Mitgliedstaaten besser wären, bei den Mitgliedsstaaten liegen. Damit wird eine noch weiter reichende Rechtsetzungskompetenz für die EU als bisher geschaffen. Es ist das alte Problem: Die Organe der Union entscheiden, was subsidiar sein darf.

Deshalb ist vor allem interessant, was »ausschließliche Zuständigkeit« und was »geteilte Zuständigkeit« sein soll. Ausschließliche Zuständigkeiten sind die Währung, so weit der Euro eingeführt ist, die gemeinsame Handelspolitik und die Zollunion. Unter »geteilten Zuständigkeiten«, die die EU jederzeit an sich ziehen kann, ist außer der Bildungs-, Forschungs- und Kulturpolitik fast alles aufgeführt: der Binnenmarkt, der »Raum der Freiheit, der Sicherheit und des Rechts«, Energie, Landwirtschaft und Fischerei, Umwelt, Sozialpolitik (bedingt), Verkehr und transeuropäische Netze, Sicherheitsanliegen im Gesundheitswesen, Verbraucherschutz, »wirtschaftliche und soziale Zusammenarbeit«. Wenn schon der Binnenmarkt »nur« unter die geteilten Zuständigkeiten fällt, obwohl die EU-Kommission hier bereits fast alle Zuständigkeiten direkt oder indirekt praktiziert, kann man sich denken, dass aus all diesen geteilten Zuständigkeiten bald volle werden. Das würde bedeuten: Die Mitgliedsstaaten dürfen im Rahmen der konkurrierenden Rechtssetzungskompetenz nur noch das machen, was die EU-Organe nicht an sich ziehen. Eine Rückholbarkeit abgegebener Kompetenzen ist im EU-Verfassungsentwurf nicht vorgesehen. Der Konvent will keine einzige Zuständigkeit, die schon bei den EU-Organen ist, an die Mitgliedsländer zurückgeben. Noch gravierender ist, dass die Zuständigkeitsaufteilung nicht nur eine *sektorale*, sondern auch eine *funktionale* ist. Das bedeutet, dass die EU zur Erreichung des funktionalen Ziels Binnenmarkt prinzipiell in jeden Politikbereich hineinregieren darf!

Der Konventionsentwurf läuft damit auf das Gegenteil dessen hinaus, wofür er eingesetzt wurde. Der Entmachtungsprozess der demokratischen Institutionen der Mitgliedsländer und ihrer gewählten Politiker in den demokratischen Verfassungsstaaten wird wider alle historischen Erfahrungen und gegenwärtig erkennbare Risiken weiter getrieben – und damit die innere europäische Integration riskiert. Dies wird sich, gemessen an allen Erfahrungen mangelhaften Demokratieverständnisses, erst mit einer Zeitverzögerung zeigen. Das alles bedeutet: Die EU-Verfassungsdebatte, scheinbar mit dem Konventsentwurf beendet, muss erst noch beginnen. Solange in der EU-Entwicklung der freie Binnenmarkt primär und die gewaltengeteilte Verfassungsdemokratie tertiär ist, gefährdet die EU sich selbst. Mit weniger Demokratie in Europa droht die Destabilisierung und Desintegration Europas. Der nächste EU-Konvent kommt, im Interesse Europas, bestimmt. Es darf nicht allzu viel Zeit vergehen, bis diese Notwendigkeit erkannt wird.

4. Kapitel

Minima politica:
Das Verkümmern des Politischen

Du darfst wählen, aber du zahlst dafür.
Aldous Huxley

Der Begriff des *Politischen* ist noch schillernder als der der Politik. Die Spannweite reicht von der Überzeugung, dass allein Staatshandeln politisch sei, bis zu der Vorstellung, dass auch »das Persönliche politisch« sei, die in der Studentenbewegung der 60er Jahre kultiviert wurde. Für die einen gilt als politisch, wenn ein gemeinwohlbestimmter Zweck verfolgt wird; andere meinen damit die bloße zweckfreie Machteroberung und -erhaltung. Als besonders »politisch« gelten diejenigen, die bei der Verfolgung ihrer Ziele gekonnt und erfolgreich vorgehen, notfalls auch skrupellos – so, wie es die Figur des Lederer im Theaterstück »Die schmutzigen Hände« von Jean-Paul Sartre von sich bekennt: »Ich habe meine Hände in Blut und Dreck getaucht. Und wenn? Meinst du, man kann regieren und kinderrein dabei bleiben?« Als »unpolitisch« gelten demgegenüber diejenigen, die in jeden Fettnapf treten, sich selbst Fallen stellen, unbeholfen und tollpatschig sind; praxisferne Idealisten und Theoretiker.

Das Politische betrifft die Methoden des gesellschaftsbezogenen Handelns. Es darf vom Sinn und Zweck dieses Handelns nicht einfach abgetrennt werden. Welche Mittel den Zweck heiligen, hängt vom Zweck ab. Es gibt durchaus »böse« Mittel, die einen »guten« Zweck rechtfertigen – etwa das tödliche Attentat auf einen gemeingefährlichen Diktator. Wenn dagegen zahllose Unschuldige Opfer einer politischen Aktion werden, etwa durch die Bombardierung ziviler Ziele in einem Krieg, dann ist die Berufung auf ethische Grundsätze nicht mehr möglich. Es gibt jedoch auch gute Mittel für böse Zwecke: etwa ein im ordentlichen demokratischen Gesetzgebungsverfahren durchgezogenes Gesetz, das zu krassen Steuerungerechtigkeiten führt.

Für den rechtskonservativen Staatsrechtler Carl Schmitt ist »Der Begriff des Politischen« – so der Titel seiner berühmten Schrift – die Unterscheidbarkeit von »Freund und Feind«.[1] Der Inhalt der Politik wird bewusst offen gelassen. Es geht um die Zuspitzung und das Durchfechten elementarer Gegensätze, aus denen Freund-Feind-Verhältnisse destilliert werden – bis zur extremsten Möglichkeit des Krieges als dem absoluten Ernstfall des Politischen. Das krasse Gegenteil von Schmitts Vorstellung hat der politische Philosoph Dolf Sternberger formuliert: Das Politische bestehe in der Herstellung des Friedens als Grundbedingung menschlicher Gemeinschaftsfähigkeit und Lebenssicherheit.[2] Für den Soziologen Max Weber bestimmte sich das Politische zuerst aus der Parteinahme für ein Ziel, um dafür die optimale Durchsetzungskraft zu organisieren.[3] Für den Historiker Christian Meier ist das Politische »der Prozess, in dem die politischen Einheiten sich untereinander bewegen und in dem verschiedene, unterschiedlichen Antrieben folgende Kräfte aufeinander einwirken«. Die politischen Institutionen sind der Dreh- und Angelpunkt dieses Prozesses: »Der Wille, politisch etwas auszurichten, muss letztlich auf sie zielen.« Das Wesen der politischen Einheit bestehe darin, die von Carl Schmitt verlangte »äußerste Gegensätzlichkeit auszuschließen«[4]: Die Möglichkeit dazu gibt die gewaltengeteilte Verfassung, die die Form der Auseinandersetzung für alle festlegt.

Aus diesen Sichtweisen des Politischen – so mein Resümee – ergibt sich als Grundbedingung des Politischen die Freiheit aller, ihre politische Meinung artikulieren und für diese aktiv eintreten zu können. Das Politische muss auf gesellschaftliche Lösungen zielen, nicht auf bloße individuelle Macht- und Geltungsansprüche. Die Mutter alles Politischen ist die Konfliktfähigkeit im Verfolgen politischer Ziele gegenüber den stets vorhandenen Widerständen; die Fähigkeit, diese aufzudecken, aufzubrechen und zu überwinden, Kräfte dafür zu mobilisieren und neue Strategien zu entwickeln, wenn die bisherigen ungenügend waren oder sich verbraucht haben. Das Politische ist besonders in Krisenzeiten gefordert, wenn die bisherigen Lösungen an ihre Grenzen gestoßen sind. Der Konsens ist dagegen der Vater des potenziell Unpolitischen. Er steht für eine Reduzierung der Handlungsoptionen. Da das Politische auf allgemeinverbindliche Lösungen zielt, kann es nicht darauf verzichten, Staatlichkeit zu erhalten oder wieder herzustellen. Weil aber jedwede Legalität der Gefahr ausgesetzt ist, zu erstarren und damit die Gesellschaft zurückzuwerfen, gehört zum Politischen die ständige Infragestellung des staatlichen Istzustands und der Angemessenheit der bestehenden moralischen und sachlichen Legitimität. Dies ist ohne gesicherte politische Vielfalt und Gewaltenteilung nicht dauerhaft vorstellbar. Das Politische muss deshalb demokratisch sein, wenn es vital bleiben soll. Es ist eine Auseinandersetzung zwischen Einflussmächten und Gegenmächten, das immerwährende Auf und Ab zwischen diesen. Die Grundbedingung des Politischen ist die Umkehrmöglichkeit von Machtverhältnissen für gesellschaftliche Lösungen sowie verbindliche Spielregeln, die den gesellschaftlichen Frieden erhalten oder wieder herstellen.

Die proautoritäre Entwicklung

Gegenwärtig verkümmert das Politische. Das sollte nicht verwechselt werden mit einem Defizit an Politik. Durch Politik herbeigeführte oder zumindest sekundierte gesellschaftliche Umbrüche finden sogar in atemberaubender Zahl und Geschwindigkeit statt, wie viele politische Großaktionen zeigen. Aber fast ausnahmslos werden sie von einem modernen »Gouvernementalismus« exekutiert, der seine Legitimation in öffentlicher Akklamation sucht, möglichst kurzen Prozess machen will und vollendete Tatsachen zu schaffen versucht.

In den 8oer Jahren – als in Form der Solidarnoćś in Polen erstmals eine Protestbewegung gegen das Regime zur Entfaltung kam, die auf Grund ihres breiten gesellschaftlichen Rückhalts nicht wieder zerschlagen werden konnte – wurde den Protagonisten der Ost-West-Entspannungspolitik vorgeworfen, dass sie sich nur auf die Kooperation mit den Machthabern des Ostblocks beschränkten. Diese Politik sei zu »gouvernementalistisch«, ohne Gespür für zivilgesellschaftliche Bewegungen, die als störend und sogar als schädlich für das Regierungshandeln wahrgenommen wurden. Umso mehr sticht ins Auge, wie sehr die politische Wahrnehmung in der Öffentlichkeit der Verfassungsdemokratien auf das aktuelle Regierungshandeln reduziert wird. Politische Grundsatzdebatten sind selbst in renommierten Tages- oder Wochenzeitungen öfter im Feuilleton als auf den politischen Seiten zu finden.

Ein produktives Wechselspiel zwischen Regierung, Parlament, Parteien, Medien und gesellschaftlichen Strömungen ist immer seltener festzustellen. Das Getriebe zwischen diesen Funktionen knirscht. Die Okkupation der politischen Rollen und Aufgaben anderer Institutionen vollzieht sich peu à peu stets in Richtung einer Hierarchisierung der Meinungs- und Willensbildung: Die Rolle des Parlaments wird durch Regierungen wahrgenommen, die von Regierungen, Parlamenten und Gerichten durch internationale Organisationen, die Personenauswahl von Parlamenten und Parteien inzwischen mehr durch die Medien. Diskutiert wird zwar viel, aber allzu oft über Nebenfragen und Epiphänomene und meist nach tatsächlichen Entscheidungsprozessen statt in diese einbezogen. Solange eine verfolgte Politik nicht offensichtlich gegen die Wand gefahren ist und kein politischer Eklat passiert, betrachtet das Gros der Akteure des politischen Diskurses – Politiker, Wissenschaftler, Journalisten und Publizisten – ein Problem als nicht akut und deshalb nebensächlich.

Zum Regelfall ist geworden, dass Regierungen ihre Positionen in beinahe dekretierendem Ton verkünden und die unverzügliche Zustimmung ihrer Parteifraktionen einfordern. Dass sich die Opposition im Parlament selbst dann gegen die Regierung stellt, wenn sie keinen seriösen Grund dafür hat, gilt als »normale Härte«. Hoch brisant aber ist die Selbstverständlichkeit, mit der Regierungen von den Regierungsfraktionen erwarten, dass diese auf ihr parlamentarisches Gestaltungsrecht verzichten – oder dass Parteiführungen grundlegende Kurswechsel vollziehen und dabei erwarten und großenteils sogar darauf setzen können, dass diese von Parteitagen fast diskussionslos nachvollzogen werden. Selbst bei Wahlen dominiert das Verfahren,

Kandidaten einzusetzen und anschließend durch einen rein formalisierten Wahlakt zu legitimieren – die Hierarchien kommen zurück. Was die Akteure an der Spitze von Regierungen, Parteien und Fraktionen betrifft, so ist das nichts Neues. Die Neigung, eine Absicht durchzuziehen und sich breite und zeitraubende Diskussionen zu ersparen, ist zu jeder Zeit nahezu jedem Inhaber einer Führungsposition zu eigen. Ein politischer Diskurs findet immer dann statt, wenn diejenigen, die Fragen und andere Auffassungen haben, aufstehen und sich artikulieren. Hierarchien entstehen, wenn es keine hierarchischen Statuten oder diktatorischen Verhältnisse gibt, im Denken und Verhalten der Basis politischer Entscheidungsträger bzw. der Öffentlichkeit.

»In dubio pro libertate«, im Zweifel für die Freiheit, ist ein klassischer Grundsatz liberalen Denkens. Im Zweifel für das Demokratische: Dieser Grundsatz ist dem öffentlichen Bewusstsein abhanden gekommen. Im Zweifel wird – mittlerweile wieder – der »oberen« Ebene mehr Kompetenz zugetraut, wenn es Konflikte mit denen auf einer »unteren« Stufe gibt. Eine »unten/oben«-Wahrnehmung hat sich eingespielt, als harre das alte ironische Sprichwort »wem Gott ein Amt gibt, dem gibt er auch den Verstand« seiner erneuten, dieses Mal postmodernen Bestätigung. Deutlich wird das nicht zuletzt in der politischen Berichterstattung der Medien, der Seismographenebene der Politik, und hier in sprachlichen Details. »Schäuble rückt nicht auf«, so überschrieb die »Frankfurter Rundschau« im Frühjahr 2001 eine Meldung, dass der CDU-Politiker nicht, wie gemunkelt worden war, in die engere Fraktionsführung der CDU/CSU gehe. Das klang so, als wäre dem einstigen Partei- und Fraktionsvorsitzenden ein Karrieresprung versagt worden, den dieser aber gar nicht nötig hatte; eine hierarchiefixierte Denkentgleisung des Redakteurs. »Thönnes rückt auf«, so überschrieb die »Süddeutsche Zeitung« eine Meldung, dass der SPD-Abgeordnete Franz Thönnes vom Vorstand der SPD-Bundestagsfraktion für das Amt des stellvertretenden Fraktionsvorsitzenden vorgeschlagen worden war. Die Bundestagsfraktion hatte noch nicht gewählt, und dass es auch noch andere Kandidaten geben könnte, kam für den Redakteur schon gar nicht mehr in Betracht. Oder: »Claudia Roth wird Vorsitzende der Grünen« stand in der »Frankfurter Allgemeine Zeitung«, nachdem Claudia Roth im Frühjahr vom Parteirat der Grünen für den Parteivorsitz vorgeschlagen worden war. Auch hier wurde als Tatsache berichtet, was allein der Bundesparteitag der Grünen zu entscheiden hat. Die Beispiele sind ungezählt: »Struck entscheidet bald über Wehrpflicht« war eine weitere Überschrift, als sei ein Vorschlag des Verteidigungsministers Peter Struck zur Wehrpflicht schon die definitive Entscheidung. Doch die Wehrpflicht ist in der Verfassung verankert, weshalb es für grundlegende Änderungen einer Zweidrittelmehrheit im Bundestag bedarf. Wenn ein EU-Kommissar eine nationale Regierung kritisiert, überwiegt in den Medien die Tendenz, ihm unbesehen Recht zu geben. Wenn es eine Meinungsverschiedenheit über eine Sachfrage zwischen der Regierung und der Regierungsfraktion gibt, wird vorschnell eher die Position der Regierung als sachgemäß bewertet, auch wenn sich die Erfahrungen mit halbgaren Regierungsvorschlägen häufen. Über Konflikte in einer Regierung, Parlamentsfraktion oder Partei wird traditionell zwar gerne berichtet, aber auch hier ist zunehmend feststellbar, dass abfällige Bemerkungen der jeweiligen Führungsebene gegenüber »rangniederen« Widersachern in der medialen Darstellung übernommen werden. Konzeptionelle Vorschläge einzelner Abgeordneter oder Parteitagsanträge, die über die Konzeption der Regierung oder der Parteiführung hinausgehen, werden oft nicht einmal wahrgenommen oder rasch abgetan – solange sie nicht irgendwelche Angriffe auf die jeweilige Führung enthalten, das heißt nach personellem Konflikt riechen.

Dass Minister oder Parteiführer Kritik an ihren Konzepten und abweichende Vorschläge gerne abfällig bewerten, ist schlüssig – wer will schon an seinem Überlegenheitsanspruch kratzen lassen. Aber wie kommt es, dass sich das so nahtlos auf die Basis und die Medien überträgt? Bei Parteitagen leert sich die Journalistenbühne sofort, wenn die Rede des jeweiligen Vorsitzenden beendet ist, es sei denn, es wird ein erwarteter offener Schlagabtausch zwischen Kontrahenten um die Führungsrolle erwartet. In einer separierten VIP-Lounge werden dann Interpretationen der Rede ausgetauscht: Wie war der Satz gemeint? War der Beifall kürzer oder länger als beim letzten Mal? Für den Diskussionsverlauf auf dem Parteitag interessieren sich relativ wenige. Als im Vorfeld des Bundestagswahlkampfs 2002 der Wahlkampfleiter der SPD und der Wahlkampfberater des Unions-Kanzlerkandidaten Edmund Stoiber mehrfach zusammen auftraten, um sich über probate Methoden des Wählerfangs auszulassen, wurde über dieses Geplänkel fast durchgängig ausführlicher berichtet als über die Wahlprogramme der Parteien. Das alles sind einzelne Facetten, deren Summe eine in ihren Dimensionen neue Geringschätzung demokratischer Diskurse widerspiegelt. Die äußeren Merkmale der parlamentarischen Parteiendemokratie sind unverändert; niemand stellt die offiziell geltenden demokratischen Regeln in Frage. Aber im »Normverhalten« eines Großteils des politischen Führungspersonals und der Medien überwiegt die Tendenz, den demokratischen Prozess der Meinungsbildung nicht mehr ernst zu nehmen. So wird die Demokratie zur Farce. Das ist eine Erscheinungsform des Verkümmerns des Politischen. Es liegt auf einer Ebene mit der im 2. Kapitel skizzierten Geschlossenheitsobsession, der eher größer als geringer gewordenen Verhaltensloyalität von Politikern zu ihrer jeweiligen Führung trotz inhaltlicher Identifizierungsschwierigkeiten und der Hinnahme substanzieller institutioneller Entmachtungen, wie sie im 3. Kapitel behandelt wurden.

Doch wie erklärt sich, drei Jahrzehnte nach der antiautoritären Revolte der 68er-Bewegung, dass eine solche proautoritäre Entwicklung um sich greifen konnte? Nach dem einst vehementen und lange erfolgreichen Begehren, durch Aufklärung über politische Vorgänge die Basis aufzurütteln, nach den Kampfrufen »Diskussion! Diskussion!«, die aus den Aulen der Universitäten hallten und bis tief in die Gesellschaft hineinwirkten? Wie kommt es, dass heute wieder häufiger geschwiegen als aufbegehrt wird, obwohl die Unzufriedenheit wächst? Dass die extensiven Diskussionen politischer Theorien durch einen tagespolitischen Praktizismus abgelöst worden sind, der sich von grundlegenden Debatten distanziert, und das, obwohl noch nie so viele neue Herausforderungen existierten wie heute? Dass die zwischenzeitliche Belebung des Politischen von einem Verkümmern des Politischen abgelöst worden ist, ist mehr als der viel zitierte Pendelschlag der Generationen. Denn zumindest unter den Akteuren in den politischen Institutionen und Medien wirkt ja dieselbe Generation, die in den späten

60er und in den 70er Jahren in die Politik aufbrach. Etwa drei Jahrzehnte nach dem Satz Willy Brandts in seiner Regierungserklärung, »Wir sind gewählt, nicht erwählt«, werden eher Verhaltensmerkmale von Erwählten an den Tag gelegt.

Dieser Widerspruch ist offenkundig und wohl einer der Gründe für das weit verbreitete Unbehagen an den »68ern«, das sich in nicht enden wollenden Diskussionen über die APO und ihre Folgen ausdrückt. Von der »verspielten Revolution« spricht der Publizist Uwe Wesel, der 1968 als junger Rechtsprofessor zu den Mentoren dieser Bewegung zählte. Die demokratische Diskussionskultur der APO sei durch diese selbst verspielt worden, als in der eintretenden Zersplitterung die Meinungsdogmen aufeinander prallten.[5] Diejenigen, die aus der Prägung vor allem der 70er und frühen 80er Jahre in die parlamentarische Parteienpolitik eingestiegen waren, stellten 1998 den personellen Kern der rot/grünen Bundesregierung. Ihre Spuren verfolgt auch der Publizist Jürgen Busche in seinem Buch »Die 68er«, und er sieht ein gemeinsames Merkmal: »Sie scheinen genau zu wissen, was sie wollen, und sind gleichwohl nicht festzulegen auf das, wovon im Weiteren zu reden wäre. Es fehlt ihnen die ausweglose Ernsthaftigkeit.« Er hebt die »moralisch unterlegte Mehrdeutigkeit« hervor, die Neigung zu Konformismus und Konsens: »Sie sind nicht nur die geborenen, sondern auch die gesalbten Erben deutscher Konsenspolitik.«[6] In der Tat: Der Kontrast etwa zwischen den stürmischen Parteitagen der SPD der 70er Jahre, die von der eingeströmten jungen Generation aufgemischt wurden, und den von Angehörigen derselben Generation organisierten, stromlinienförmigen Parteitagen von heute könnte kaum größer sei. Ähnliches gilt für die Grünen. Inzwischen ist der Regelfall, dass um der Vermeidung eines offen ausgetragenen Konflikts willen alles versucht wird, um Kritiker mit mehrdeutig formulierten Kompromisssätzen einzubinden – und dass diese sich auch einbinden lassen, so dass am Ende die meisten Beschlüsse so schnell vergessen werden, wie sie beschlossen wurden.

Als »skeptische Generation« beschrieb der Soziologe Helmut Schelsky die jungen Erwachsenen der 50er Jahre. Deren Zurückhaltung gegenüber politischem Engagement war der Reflex auf die gesellschaftliche Totalpolitisierung durch die Nazidiktatur. Der skeptischen Generation folgte die demokratisierte Zeitphase. Diese ist nunmehr von einer neuen Skepsis abgelöst worden, in ihren eigenen Reihen und vor allem bei Jüngeren, die den Werdegang der Aufbruchsgeneration mit kritischer Distanz betrachten.

Nachbetrachtungen über die »68er« gibt es in großer Zahl. Sie kommen immer wieder. Waren sie noch vor 10 oder 20 Jahren eher bewundernd oder – jene von einstigen Akteuren – auch selbstverherrlichend, so werden die aktuellen zunehmend kritischer. Waren es zunächst nur konservative Autoren, die einen allgemeinen Werteverfall beklagten und diesen dem Radikalindividualismus der »68er« anlasteten, so tun das mittlerweile sogar einstige APO-Aktivisten. Offenbar haben viele damit ein ungeklärtes Problem. Aus meiner Sicht, ohne deshalb hier eine weitere Nachbetrachtung zu versuchen, war das Problem der antiautoritären Bewegung – und vieler, die davon mitgerissen wurden – eine prinzipielle Selbstüberforderung im eigenen und im gesellschaftlichen Anspruch, und zwar in ihrem Versuch, zugleich radikalindividualistisch und radikalsozialistisch sein zu wollen. Das Spannungsverhältnis zwischen Individuum und Gesellschaft, das Dauerthema der Philosophie, wurde mit einer Synthese der gleichzeitigen Radikalisierung von beidem versucht. Das konnte nicht gelingen – und führte zu den zahllosen Splittern unterschiedlicher Verhaltensmuster. Bei vielen blieb, ernüchtert durch gescheiterte radikalsozialistische bzw. kollektivistische Politikversuche, eine politische Desillusionierung. Da sie aber mit hohem Anspruch angetreten waren, trifft sie nun umso mehr der Hohn vieler, die zuvor verhöhnt worden waren. Die Entwicklung des politischen Kulturverhaltens allerdings allein dieser Generation zuzuschreiben, überschätzt diese und lenkt von anderen Faktoren ab, zumal die »68er« nicht die Einzigen sind, die die postmoderne Verhaltenskultur begründet haben.

Anhand der Biographien einige Akteure der Aufbruchsgeneration von den 60er Jahren bis in die Gegenwart – allesamt politisch aktiv Gebliebene, die ich persönlich seit dieser Zeit kenne und nicht aus den Augen verloren habe – scheint mir ein Muster erkennbar: Diejenigen, die einst extrem linke Positionen vertraten, sind besonders häufig in eine konformistische, dem Zeitgeist angepasste Einstellung und Verhaltensweise gewechselt, bis hin zu einer aggressiven Distanzierung vom Gedankengut der »Neuen Linken«. Die Übertheoretisierung politischer Probleme, wie sie in den 60ern kultiviert wurde, wurde durch Theoriefeindlichkeit abgelöst, antiautoritäre Einstellungen wichen autoritären, utopische Vorstellungen tagespragmatischen. Ihre Erleichterung, der Selbstüberforderung früherer Zeiten entkommen zu sein, ist spürbar. Der feste Wille ist erkennbar, sich das nie wieder anzutun. So fällt auf, dass viele Jungsozialisten der 70er Jahre, die als »Stamokap«-Fraktion oder »Antirevisionisten« die linke Opposition zu den »Reformsozialisten« stellten, heute in der SPD zu denen gehören, für die sich sozialdemokratische Politik im Erringen und Halten von Regierungsmacht erschöpft. Bei den Grünen zählen viele gerade derjenigen, die noch in den 70er Jahren in linkssektiererischen K-Gruppen aktiv waren, heute zu jenen »Realos«, denen die Abkehr von den »grünen Idealen« vorgehalten wird. Diejenigen dagegen, die zu den vergleichsweise gemäßigten Strömungen der »68er« und der 70er Jahre gehörten und sich beispielsweise in konkreten Umwelt- oder Sozialprojekten engagierten, haben sich ihre politische Passion und aufklärerische Kritikfähigkeit meist erhalten. Sie haben keinen prinzipiellen Grund zur Selbstdistanzierung.

Ich sehe die Gründe für politische Ermüdungserscheinungen der »68er« – und zwar derjenigen, die in die Parteien gingen – vor allem in den angedeuteten individuellen Desillusionierungen. Diese erfolgten nicht nur durch einen hohen Anspruch an die sozialistische Reformierbarkeit der Gesellschaft, der sich in ausgiebigen theoretischen Erörterungen niederschlug und weitgehend ergebnislos blieb, sondern auch durch einen überzogenen Demokratisierungsanspruch, der die Beteiligten physisch und seelisch fast zwangsläufig überfordern musste. Alle weiteren Gründe für die Ermüdung hängen nicht spezifisch mit den »68ern« zusammen, sondern mit den allgemeinen politischen Entwicklungen.

Praktische Politik ist zeitraubend: die Erarbeitung von Handlungs-
konzepten, samt der Bewertung unterschiedlicher Handlungsoptionen; das Werben um zielstrebige Unterstützung mit der dafür uner-
lässlichen Überzeugungsarbeit; die öffentliche Vermittlung und der
unumgängliche Durchsetzungskampf, weil es kaum eine politische
Initiative ohne Gegeninitiative gibt; und natürlich der Wettbewerb um
Wahlpositionen, die die Durchsetzungsmöglichkeit erhöhen: All das
sind Aufgaben, die tendenziell weder Grenzen noch ein Ende kennen.
Sie machen es zwingend erforderlich, dass Politiker produktiv mit
ihrer Zeit haushalten. Die alltägliche »Demokratisierung« der Demokratie erhöht jedoch die zeitliche Beanspruchung tendenziell ins Un-
erfüllbare. Gemeint ist das im 2. Kapitel erwähnte Ideal einer gesellschaftlichen Demokratisierung, die über die des Staates hinausgeht:
die Beteiligung möglichst vieler Menschen in allen sozialen Einheiten,
von Parteien über Bildungseinrichtungen, Krankenhäuser und Wohn-
bezirke bis in die Unternehmen. Die Funktion dieser sozialen Einheiten ist es, wie es der amerikanische Politikwissenschaftler Amitai
Etzioni in »Die aktive Gesellschaft« ausgedrückt hat, die soziale Energie, die »ihre Mitglieder generieren, in öffentliche Energie umzu-
wandeln«[7]. Der praktischen Umsetzung dieses Ideals dienen häufige
Zusammenkünfte der Basis und die ständige Teilnahme an Arbeits-
gremien. Der Politikwissenschaftler Wilhelm Hennis hat bereits 1973
vor den von einem umfassenden Partizipationsgedanken geweckten
»uneinlösbaren illusionären Erwartungen« gewarnt, an deren Ende
»die Agonie der Freiheit« stehen könne.[8]

Der Stuttgarter Bundestagsabgeordnete Ernst Haar, Jahrgang 1925,
der später Vorsitzender der Eisenbahnergewerkschaft war, erzählte mir
einmal von seinem Parteibeitritt im Jahr 1950. Monatelang wartete er
danach vergeblich auf die Einladung zu einer Mitgliederversammlung
seines Ortsvereins. Schließlich fragte er beim Vorsitzenden persönlich
nach, der ihn wissen ließ, dass man sich ohne gesonderte Einladung
regelmäßig einmal im Monat im Nebenzimmer einer Gastwirtschaft
treffe. Als er zum nächsten Treffen ging, saßen die anwesenden SPD-

Mitglieder gruppiert nach Skatrunden. Er setzte sich zu der Runde des Vorsitzenden und fragte, ob hier auch über Politik diskutiert werde, worauf dieser erklärte: »Unser neues Mitglied will über Politik diskutieren. Wir benennen ihn gleich zum Delegierten für die Kreisdelegiertenkonferenz.« Noch zwei Jahrzehnte später, 1970, wurde im SPD-Ortsverein Weststadt von Heidelberg, dessen Mitglied ich geworden war, nur einmal im Jahr eine Mitgliederversammlung durchgeführt. Die Mitglieder überließen die aktive Politik vertrauensvoll der Kreiskonferenz, die auch nur viermal im Jahr tagte, dem Kreisvorstand, der Gemeinderatsfraktion, dem Landtags- und dem Bundestagsabgeordneten.

Das alles begann sich allerdings seit Ende der 60er Jahre grundlegend zu ändern: durch das basisdemokratische Begehren der einströmenden jüngeren Mitglieder. »Abgehobene« und »basisferne« Parteivorstände oder Abgeordnete kamen in Verruf. Die Zahl der örtlichen Parteiversammlungen, der Parteigremien und öffentlichen Parteiveranstaltungen nahm sprunghaft zu – und überall wurde die Präsenz der gewählten Politiker als selbstverständlich vorausgesetzt. Bis sich das berechtigte Anliegen zur Partizipationsneurose auswuchs. 1973/1974, als ich Landesvorsitzender der Jungsozialisten – ein Ehrenamt neben meinem damaligen Beruf als Universitätsassistent – war, nagten an meiner Zeit monatlich jeweils eine Mitgliederversammlung des SPD-Ortsvereins, eine SPD-Kreiskonferenz, eine Kreismitgliederversammlung, eine Sitzung der Programmkommission der Jungsozialisten und des SPD-Landesverbandes, eine Tagung des Landesausschusses und des Bundesausschusses und zwei Landesvorstandssitzungen der Jungsozialisten, eine Landesvorstandssitzung der SPD und mindestens vier Mitgliederversammlungen der 40 anderen Jungsozialisten-Kreisverbände in Baden-Württemberg: 15 regelmäßige Termine, teilweise verbunden mit erheblicher Reisezeit – und das neben dem hohen telefonischen Kommunikationsaufwand, der Erstellung von Positionspapieren und Pressemitteilungen, dem Verfassen von Artikeln. Und wehe, wenn man bei einer Basisversammlung fehlte! Obwohl ich Landesvorsitzender war, wurde ich einmal nicht zum Delegierten für die Landeskonferenz gewählt, weil ich wegen eines anderen

Termins nicht an der diesbezüglichen Kreismitgliederversammlung hatte teilnehmen können.

Anfangs nahmen an den Basisversammlungen noch viele teil; bei Kreismitgliederversammlungen der Jungsozialisten kamen oft mehr als hundert Interessierte. Die Vorstandspositionen waren bereits auf der örtlichen Ebene umkämpft. Es gab zahllose und strittige Diskussionen, häufig geprägt von einem grundsätzlichen Misstrauen gegenüber Vorstandsmitgliedern und Mandatsträgern. Es kann nicht verwundern, dass bei diesem basisdemokratischen Ansatz die innerparteilichen Aktivitäten von Mandatsträgern und Vorstandsmitgliedern zu Lasten ihrer politischen Aufgabe gingen und zudem alle Beteiligten auslaugten. Die Beteiligung an Basisversammlungen ging allmählich zurück. Ein demokratischer Ermüdungseffekt trat ein, der wahre Beteiligungswüsten hinterlassen hat. Wurde in den 70er Jahren über nahezu alles gestritten, so finden mittlerweile nur noch in Ausnahmefällen Diskussionen statt. Indem mittlerweile Mandats- und Funktionsträger wieder weitgehend unter sich tagen, ist jedoch keineswegs lediglich der Zustand wieder hergestellt, der vor dem Versuch einer umfassenderen Basisdemokratisierung gegeben war. Die Politiker haben zwar weniger basisdemokratischen Partizipationsstress. Aber dafür hat der Gremienstress der gewählten Politiker zugenommen, besonders in der Parlamentsarbeit.

Bürokratisierung: Die Spezialisierung des Politischen

Vom Soziologen Niklas Luhmann kommt der Begriff der »funktionalen Differenzen«, die sich als fortschreitende Arbeitsteilung und Spezialisierung aller Tätigkeiten in allen Bereichen der Gesellschaft niederschlagen, so auch in den Arbeitsstrukturen und im Denken der institutionellen Politik. Diese Spezialisierung begann in der Wissenschaft. Von der Naturwissenschaft zur Physik, und von dieser zur Festkörper-, Atom-, Quanten- oder Biophysik. Von der Soziologie zur Wirtschafts-, Agrar-, Stadt-, Entwicklungs-, Familien- oder Jugendsoziologie. Analog dazu folgten Ausdifferenzierungen der Bildung und der Berufe und auch die Aufspaltung der Politik: in Wirtschafts-, Finanz-, Agrar-, Innen-, Außen-, Forschungs-, Umwelt-, Sozial-, Gesundheits-, Verkehrs- oder Familienpolitik – zusätzlich zur Differenzierung nach den verschiedenen Ebenen politischer Zuständigkeiten, also Kommunal-, Landes-, Staats-, Europa- oder internationaler Politik. So wurden aus Politikern Fachpolitiker, die sich etwa im Sektor der Wirtschaftspolitik auch noch als Spezialisten für Währungs-, Mittelstands-, Außenhandels- oder Energiepolitik profilieren. Jeder Spezialist wird bestätigen, dass es selbstverständlich nötig ist, die Verbindungen zu den anderen Spezialgebieten zu berücksichtigen und die Wirkzusammenhänge nicht aus den Augen zu verlieren. Die Spezialisierung geht aber einher mit der Formalisierung und Institutionalisierung detaillierter Zuständigkeiten, mit der Fokussierung der individuellen Aufmerksamkeit darauf und mit einem entsprechenden Konkurrenzverhalten. Sie hat sich längst verselbstständigt und mit der Partikularisierung ihrer Bearbeitung jene der Probleme selbst vorangetrieben.

Das zeigt sich schon daran, wie schnell sich spezialisiertes Ausbildungswissen verbraucht. Die Antwort des Wissenschafts- und Bildungssystems sind Versuche einer Reintegration von Wissensgebieten, Post-graduate- und andere Zusatzstudien, Berufsfort- und Weiterbildungsangebote. In den technischen Wissenschaften wurde die Notwendigkeit der Technikfolgenabschätzung erkannt, aber diese ist selbst schon zu einer Spezialdisziplin statt zu einer Selbstverständlichkeit für alle geworden. In der Politik hat die Spezialisierungskultur einen wesentlichen Beitrag dazu geleistet, dass Politiker systematisch das Politische verlernen. Über ihre Spezialisierung, die sich in den Arbeitsstrukturen der Parlamente und den Tätigkeiten der Parlamentarier abbildet, sind Politikerprofile entstanden, die im Gegensatz zum unbedingten Bezug aller politischen Schritte auf den gesellschaftlichen Zusammenhang stehen, dem gegenüber sie sich bewähren und rechtfertigen müssen. Selbst offenkundige Grundsatzfragen – die Ausgestaltung und der Schutz von Grundrechten, die Verfassungsentwicklung, die Leitbilder der Sozial-, Umwelt- und Wirtschaftspolitik, die Entscheidung über Krieg und Frieden – sind zu Fachfragen geworden, als wären den dafür nicht »Zuständigen« das entsprechende Be-

wertungs- und Urteilsvermögen abhanden gekommen. Sogar Grundwerte und Fragen der politischen Ethik sind heute Spezialgebiete!
Auch das kann nur zum Verkümmern des Politischen führen. Als es
im Herbst 2001 im Deutschen Bundestag um die Entscheidung ging,
ob sich Deutschland am Afghanistankrieg beteiligen soll, wurde den
prinzipiellen Gegnern dieser Kriegsbeteiligung in der SPD-Fraktion
von der Fraktionsführung empfohlen, sie sollten den Außen- und
Sicherheitspolitikern vertrauen. Und als im Frühjahr 2003 Winfried
Hermann, Bundestagsabgeordneter der Grünen, forderte, der amerikanischen Luftwaffe während des Irakkrieges die Überflugsrechte
über Deutschland zu verweigern, wurde ihm vom außenpolitischen
Sprecher seiner Fraktion öffentlich die politische Kompetenz abgesprochen: »Winfried Hermann ist sportpolitischer Sprecher.«

Der Verwandlung von Politikern in Spezialpolitiker liegt die Vorstellung eines stabilen Politikgebäudes zugrunde, an dem nur noch die
laufenden handwerklichen Instandhaltungs-, Ausbesserungs-, Ver-
schönerungs- und Anbaumaßnahmen vorgenommen werden
müssen. Diese Vorstellung entstammt der Hochzeit des modernen
Wohlfahrtsstaats mit der industriellen Wachstumsgesellschaft. Alle
Grundfragen schienen geklärt: Die Verfassungsordnung war weithin
akzeptiert, die Wirtschaftsordnung und die internationale Einord-
nung in die westliche Staatengemeinschaft wurden nur noch von
Außenseitern in Frage gestellt. Fortan ging es scheinbar nur noch um
Auslegungsfragen der Verfassung, um mehr oder weniger Umvertei-
lung, Staat, Markt, Mitbestimmung, um mehr oder weniger Rüstung,
Umweltvorsorge, Steuern, Entwicklungshilfe, Bildungsanstrengun-
gen, Straßen oder öffentliche Einrichtungen. Künftig stehe, so dieses
Denkmuster, nicht länger die prinzipielle Kontroverse zwischen unterschiedlichen Ideologien über das politisch-wirtschaftliche System
im innenpolitischen Vordergrund, vielmehr zähle in erster Linie der
bessere oder schlechtere »Sachverstand«. Die Installierung des Sachverständigenrats zur Begutachtung der gesamtwirtschaftlichen Entwicklung, des »Rates der fünf Weisen«, im Jahre 1963 drückte diese
Grundhaltung ebenso aus wie die Einrichtung der Kommission für
wirtschaftlichen und sozialen Wandel 1970 durch die sozialliberale

Koalition, die des Sachverständigenrats für Umweltfragen im Jahr 1990, die des Wissenschaftlichen Beirats Globale Umweltveränderungen im Jahr 1992 oder die des Nationalen Ethikrats durch die rot-grüne Koalition im Jahr 2000. Sie alle gründen in dem Gedanken, dass strittige Fragen im sachverständigen Diskurs mit der entsprechenden wissenschaftlichen Hilfestellung rational aufgelöst und auf diese Weise letztlich in breitem Konsens gelöst werden können. Auch die Enquetekommissionen des Bundestages – die sich jeweils zur einen Hälfte aus Abgeordneten, zur anderen aus stets nach Parteiproporz benannten Sachverständigen zusammensetzen – bauen auf dieser Vorstellung auf. Die »wissenschaftliche Politikberatung« wurde zum Betätigungsfeld zahlreicher Institute, die Massenproduktion von Politikgutachten und -szenarien setzte ein und überflutet seitdem die Schreibtische von Ministern und Parlamentariern.

Dass es in der Politik gleichwohl immer wieder um Grundsatzfragen geht, wird spätestens in Wahlkämpfen immer wieder offenkundig. Denn Wähler lassen sich mit (scheinbar) wertneutralen und objektiven Expertenstandpunkten nicht mobilisieren – jedenfalls nicht von den Rednern, die nur trockene, scheinbar wertneutrale Fachvorträge halten und der konkurrierenden Partei keine prinzipiellen Gegenmodelle mehr unterstellen, sondern nur noch Ignoranz. Und die Wähler haben Recht: Es widerspricht jeder Erfahrung, dass die Unterschiede zwischen Parteien lediglich solche des unterschiedlichen kollektiven Sachverstands sind, als befänden sich in der einen Partei durchgängig die Sachverständigen, in der gegnerischen nur die Laien. Dies soll dazu dienen, der tatsächlichen politischen Absicht einen objektiven Anspruch zu geben. Wer für die Atomenergie ist, sagt dies kaum noch, sondern er beruft sich auf den »Sachverstand«, dass ohne diese die Energieversorgung »leider« nicht gesichert werden könne. Wer gegen Sonnenenergie ist, bekundet seine Sympathie für diese, wirft aber die »sachverständige Behauptung« ein, dass damit die Energieversorgung einer Industriegesellschaft »leider« nicht möglich sei. Doch das Politische ist und bleibt ein Meinungs- und Positionskampf divergierender Ideen und Motive – und diese Auseinandersetzung kann durch keine noch so wissenschaftliche Spezialisierung ersetzt werden.

Seit den 60er Jahren wurde das »piecemeal social engineering« zum Leitbild einer neuen Politikergeneration. Politiker galten fortan als Sozialingenieure, die sich auf Renovierungsarbeiten politischer Stückwerke konzentrieren; die diese politische Fachzuständigkeit zu ihrem hauptsächlichen Betätigungsgebiet machen; die sich auf ihrem Gebiet bewähren, um dann zunächst innerhalb ihrer Parlamentsfraktion in eine Sprecherrolle aufzusteigen, mit der Perspektive, gegebenenfalls Parlamentarischer Staatssekretär oder vielleicht Minister zu werden. Politische Grundsatzfragen werden in diesem Modell der politischen Führung überlassen. Für die übrigen gilt ein technokratisches Handlungsverständnis, in dem sich die politischen Akteure die Blickwinkel und die jeweilige Fachsprache ihrer Disziplin aneignen und sich das Denken und Handeln in gesellschaftlichen Zusammenhängen abgewöhnen müssen – womit sie vielfach, wenn auch nicht zwingend, ihre politische Kommunikationsfähigkeit mit der Allgemeinheit einbüßen. Das Parlament mit seinen Parlamentsfraktionen hat eine Arbeitsstruktur angenommen, die – so merkwürdig das klingt – die Abgeordneten zur Entpolitisierung ihrer Tätigkeit beinahe zwingt.

Es erscheint widersprüchlich, doch die Resultate der Politik sind durch die Verwandlung von Politikern in Experten und den Ausbau der wissenschaftlichen Politikberatung unzulänglicher und fehlerhafter geworden. Aus nachvollziehbaren Gründen: Die Betrachtungsmuster der Wissenschaft sind auf die Politik nicht übertragbar: Wissenschaftler müssen sich methodisch legitimieren – die Politik hingegen muss sich in der Gesellschaft an dem orientieren, was in Bezug auf die Wertvorstellungen der Menschen und auf die sozialen Konsequenzen zumutbar und erstrebenswert ist. Fehler in der Wissenschaft bleiben – so weit sie noch nicht in die Praxis umgesetzt sind – folgenlos, politische Schritte nicht. Dass es wissenschaftliche Fehlannahmen gibt, die durch die mit der Spezialisierung kultivierte Isolierung der Betrachtungsgegenstände noch vermehrt werden, muss an dieser Stelle nicht weiter ausgeführt werden. Dass in Kreisläufen gedacht werden muss, hat die Ökologie den Natur- und Technikwissenschaften ins Stammbuch geschrieben, die die Gesellschaft mit langfristigen Risiken konfrontiert haben – stets mit dem Versprechen ihrer späteren Beherrschbarkeit. Und dass auch Wissenschaftler extrem ideologisch sein können, bedarf hier keines besonderen Nachweises. Der Vorstellung einer zweckrationalen Politik, die sich durch wissenschaftliche Beratung schlau machen will, setzt nicht nur voraus, dass es einen Konsens über die zu verfolgenden politischen Zwecke gibt, sondern auch eine gesamtheitlich ausgerichtete und durchgängig objektive wissenschaftliche Betrachtungsweise. Doch beides ist in der Realität kaum zu finden.

Ein weiterer Grund für die Häufung von Fehlern in der Politik ist, dass Parlamentsfraktionen heute durch die beschriebene, bis ins Absurde vollzogene Aufgliederung in spezialisierte Zuständigkeiten strukturiert sind wie eine Behörde. Es gibt nicht nur die unumgängliche parlamentarische Arbeitsteilung in Parlamentsausschüssen, die jedes im Kabinett vertretene Ressort begleiten und kontrollieren sollen. Welche Abgeordneten in welchen Ausschüssen sitzen, entscheiden die Fraktionen, denen die Ausschussplätze proportional zu ihrer Stärke im Parlament zustehen. Individuelle Wünsche von Abgeordneten werden berücksichtigt – solange es nicht für einen Ausschuss mehr Anmeldungen als verfügbare Plätze gibt. In diesem Fall muss die Fraktionsführung auswählen. Diejenigen Abgeordneten einer Fraktion, die schließlich in die Ausschüsse delegiert werden, bilden dort eine gemeinsame Arbeitsgruppe und wählen dafür Sprecher und Stellvertreter, die von der Gesamtfraktion bestätigt werden müssen. Darüber hinaus bilden die Fraktionen Querschnittsarbeitsgruppen oder Arbeitskreise, in denen Abgeordnete aus Ausschüssen mit verwandten oder sich überschneidenden Zuständigkeiten arbeiten. Auf der Ebene der Arbeitsgruppen setzt dann eine akkurate Zuständigkeitsverteilung für Einzelthemen unter den Abgeordneten einer Fraktion ein. Eine flächendeckende Zuteilung von Themen.

Ein Beispiel dafür ist die folgende Zuständigkeitsliste der Arbeitsgruppe Wirtschaft und Arbeit der SPD-Bundestagsfraktion: Arbeitslosenhilfe/Sozialhilfe, Beschäftigungs- und Arbeitsmarktpolitik (unterteilt in nochmals ausdifferenzierte Zuständigkeiten für die Organisation der Bundesanstalt für Arbeit, Zeitarbeit, Ost, Frauen,

Ältere Arbeitnehmer, Arbeitsvermittlung, Jugendarbeitslosigkeit, Qualifizierung), individuelles Arbeitsrecht, kollektives Arbeitsrecht, Arbeitszeitgestaltung, Arbeitsschutz/Arbeitszeitkonten, Neue Qualität der Arbeit, Ausländerbeschäftigung/Integration, Außenwirtschaft, Bürokratieabbau, Energiepolitik, European Recovery Program, Haushaltsdienstleistungen, Gewerbliche Wirtschaft, Internationale Arbeitsmarktpolitik, Mittelstandspolitik (unterteilt in Handwerk, Handel und Mittelstandsfinanzierung), Neue Länder, Regionalpolitik, Technologiepolitik (unterteilt in Informationstechnologie/Medienpolitik, Biotechnologie, allgemeineTechnologie), allgemeine Telekommunikation, Post, Makro- und Konjunkturpolitik, Wettbewerbspolitik, EU-Politik (unterteilt in EU-Politik allgemein und EU-Beschäftigungspool), Haushalt sowie Mitberatungen (bezogen auf andere Ausschüsse) für Bildung, Forschung, Steuern, Finanzmärkte, Übernahmegesetz, Familie und Jugend, Gesundheit und Soziales, Innen, Kultur und Medien, Landwirtschaft, Recht, Tourismus, Umwelt, Bauen und Verkehr. Diese 49 Zuständigkeiten sind auf 19 Arbeitsgruppenmitglieder verteilt. Bezogen auf alle Arbeitsgruppen der SPD-Fraktion kommt diese auf etwa 1000 verteilte Einzelzuständigkeiten; ähnlich ist es bei der CDU/CSU. Etwas weniger breit gestreut ist das bei kleineren Fraktionen, weil sie gar nicht genug Abgeordnete für eine derart extensive Zuständigkeitsdifferenzierung haben. So entstehen abgesteckte Reviere für eine ganze Legislaturperiode, die jeweils von den anderen Kollegen zu respektieren sind. Steht ein Gesetz zu einem der genannten Themen an, so ist von vornherein entschieden, wer dazu im Ausschuss die Berichterstattung übernimmt und wer bei einer Plenardebatte darüber redet – auch ein Grund für die Berechenbarkeit der Reden.

Bei individuellen Initiativen für ein Gesetz ist ebenfalls ein Hürdenlauf angesagt, wenn der Vorschlag nicht von den Zuständigen aufgenommen wird. Dann muss ein Gruppenantrag organisiert werden, das heißt, andere Abgeordnete müssen zur Unterstützung gewonnen werden. Die Fraktionsgeschäftsordnungen schreiben jedoch vor, dass solche Anträge zunächst in der eigenen Fraktion – also nur mit Unterschriften von Fraktionsangehörigen – eingebracht werden sollen.

Wenn die für das Thema des Antrags zuständige Arbeitsgruppe diese Initiative mehrheitlich ablehnt, kommt er, selbst wenn die Aussicht auf eine Fraktionsmehrheit gegeben ist, noch nicht einmal auf die Tagesordnung der Fraktionssitzung. Keinem Abgeordneten ist es offiziell verboten, einen fraktionsübergreifenden Gruppenantrag zu stellen. Auch die Geschäftsordnung einer Fraktion kann das nicht verhindern. Da aber alle Fraktionen eine vergleichbare Struktur haben, ist die Aussicht, die für eine Gesetzesinitiative im Bundestag erforderliche Zahl von Unterstützern zu gewinnen, äußerst gering. Gelänge ein solcher Versuch, würde der Antrag nach der offiziellen Einbringung wiederum an den zuständigen Ausschuss verwiesen. Findet er dort keine Mehrheit, kommt er nicht mehr ins Plenum zurück und ist beerdigt. Zu den wenigen Ausnahmen von diesem Muster zählen bisher Initiativen zu fundamentalen humanethischen Grundsatzfragen, wie zur Abtreibung oder zum Embryonenschutzgesetz.

Für diese das Engagement des einzelnen Parlamentariers beschneidenden Arbeitsformen und -strukturen lassen sich durchaus nachvollziehbare Gründe nennen: Sie sollen die Fraktionen geschlossen halten, wie es in der Öffentlichkeit durchaus erwartet wird, deren Arbeitsfähigkeit sichern, und sie folgen penibel einem kollegialen Gleichheitsgrundsatz. Aber die Konsequenzen sind überwiegend negativ: Der Parlamentsbetrieb wird monoton, lässt kaum Raum dafür, dass sich auch formal Unzuständige äußern, und behindert politische Kreativität. Er zwingt die Abgeordneten in die Spezialisierung. Und alle in einen gigantischen, zeitraubenden Kommunikationsaufwand. Denn je mehr Einzelzuständigkeiten, desto größer ist der Abstimmungsbedarf untereinander. Der permanente Abstimmungsbedarf führt neben seiner Umständlichkeit vor allem zu einer Binnenhierarchisierung in den Fraktionen und bürokratisiert die Diskussionsabläufe bis in die partikularisierten Kleinhierarchien von Arbeitsgruppen hinein: Der Fraktionsvorsitzende wird zum Behördenchef, seine Stellvertreter zu Abteilungsleitern, die Arbeitsgruppenvorsitzenden zu Referatsleitern, die »einfachen Abgeordneten« zu Sachbearbeitern. Wer sich der Spezialisierung entzieht, gilt als »bunter Vogel«.

Problemflucht: Die neoliberale Ökonomisierung des Politischen

1973 rief der amerikanische Soziologe Daniel Bell die »nachindustrielle Gesellschaft« aus. Je mehr in der modernen Politik Partizipation und Mitbestimmung und im kulturellen Bereich die Selbstverwirklichung sowie die Entfaltung der eigenen Person in den Vordergrund gerückt seien, desto weiter trieben Wirtschaft, Politik und Kultur auseinander, weil sich darin verschiedene Wertesysteme herausbildeten. Da in der postindustriellen Gesellschaft Wissen immer wichtiger werde, zwinge sie ihre neuen »Oberpriester« – Wissenschaftler, Ingenieure und Technokraten – dazu, »entweder mit den Politikern zu rivalisieren oder sich mit ihnen zu verbünden«.[9] Bell gedanklich folgend erkannte 1977 der ebenfalls amerikanische Soziologe Ronald Inglehart die »stille Revolution«, die er aus den veränderten Werten und Politikstilen der westlichen Gesellschaft ablas. Die industrielle Gesellschaft sei von »materiellen Werten« geprägt gewesen: wirtschaftliches Wachstum und Stabilität, Bekämpfung von Preissteigerungen und Kriminalität, innere und äußere Sicherheit. In der postmaterialistischen Gesellschaft stünden dagegen die Werte einer sauberen Umwelt, der Verbesserung der Lebensqualität der Städte, der Kreativität, mehr beruflicher und politischer Mitbestimmung und weniger unpersönlicher Lebensverhältnisse im Vordergrund der Bedürfnisse. Dies wies Inglehart anhand empirischer Untersuchungen über Lebenspräferenzen nach.[10] Die soziale Basis dieses Wertewandels war der Wohlfahrtsstaat, der die Lebenssicherheit für die immateriellen Bedürfnisse vermittelt hatte. Dass diese Basis im Zuge der weiteren Entwicklung brüchig werden könnte, wurde nicht in Betracht gezogen. Deshalb wurde aus der soziologischen Bestandsaufnahme – wieder einmal – ein säkularer Trend abgeleitet. Diese fehlerhafte Grundannahme erstreckte sich von den Protagonisten des demokratischen Wohlfahrtsstaats der industriellen Wachstumsgesellschaften bis zu den Trägern des postmateriellen Wertewandels. Beide kümmerten sich wenig um die Ökonomie, die ein Selbstläufer zu sein schien.

Dem gegenüber setzte der Neoliberalismus an den brüchig gewordenen Grundlagen des Wohlfahrtsstaats, dessen bürokratisierter Ausgestaltung und expandierendem Finanzbedarf an. Die wachsenden Ängste wirtschaftlicher Eliten vor Abstürzen und ihr klassischer Widerwille gegen staatlich auferlegte Kostensteigerungen und Steuern fanden Gehör auch in jenen Teilen der Gesellschaft, die angesichts der informationstechnologischen Revolution und der Transnationalisierung der Unternehmenswirtschaft, der Konzentrationsprozesse und Fusionen mit zunehmenden materiellen Existenzängsten konfrontiert waren. Die »Revolt of the Haves«, der Aufstand der Habenden, zündete auch allgemein. Sie argumentierte in der Sprache postmaterieller individueller Selbstverwirklichung. (»Wir sind die eigentliche Revolutionäre«, verkündete der amerikanische neoliberale bzw. neokonservative Politiker Newt Gingrich, einer der Wortführer dieser Entwicklung in den 90er Jahren.) Die Formel »Freiheit durch mehr Kapitalismus und Selbstverantwortung« geht allerdings nur auf, wenn man das soziale Gerechtigkeits- und Gleichheitsprinzip offensiv infrage stellte. Der Neoliberalismus hat früher als andere erkannt, dass das alte Wohlfahrtsstaatsparadigma nicht mehr aufging. Seine ökonomischen Kategorien – mit ihrem mangelnden sozialen und ökologischen, mikrostatt makroökonomischen Bezug – rückten im gesellschaftlichen Diskurs in den Rang *der* Ökonomie schlechthin. Währenddessen klebte an den Wohlfahrtsstaatsdemokraten und den Postmaterialisten das Etikett der alten Ökonomie, weil sie für ihre Werte keine neue ökonomische und sozialökologische Dimension entwickelt hatten. Als deren Protagonisten die Renaissance materieller Interessen und die neuen ökonomischen Handlungserfordernisse erkannt hatten, war das geistige Terrain von der »neuen Ökonomie« des Neoliberalismus schon erobert worden. Auch der sozialistische Philosoph und Herausgeber von »Argument«, Wolfgang Fritz Haug, kommt deshalb zu dem Schluss, dass ohne »Kompetenzzuwachs« der Kritiker des Neoliberalismus die Kritik an diesem »nicht zu haben« sei.[11] Weil das versäumt worden war, liefen immer mehr einst wohlfahrtsstaatlich oder postmodern eingestellte Politiker in Scharen zu der neuen Lehre des Neoliberalismus über – und finden sich in dem widersprüchlichen und ausweglosen Versuch wieder, ihre politischen Ziele mit diesen entgegenstehenden ökonomischen Prinzipien erreichen zu wollen. Das

Ergebnis ist die Problemflucht in die heute vorherrschende Ökonomisierung des Politischen.

Austauschbar variieren seither Politiker aller Parteien die Mantras: Eigenverantwortung statt kollektiver Sicherung, Flexibilität und Risiko statt lebenslang gesicherter Beschäftigung. Jeder solle sich auf den Abschied von einem traditionellen Karriereverständnis mit geregeltem Einkommen und linearem Aufstieg einstellen und stattdessen auf die »Ich-Aktie« setzen, so ein 2000 erschienenes »Frankfurter Allgemeine«-Buch; auf die »ICH-Marktvorbereitung«, die »ICH-Markteinführung«, die »ICH-Marktentwicklung« und die »ICH-Marktreife«. Die bisherigen ökonomischen, strukturellen und gesellschaftlichen Grundlagen der Normalerwerbsbiographien seien »unwiderruflich ins Rutschen gekommen«, aufgrund der »Enthierarchisierung der Unternehmensstrukturen«, der »Informatisierung der Wirtschaft«, der »neuen Wertschöpfung durch neue Märkte«, der »Vermarktlichung des Arbeitsmarkts« und der »Individualisierung«.[12] Der Begriff der »Ich-AG« des VW-Vorstandsmitglieds Hartz, der 2002 im Auftrag von Bundeskanzler Schröder eine Kommission zur Reform des Arbeitsmarkts leitete, ist wahrscheinlich dieser »Ich-Aktie« entliehen, wobei deren Wortsinn einen Schritt weitergeht: Er signalisiert dem Individualunternehmer, dass er sich nicht einmal mehr selbst bestimmt, sondern von Aktionären bestimmt ist, denen er gehört.

Die Botschaft lautet, dass die Gesellschaft vom Staat keine weiteren »Wohltaten« mehr zu erwarten habe, sondern nur noch Leistungskürzungen. Das entspricht der gegenwärtigen Lage: Die Gesamtbelastung der Durchschnittsbürger durch Steuern und Abgaben steigt, weil aufgrund der strukturellen Arbeitslosigkeit, dem sich ausweitenden Niedriglohnsektor, der sprießenden Schwarzarbeit und den Steuerumgehungen der internationalen Wirtschaftsakteure die Staatsaufgaben von immer weniger Menschen finanziert werden müssen. Doch trotz dieser unveränderten oder gar steigenden Steuer- und Abgabenlast sinken die Staatsleistungen oder werden aufgekündigt. Die Staats- und Politikverdrossenheit wächst zwangsläufig, wenn es immer weniger Politikleistungen für gleich bleibende oder gar für höhere Steuern und Abgaben gibt.

Umso heller strahlt dann der Stern derjenigen Wirtschaftsakteure, die sich als die eigentlichen dynamischen Kräfte der Gesellschaft inszenieren können – als hätten nicht gerade sie das Dilemma der politischen Institutionen mit verursacht, für das die gewählten Politiker geradezustehen haben. Je größer der Unmut über die Politiker, desto populärer werden Entstaatlichungsparolen. Mit deren unreflektierten Umsetzung wächst die Staats- und Politikerverdrossenheit weiter. Ein Teufelskreis.

Weil die großenteils jahrzehntelang angestauten Probleme den Politikern über den Kopf zu wachsen beginnen, steigt die Neigung zu wirtschaftspolitischen Übersprungshandlungen: Die bevorzugte Handlungsform besteht nicht in einer Rekonstruktion der Politik, sondern in deren Dekonstruktion oder gar Destruktion mit Hilfe des neuen deus ex machina: der umfassenden Liberalisierung der Wirtschaft und der Aufkündigung und Privatisierung öffentlicher Aufgaben. Statt diese neu zu definieren und zu organisieren, die Produktivität des Staates und seine Transparenz zu erhöhen, werden die betriebswirtschaftlichen Produktivitätsanforderungen im marktwirtschaftlichen Wettbewerb auch zum Maßstab politischen Handelns – bisher unter öffentlichem Beifall. Dass viele Bereiche der öffentlichen Daseinsvorsorge keine handelbare Ware sein dürfen, wie es der amerikanische Philosoph Michael Walzer in seinem Buch »Spheres of Justice« hervorhebt[13] – solche prinzipiellen Aspekte verwehen mit den Winden des Marktprimats, das als *das* Politikkonzept etikettiert wird: Politik, um Politik zu ersetzen.

Die Globalisierung ist für diese Art politischer Problemflucht oft nur der Legitimierungshebel. Welchen zwingenden Grund gab es für die Privatisierung der Bundesbahn, die zu einer Aktiengesellschaft umgewidmet wurde, um sie später börsenfähig machen zu können, was wahrscheinlich nie der Fall sein wird? Ist dadurch der Bahnbetrieb leistungsfähiger und billiger geworden – oder teurer und unzuverlässiger, trotz und wegen massivem Beschäftigungsabbau zu Lasten der öffentlichen Sozialkassen? Gab es tatsächlich einen unabweisbaren Grund für die Privatisierung der Post und deren Aufteilung in die Telekommunikation, die Postbank und die Post AG, die wenige Jahre später die Postbank wieder aufkaufte – oder hätte sich nicht auch eine andere flexiblere, öffentliche Unternehmensform angeboten?

Der Berliner Senat hat, unter großem öffentlichem Beifall für diese »Wirtschaftskompetenz«, 1987 sein Stromunternehmen – die BEWAG – veräußert – für eine Summe von 3,19 Mrd. DM. Für das städtische Unternehmen wurde zum Zeitpunkt seines Verkaufs eine kumulierte Dividende von fast 700 Mio. DM für die nächsten fünf Jahre ermittelt, die dem Senat durch den Verkauf verloren gingen. Durch die Verkaufssumme wurden zwar Löcher im Senatshaushalt gestopft, er hat damit die Zinsen für 3 Mrd. DM eingespart, eine Ersparnis, die um einiges höher liegt als die Dividende. Das ist aber nur die isolierte Kalkulation; denn gleichzeitig sind dem Senat Steuereinnahmen für mehr als 5000 Beschäftigte entgangen, und er wurde mit langfristigen Sozialtransferkosten für die beschäftigungslos werdenden BEWAG-Mitarbeiter belastet. Das machte öffentliche Zusatzkosten in Höhe von über 300 Mio. DM im Jahr aus. Zusammen mit der verloren gegangenen Dividende summierten sich die Verluste auf nahezu eine halbe Milliarde DM pro Jahr – wesentlich höher als die eingesparten Zinsen für drei Mrd. DM Schulden.

Ein Grund für den Verkauf solcher öffentlichen Infrastrukturunternehmen war, dass man nur damit die Pfründenwirtschaft beseitigen könne, Politiker in gut bezahlte Vorstandspositionen solcher Unternehmen zu hieven – als gäbe es keine politische Möglichkeit, dies einfach zu unterlassen, statt gleich das ganze städtische Stromnetz zu verscherbeln. Alternativen anderer Art wurden gar nicht erst erörtert: etwa die Aufteilung der BEWAG in einen Produktions- und einen Netzbetrieb, um dann den Netzbetrieb zu behalten und den Produktionsbetrieb zu privatisieren. Warum hunderttausendfach öffentliche Wohnungsbaugesellschaften an ein Privatunternehmen en gros und damit zu sehr niedrigem Preis veräußern, statt – mit etwas mehr Verwaltungsaufwand und Zeitbedarf – etwa in Form eines Mietkaufsystems an einzelne Bürger?

Die Dynamik und Effizienz der wirtschaftlichen Umwälzungsprozesse stehen so sehr im Kontrast zu den ein- und festgefahrenen demokratischen politischen Entscheidungsprozessen, dass viele Politiker

sie neidvoll betrachten. Sie haben eine Anziehungs- und Überzeugungskraft, der sich viele Politiker und politische Beobachter
nicht entziehen können – weshalb sie den (Kurz-)Schluss ziehen,
öffentliche Aufgaben einer solchen Marktdynamik zu übergeben. In
Wahrheit ist das Flucht vor den politischen und ökonomischen Anstrengungen, die Produktivität der Staatsleistungen zu erhöhen, statt
sie aufzugeben.

Ersatzhandlungen: Die Individualisierung und (Schein-)Amerikanisierung des Politischen

Wenn »die Regeln des Politischen den Regeln des Mediensystems unterworfen« werden, so der Politikwissenschaftler und langjährige Vor-
denker der SPD-Grundwertekommission, Thomas Meyer, dann herr-
sche eine »Mediokratie«.[14] Er warnt die europäischen Demokratien
vor einer Entwicklung wie in den USA, wo diese Unterwerfung ein
Stadium erreicht habe, in dem Politik und Politiker hoffnungslos ver-
flochten seien und die Demokratie erodieren ließen. Die »Amerikanisierung« ist schon lange das Stich- und Reizwort für diese Entwicklung, Vorbild für die Wahlkampfmanager und Medienberater der
Parteien und ihrer Spitzenkandidaten – und abschreckendes Beispiel
für die Demokratiebewussten.

Massenkommunikation auch im Dienste seriöser Politik ist unabdingbar; dass dafür alle Register emotionalisierender Ansprache, der
Vereinfachung der Position und Kontrastierung mit Gegenpositionen
gezogen werden, ist eine selbstverständliche Notwendigkeit des Politischen. Dazu gehört auch die Personifizierung einer Partei durch ihre
Vorsitzenden und Kandidaten, ebenso die Personalisierung einer politischen Richtung, wenn ein Kandidat aufgrund seines Profils und seiner Glaubwürdigkeit in besonderem Maße für diese einsteht. Solche
Vorzeigepersonen stehen dann mit der Partei oder einem politischen
Projekt in einer weitgehenden inhaltlichen Identität; mit ihrer individuellen Ausstrahlung können sie zugleich die Zustimmungsbasis in
der Gesellschaft erweitern und die Durchsetzungschancen erhöhen.

Mit anderen Worten: Die Personalisierung von Positionen darf nicht aufgesetzt sein und muss einen politische Inhalt ausdrücken. Phänotyp und Genotyp stehen dann nicht im Widerspruch zueinander. Eine vorhandene inhaltliche Position wird medial ausgeschmückt, beleuchtet, kontrastiert. Die Form folgt dem Inhalt. So sollte es im Idealfall sein.

Mit der sogenannten Amerikanisierung ist es umgekehrt: Der Inhalt, wenn er denn überhaupt noch gefordert ist, wird an der Form und der herausgestellten Person ausgerichtet. Inhaltliche Positionen, deren Wählerwirksamkeit fraglich ist, werden aufgegeben, übertüncht oder versteckt. »Um eine Position zu bekommen, hat er keine bezogen«, lautet ein Aphorismus von Stanislaw Lec. Aussagen über politische Wege und Ziele richten sich nach den Empfehlungen der Wahlforscher. Sich so »aufzustellen«, gilt als zwingende Erfolgsvoraussetzung in den Entscheidungskämpfen um die Regierungsmacht. Diesem Erfolg ist alles unterzuordnen: die Auswahl der Spitzenkandidaten nach ihrer Medientauglichkeit sowie die Auftritte und Aussagen der Kandidaten und die Wahlprogramme der Parteien. Das Stichwort lautet »Corporate identity«, selbst wenn diese zur Selbstverleugnung einer Partei zugunsten ihres Wahlprodukts und dessen individualisierten Werbeträgern führen sollte. Die Kandidaten werden entsprechend medial aufgebaut – eingekleidet, frisiert, trainiert, justiert und präsentiert. Selbst Hänflinge werden noch zu muskulösen Gladiatoren stilisiert. Die Wahlkampfmanager sind vorwiegend Imageproduzenten, doch sie nehmen auch Einfluss auf den Inhalt von Wahlprogrammen, zumindest auf deren Schlussredaktion. Haben Parteitage und -vorstände dennoch etwas beschlossen, was nicht in den Inszenierungsplan passt, wird es aus der Präsentation herausgenommen. »Spindoctors« ziehen die Fäden, sortieren die Informationen gegenüber den Journalisten, spielen hoch oder runter, geben diskrete Interpretationshilfen, streuen Hintergrundberichte und Desinformationen – und halten ihre eigene Rolle nicht selten für wichtiger als die der Kandidaten, ganz zu schweigen von jener der Parteien, für die sie arbeiten. Zur Entschuldigung wird auf die Gesetze der »Mediengesellschaft« verwiesen, denen man sich zu beugen habe: Moderne Politik müsse nach den Methoden gewerblicher Werbetechniken »verkauft« werden. Indirekt wird somit den Medien die Verantwortung für die Entpolitisierung wie auch die wichtigste Rolle für den Wahlerfolg zugeschoben – und von eigener politischer Schwäche abgelenkt.

Als Vorbild für diese Präsentation von Politik gelten zwei erfolgreiche Wahlkämpfe aus zuvor scheinbar aussichtsloser Position: der Sieg von Bill Clinton 1992 gegen den populären Präsidenten George Bush, mit dem eine zwölfjährige republikanische Präsidentschaft beendet wurde. Und der von Tony Blair 1997, mit dem die britische Labour Party nach 18-jähriger Oppositionszeit wieder die Mehrheit gewann. Der »war room« Clintons, in dem die Wahlkampagne bis in alle Einzelheiten geplant worden war, wurde zum Vorbild der »Kampa«, der 1997 eingerichteten Wahlkampforganisation der SPD; die »spindoctors« Mandelson und Campbell, Blairs Wahlkampf- und Medienberater, wurden zu bewunderten, Magiern ähnelnden Leitfiguren.

Der Wahlparteitag der SPD im April 1998 war die bis dahin »amerikanischste« Inszenierung eines Parteitages in Deutschland. Der Wahlparteitag der Demokratischen Partei der USA, die »Convention«, aus Anlass der erneuten Nominierung Clintons als Präsidentschaftskandidat im Jahr 1996, war genau studiert worden. Ich habe eine solche Convention einmal als Gast erlebt, 1988 in Atlanta, als Michael Dukakis aufgestellt wurde. Das Rederecht dort ergab sich nicht aufgrund spontaner Wortmeldungen. Es war vom Parteikomittee vorher festgelegt worden, mit genauen Uhrzeiten der Auftritte, wie ein Fernsehprogramm. Die Dauer der zugestandenen Redezeit war unterschiedlich, je nach formeller oder informeller Rangordnung: Der Präsidentschaftskandidat durfte am längsten reden, gefolgt vom Kandidaten für das Vizepräsidentenamt und den bekannten Parteigrößen. Die Convention begann erst nachmittags. Vormittags gingen die vorgesehenen Redner in die Halle, wo jeder seinen Auftritt mit der Beleuchtungsregie und dem Dirigenten der Kapelle durchsprach und dafür Anweisungen gab. Als schließlich der echte Auftritt begann, spielte die Kapelle einige Takte eines vom Redner ausgewählten Musikstücks. Dann betrat zunächst ein Vorredner die Bühne, um die Delegierten für den eigentlichen Redner aufzuwärmen. Bei Senator Edward Kennedy war es sein Neffe, der später bei einem Flugzeugabsturz umgekommene John F. Kennedy junior, der die politische Bedeutung seines Onkels unterstrich und dessen tragende Rolle für die Kennedy-Familie beleuchtete. Bei Jesse Jackson, der berühmten politischen Stimme der schwarzen Bevölkerung, waren es seine Frau und alle seine Kinder, die ihn als besten Ehemann und Familienvater priesen. Als der angekündigte Redner endlich selbst auftrat, ertönte erneut seine Musik, veränderte sich die Saalbeleuchtung: bei Jesse Jackson etwa wurde die ganze Halle verdunkelt, so dass er ganz allein im Scheinwerferkegel stand. Vor dem Präsidentschaftskandidaten, der traditionell eine überparteiliche – »präsidentielle« – Rede hält, trat der Vizepräsidentschaftskandidat auf. Dieser hat die Aufgabe, gegen den Kandidaten der Gegenpartei Stimmung zu machen und zu polarisieren. Irgendwann gaben die Delegierten aus den einzelnen Staaten ihr geschlossenes Kandidatenvotum ab. Nur ganz beiläufig wurde auch ein Wahlprogramm verabschiedet, in dem kein Wort stand, das nicht vom Stab des Kandidaten gebilligt worden war.

Die Anleihen der SPD bei diesem Convention-Ritual waren 1998 unverkennbar. Die Halle des Parteitags war blau dekoriert, weil diese Farbe als besonders fernsehgerecht gilt, besonders das Podium, auf dem das Parteitagspräsidium und der Vorstand saßen. Es gab ein Drehbuch, das aber nur das Wahlkampfmanagement, das Parteitagspräsidium, der Parteivorsitzende und der Kanzlerkandidat kannten. Der Einmarsch der beiden Gladiatoren erfolgte in einer Traube von Komparsen, begleitet von schmissig-flotter Musik. Das Präsidium auf dem Podium erhob sich und klatschte, ein Zeichen für die Delegierten, es ihm gleichzutun. Der SPD-Vorsitzende Oskar Lafontaine begann seine Rede, mit der er den Parteitag auf die abzuwählende Bundesregierung einschoss. Er hielt sich jedoch ungewohnt zurück, um dem ihm folgenden Kanzlerkandidaten Gerhard Schröder nicht die Schau zu stehlen. Danach gab eine Sängerin die Premiere des eigens für den Wahlkampf komponierten Schlagers, in dessen Text sich »neue Zeit beginnen« auf »der Beste soll gewinnen« reimte. Es folgte der Kanzlerkandidat, dessen Rede in Gestus und Duktus einer Regierungserklärung glich. Im Drehbuch soll gestanden haben, wie lange anschließend die »standing ovations« anhalten sollten. Solange musste das Präsidium stehen und klatschen. Alles andere war nur noch Beiwerk. In vier Stunden war alles über die Bühne.

Stil- und Formelemente der amerikanischen Partei-Conventions finden sich inzwischen bei Parteitagen aller Richtungen wieder. Ihre Funktion ist nicht mehr die offen ausgetragene Meinungs- und Willensbildung. Wenn möglich, soll Geschlossenheit demonstriert werden, denn strittige Diskussionen beeinträchtigen angeblich die »Corporate identity«.

Obwohl hierzulande der Revuecharakter amerikanischer Conventions nicht erreicht wird: Die Erodierung des Demokratisch-Politischen, vor der Thomas Meyer und andere warnen, hat im deutschen Parteiensystem und analog dazu überall in Europa das Vorbild USA sogar längst übertroffen! Denn tatsächlich wird nur der Phänotyp des amerikanischen Systems zu kopieren versucht, ohne dessen Genotyp – die darin enthaltenen demokratischen Elemente – zu übernehmen. Den amerikanischen Conventions gehen nämlich die »Primaries« voraus: der über Monate mit harten Bandagen geführte Wahlkampf mehrerer Bewerber um die Nominierung als Präsidentschaftskandidat. Es ist demokratische Selbstverständlichkeit, dass mehrere Bewerber ins Rennen gehen, sogar dann, wenn sich ein amtierender Präsident erneut um die Nominierung bewirbt. Das Rennen ist in der Regel offen, wie viele Beispiele von Bewerbern zeigen, die zunächst als chancenlos galten und dann nicht nur die Nominierung schafften, sondern sogar Präsident wurden. Wenn die Convention stattfindet, ist also vorher eine demokratische Entscheidung gefallen. Nicht nur über die Person, sondern indirekt auch inhaltlich. Denn die Sieger der »Primaries« haben einen legitimen Anspruch darauf, dass ihre Politikvorstellungen im Wahlprogramm verankert werden.

Dagegen ist hierzulande ein innerparteilicher demokratischer Wettbewerb um eine Kanzlerkandidatur für die Bundestagswahl fast unvorstellbar. Eine Abstimmung gab es bisher nur einmal: 1979, als in der CDU/CSU-Fraktion der CSU-Vorsitzende Franz-Josef Strauß gegen den niedersächsischen Ministerpräsident Albrecht gewann. 1993 ließ die SPD eine Mitgliederentscheidung über den Parteivorsitz zu, um den sich Rudolf Scharping, Gerhard Schröder und Heidemarie Wieczorek-Zeul bewarben. Aber ein monatelanger Wettbewerb zwischen zwei oder gar mehreren Bewerbern um die Kanzlerkandidatur mit abschließender Mitglieder- oder Parteitagsabstimmung? Er würde als ein die Grundfesten der Partei erschütterndes und unter allen Umständen zu verhinderndes Ereignis aufgefasst. Auch die Medien würden eine solche Situation als Beweis heilloser Zersplitterung auslegen und damit panische Befürchtungen in den Parteien über ihr Erscheinungsbild in der Öffentlichkeit noch verstärken. Selbst eine Kampfabstimmung im Vorstand erscheint der Geschlossenheit abträglich, so dass die Vorauswahl von Kanzlerkandidaten in unserem Parteiensystem informell erfolgt.

Die größte Rolle dabei spielt nicht einmal mehr die jeweilige Partei selbst, entscheidend sind die Medien: Wer sich öffentlich erfolgreich in Stellung gebracht hat, wer bei Fernsehen, Radio und großen Zeitungen als kanzlerfähig gilt, ist in der engeren Auswahl. Gute Umfragewerte sind Vorbedingung. Wer nicht mindestens Ministerpräsident, Partei- oder Fraktionsvorsitzender ist, kommt von vornherein nicht in Betracht, weil dies dem internalisierten Hierarchiebewusstsein widerspräche. Deshalb ist es kein Zufall, dass die Kanzlerkandidaten der deutschen Parteien fast ausnahmslos Ministerpräsidenten eines Bundeslandes waren. Wenn sich bei diesem Auswahlkriterium die Antwort nicht von selbst ergibt und immer noch zwei Konkurrenten übrig bleiben, ist die Angst vor einer vermeintlich schädigenden Kampfabstimmung so groß, dass eine Einigung der Konkurrenten untereinander gefordert und dann mit allgemeiner Erleichterung begrüßt wird. So, als Oskar Lafontaine zu Jahresbeginn 1998 Gerhard Schröder zum Kandidaten ausrief, am Abend von dessen fulminantem Sieg bei der niedersächsischen Landtagswahl, oder als sich die CDU-Vorsitzende Angela Merkel bei einem Frühstück mit dem CSU-Vorsitzenden Stoiber auf dessen Kandidatur verständigte. Kandidatenauswahl nach Gutsherrenart. Abstimmungen gibt es nur, wenn bereits entschieden ist – über einen Kandidaten, nicht über mehrere.

So ist die »Amerikanisierung« des deutschen bzw. europäischen Parteiensystems bei genauerer Betrachtung nur eine Scheinamerikanisierung. Sie übernimmt oberflächliche Rituale minus Demokratie, ja, sie baut die demokratischen Funktionen des eigenen Parteiensystems im Namen der »notwendigen« Amerikanisierung weiter ab. Dies beginnt schon damit, dass der wesentliche Unterschied zwischen der amerikanischen Präsidialdemokratie und der parlamentarischen Demokratie bei der Fokussierung der Politik auf die *eine* Person verkannt wird. In den USA wird der Präsident tatsächlich persönlich gewählt – hierzulande aber nur die Parteien. Viele Wähler zögern jedoch, die Partei eines Spitzenkandidaten zu wählen, selbst wenn sie diesen persönlich für befähigter halten, und viele wählen eine Partei trotz ihres Spitzenkandidaten, mit dem sie nicht einverstanden sind. Wenn ein separat gewählter Präsident verliert, scheitert er vor allem selbst; wenn seine Partei verliert, hat der Präsident noch nicht verloren. Beides zeigt sich im amerikanischen System wie auch in Frankreich, wo es durchaus vorkommt, dass Parteien die gesetzgebende Mehrheit im Parlament haben, obwohl der direkt gewählte Präsident einer anderen Partei angehört. Wenn sich Parteien in einem parlamentarischen Regierungssystem zu Wasserträgern einer einzelnen Person machen lassen, dann können sie damit – gelegentlich – Stimmen gewinnen und ihre Macht festigen. Scheitert aber diese einzelne Person, dann kann das langwierige Konsequenzen auch für die Partei haben, und der Preis sind programmatische Selbstaufgabe und Identitätsverlust.

Müssen also die Parteien nicht darauf achten, dass ihr Spitzenpersonal tatsächlich ihre Ideen und Werte repräsentiert? Und müsste nicht das Spitzenpersonal selbst inhaltliche Überzeugungsarbeit in der Partei leisten, statt nur auf wahltaktisch begründete Gefolgschaft zu setzen? Der Mitglieder- und Wählerschwund der Parteien hängt offensichtlich mit diesem Verkümmern ihrer eigenen politischen Bedeutung zusammen, auf die sie sich aus vermeintlich unabweisbaren Gründen der Wahlkampfstrategie einlassen.

Im Übrigen sind ernsthafte Zweifel angebracht, ob die öffentliche Schaumschlägerei nach »amerikanischem« Muster tatsächlich zum Erfolg führt. Bill Clinton hat 1992 nicht wegen des »war rooms« gewonnen, sondern weil ihm zugute kam, dass mit Ross Perot ein dritter parteiunabhängiger Kandidat auftrat, der viele Stimmen von Präsident Bush abzog. Zudem hatten viele Amerikaner die unsoziale Politik der republikanischen Präsidenten satt, und mit Al Gore stand Clinton ein für viele junge Amerikaner hoffnungsvoller umweltpolitischer Vorreiter als Vizepräsident zur Seite. Durchaus analog ging der Wahlsieg Tony Blairs in Großbritannien in erster Linie auf den Überdruss an den britischen Konservativen zurück. Er war weniger fulminant, als er hingestellt wurde: Die Labour Party erhielt, in absoluten Zahlen, weniger Stimmen als fünf Jahre zuvor – bei einer Wahl, nach der Blairs Vorgänger Neil Kinnock wegen seines zu linken Images nicht mehr als mehrheitsfähig galt. Blair profitierte von der massenhaften Wahlenthaltung konservativer Wähler. Und auch die SPD siegte 1998 mit Gerhard Schröder als Kanzlerkandidat vor allem, weil die Mehrheit von Helmut Kohl die Nase voll hatte. 2002 gewann die SPD in letzter Minute, weil Bundeskanzler Gerhard Schröder mit seiner Absage an einen Irakkrieg eine politisch begründete Mehrheitsmeinung artikulierte, und weil die Flutkatastrophe die Ignoranz der CDU/CSU gegenüber Umweltfragen ins Bewusstsein hob. Politische Gründe erwiesen sich also in allen Fällen als vorrangig gegenüber den mythisch gepriesenen Werbekonzepten. Gleiches traf auch für alle anderen Bundestagswahlen zu. Helmut Schmidt, der 1980 auf dem Höhepunkt seines Ansehens als Bundeskanzler stand und bei Umfragen gegenüber seinem Kandidatenkonkurrenten Franz Josef Strauß im persönlichen Vergleich mit 78 % gegenüber 22 % führte, konnte nicht verhindern, dass er kurz vor der Wahl von der Staatsverschuldungskampagne durch Strauß in Bedrängnis gebracht wurde und die Union zwei Prozent vor der SPD lag. 1983, 1987, 1990 und 1994 gewann die Union die Bundestagswahl mit Helmut Kohl an der Spitze, obwohl dessen persönliche Popularitätswerte stets relativ niedrig waren. Die FDP musste, selbst als sie mit Außenminister Genscher den populärsten Politiker als Vorsitzenden hatte, bangen, die Fünf-Prozent-Klausel zu erreichen. Die Grünen kamen in den 80er Jahren leichter über die Fünf-Prozent-Klausel als die FDP, trotz heftigster innerer Kontroversen, weil die Wähler nicht auf eine widerborstige Umweltpartei verzichten wollten.

Es kommt offenbar mehr auf die Politik an, als es die »Amerikanisierer« wahrhaben wollen. Umfragen zeigen immer wieder, dass die Wähler das tatsächliche Politikangebot für wichtiger halten als das Personalangebot. Wenn es überzeugend ist. Die medienprofessionellen Imageberater, die von sich behaupten, die Realität der Wähler zu kennen, beziehen dieses Wissen aber praktisch nur aus Umfragen, kaum aus eigener breiter Erfahrung oder Diskussionen mit unterschiedlichen Berufsgruppen und Bevölkerungsschichten. Da sich alle Medienberater an denselben Umfragen orientieren, kommen auch alle zu ähnlichen Empfehlungen an ihre Parteien – und tragen damit zu deren Austauschbarkeit bei. Genau genommen handelt es sich um Berater in der Technik, Medien zu nutzen. Wenn die Grenzen dieser Form von medialer Vermarktung nicht erkannt werden, hat das dramatische Folgen: die Selbstschädigung der Auftraggeber und einen Authentizitäts- und Glaubwürdigkeitsverlust von Parteien und Politikern.

Dass Parteiführungen dennoch an der Devise »Image statt Inhalt« festhalten, hat zwei Gründe. Zum einen liefern die Inszenierungstechniker Ersatzhandlungen und lenken von den eigenen Handlungs- und Programmdefiziten ab, die mangelnden eigenen Strategien oder preisgegebenen Handlungsspielräumen geschuldet sind. Je kärglicher die Konzepte und Resultate und je größer die tatsächliche Ohnmacht, desto stärker die Neigung zum medialen Aufbauschen des politischen Bestands. Das spektakulärste Beispiel ist der jährliche »Weltwirtschaftsgipfel« (G8, früher G7). Als dieser in den 70er Jahren ins Leben gerufen wurde, trafen sich die sieben Regierungschefs der westlichen Industrienationen im kleinen Kreis zum Gedankenaustausch, mit wenig Begleitpersonal und diskret. Inzwischen sind daraus Mammutveranstaltungen mit Hundertschaften von Beamten im Gefolge und Tausenden von Journalisten als Beobachter geworden. Was dort vereinbart wird, ist von eigens eingesetzten Regierungsbeauftragten, von Arbeitsstäben leitender Beamten und international besetzten »task forces« in mehrfachen Umlaufverfahren vorbereitet, durchgekaut und glattgeschliffen worden. Bevor die Regierungschefs eintreffen, ist das Abschlusskommuniqué über den Inhalt der Gespräche längst vorformuliert. Das eigentliche Treffen zu den Inhalten selbst dauert viel-

leicht drei bis fünf Stunden, wenn man das Drumherum der individuellen und gemeinsamen Presse- und Fototermine und die offiziösen
Essen von der Bruttozeit abzieht. Das dürre Resultat und der bombas-
tische mediale Aufwand stehen in umgekehrt proportionalem Verhältnis zueinander, und vor dem Umfang des mitreisenden Hofstaats würden Monarchen früherer Zeiten neidvoll erblassen. Kein Wunder, dass
die Journalisten vor allem darüber berichten, welcher Regierungschef
wem wie lange die Hand geschüttelt, wer miteinander getuschelt und
Blickkontakt gehabt hat, oder wie viele Gänge von welchem Starkoch
gezaubert und welcher Wein getrunken wurde. Das Bild von Welten-
lenkern wird gezeichnet, bei denen jeder mimische oder gestische Moment bedeutungsschwanger ist. Nur: In Bezug auf welchen Inhalt?
Politik? Politisches? Es scheint bei diesem Gipfeltreffen vor allem um
Bilder für die Heimatfront zu gehen.

Ein anderes Motiv dafür, an der Stromlinie der »Corporate identity« und der Fokussierung auf die Person festzuhalten, ist der macht-
politische, machtegoistische Gebrauchswert dieser Methode für die
Inhaber der jeweiligen Spitzenämter. Je mehr diese Prämisse anerkannt ist, desto wirkungsvoller können sie Kritik aus eigenen Reihen
als erfolgsschädigend beiseite schieben. Und je effektvoller sie mit den
Kampagnenmitteln ihrer Partei zum Star aufpoliert werden, desto
besser können sie ihrer Partei das Gefühl vermitteln, sie sei von ihnen
persönlich abhängig und müsse ihnen deshalb unbedingte Gefolgschaft leisten. So entsteht hierzulande, mehr noch als in den USA, eine
Art medialer Monarchie. Sie hat jedoch mit allen Regeln ihrer Kunst
Menschen nicht zusätzlich motiviert und mobilisiert, sondern summa
summarum das Gegenteil bewirkt. Das politische Personal ist nicht
glaubwürdiger, sondern unglaubwürdiger geworden, seit vor allem
das Verpackungsgewicht zählt.

Die Resultate der Politik sind jedenfalls durch die »modernen«
Methoden der Politikgestaltung keineswegs überzeugender geworden.
Wie oft hört man das Argument, dass die demokratische Politik nicht
zu langfristigen Entscheidungen in der Lage sei, weil die Legislaturperioden die jeweilige Regierung dem Zwang aussetzten, nur Entscheidungen zu treffen, die kurzfristig Erfolge zeigen. Tatsächlich wird

längst mit noch kürzeren Fristen als den vier- oder fünfjährigen Wahlperioden operiert. Schon das monatliche Politbarometer kann, wenn es einen jähen Absturz der Umfragewerte anzeigt, bei einem aktuell unpopulären Kurs die Kehrtwende bewirken. Die Dauerbeobachtung der Bewegungen auf dem Wählermarkt und das Sich-Einstellen darauf entsprechen der Art, wie Unternehmen oder Aktionäre agieren. Doch auch viele Unternehmen der »Neuen Ökonomie« sind an solchen (Kurz)-Schlüssen zugrunde gegangen. Die »Neue Politik« mit ihren Seifenblasen wird sich ebenfalls zugrunde richten – nur dass es etwas länger dauert, weil der Staat nicht Konkurs anmelden kann. Dafür leidet die gesamte Gesellschaft mit ihrem politischen System, und nicht nur die Unternehmen, ihre Beschäftigten und Aktionäre.

Inzucht: Die Degenerierung des Politischen

Selbstbezogenheit und politische Inzucht gelten als Merkmal der Parteien, wegen der dauernden Notwendigkeit für Politiker, sich ihre Legitimation vor allem innerparteilich beschaffen zu müssen. Tatsächlich konzentrieren sich viele Politiker in erster Linie auf die eigenen Leute, und dieses permanente Werben beansprucht – wie schon beschrieben – bei vielen einen großen Teil ihrer Aufmerksamkeit und ihres Zeithaushalts. Der ausschließliche Blick auf die Parteien verstellt dabei allerdings die Sicht auf andere politische Inzuchtbetriebe, von denen ohne jede öffentliche Kontrolle ein weit unterschätzter Einfluss ausgeht und die in der Bandbreite politischer Artikulation wesentlich enger und einseitiger sind als Parteien. Es handelt sich um »Communities«, die für einzelne politische Themenfelder beanspruchen, die Richtlinien der Politik zu formulieren. Sie bestehen aus Politikern aller Parteien sowie aus weiteren Personen, die sich als die eigentlich maßgebende Elite der Gesellschaft für einen Sektor der Politik verstehen. Zwei dieser »Communities« habe ich aufgrund meiner politischen Arbeitsschwerpunkte näher beobachten können, ohne dass ich ihnen je angehören wollte: Die außen- und sicherheitspolitische »InGroup« und jene der Energiepolitik. Beide dienen der inhaltlichen

Eingemeindung aller Politiker, die auf den von den Communities beaufsichtigten politischen Handlungsfeldern eine Rolle spielen.

Die außen- und sicherheitspolitische Community besteht neben Politikern aus Generälen, Vertretern meist staatlicher Strategieinstitute, journalistischen Wortführern auf diesem Gebiet und Vertretern der Rüstungswirtschaft. Sie ist international zusammengesetzt und umfasst außen- und sicherheitspolitische Experten der NATO- Mitgliedsstaaten. Man trifft sich auf zahlreichen Fachtagungen und Konferenzen, und es gibt sogar ein Jahrestreffen, die zu Beginn jedes Jahres stattfindende »Sicherheitskonferenz« in München, die früher »Internationale Wehrkundetagung« hieß. Nur persönlich Eingeladene haben hier Zutritt; die Einladung entspricht einer Art Weihe. Es wird durchaus kontrovers diskutiert, aber nur innerhalb einer gewissen Grenze, deren Überschreiten tabu ist. Es ist die Toleranzbreite innerhalb der gemeinsamen Glaubenswerte: der Existenz und Stärkung der NATO, der Anerkennung der amerikanischen Führungsrolle, der unverbrüchlichen Freundschaft zu den USA, der Nichtinfragestellung der Strategie der atomaren Abschreckung. Wer eines dieser Glaubensbekenntnisse infrage stellt, wird nicht nur schief angesehen, sondern exkommuniziert und muss damit rechnen, künftig als realitätsfremd und irrational hingestellt zu werden, als nicht mehr vermittelbar. Diese Bewertung wird dann, einer Bannbulle gleich, aller Welt verkündet. Sie macht vor keiner Person Halt, und mag sie noch so großes Ansehen genießen. Selbst der ehemalige US-Verteidigungsminister und Weltbankpräsident McNamara blieb davon nicht verschont, als er in den 90er Jahren die atomare Abschreckungsstrategie als prinzipiell verhängnisvoll bewertete; fortan galt er als gaga. Ähnlich erging es dem ehemaligen Bundeskanzler Willy Brandt und den SPD-Politikern, die 1983 gegen die Stationierung von atomaren Mittelstreckenraketen votierten; fortan galten sie in der Community als Parias. Selbst der ehemalige Bundeskanzler Helmut Schmidt kam zeitweilig auf die Liste der nicht mehr für voll zu Nehmenden, als er offen davon sprach, dass Europa sich von den USA emanzipieren und künftig in der Außen- und Sicherheitspolitik auf eigenen Füßen stehen müsse. Ebenso erging es Bundeskanzler Gerhard Schröder, nachdem er an-

gekündigt hatte, dass Deutschland nicht nur eine Mitwirkung im Irakkrieg verweigern, sondern sich sogar im UN-Sicherheitsrat aktiv gegen die Position der USA stellen würde.

Mochten noch so viele Menschen gegen diesen Krieg sein: Von
Politikern wurde ultimativ erwartet, sich gegen die Wähler und auf die
Seite der Amerikaner zu stellen, weil die Öffentlichkeit die Sachlage
nur emotional beurteilen könne. Und mochten noch so viele verlogene und widersprüchliche Gründe für den Krieg angeführt worden
sein – es galt dennoch als geradezu ehrenrührig, das offenkundig ge-
wichtigste Kriegsmotiv anzusprechen: die dauerhafte Sicherung der
politischen Kontrolle über die Erdölreserven auf der arabischen Halb-
insel.

In meinen ersten Jahren als Mitglied des Bundestages war ich
zunächst im Verteidigungsausschuss und dann im Auswärtigen Ausschuss sowie Vorsitzender der Arbeitsgruppe für Abrüstung und Rüs-
tungskontrolle in der SPD-Bundestagsfraktion. Pensionierte Gene-
räle, die als Strategieexperten galten und zum engeren Kreis der
Community zählten, suchten das Gespräch mit mir. Ich galt als kom-
mender Mann in der Sicherheitspolitik. Die Kommunikation war
freundlich, aber ich wurde merkbar abgeklopft, wie ich zu den Grund-
bekenntnissen stehe. Kritische Äußerungen wurden mit der Bemerkung kommentiert, dass mir noch die Erfahrung fehle. Aber man hielt
mich nicht für einen hoffnungslosen Fall. Es folgten Besuche des amerikanischen Botschaftsrats, und ich erhielt eine Einladung zu einem
mehrwöchigen Amerikaaufenthalt, finanziert von der amerikanischen
Regierung, einschließlich Tagesspesen. Zudem wurde ich 1982 persönlich zur Münchner Wehrkundetagung geladen, samt freier Kost und
Logis im Bayerischen Hof.

Als Erstes fiel mir die Abfälligkeit auf, mit der dort damals über die
Proteste gegen die vorgesehene Stationierung der Mittelstreckenraketen hergezogen wurde, sowohl in der offiziellen Diskussion als auch
bei Tisch: das Kopfschütteln darüber, dass der SPD-Vorsitzende Willy
Brandt auf der Kundgebung der Friedensbewegung im Oktober 1981
gesprochen hatte; die Einstufung der regierenden SPD als neues Si-
cherheitsrisiko, weil die SPD-Führung es nicht schaffe, den wachsen-

den innerparteilichen Widerstand zu bändigen; das hechelnde Heran-
schmeißen an die anwesenden Sicherheitsberater Präsident Reagans.
Eine Wortmeldung von mir, in der ich die Motive der Protestbewegung zu würdigen versuchte, wurde mit eisigem Schweigen quittiert;
die Freundlichkeit war zu Ende. Die Hermetik dieser Diskussions-
atmosphäre war spürbar. Ich zog es vor, am gemeinsamen Abendessen
nicht teilzunehmen, und ging stattdessen mit dem »Spiegel«-Redak-
teur Siegesmund von Ilsemann, der zur Beobachtung dieser Tagung
angereist war, in ein Restaurant. Er war im Unterschied zu Journalisten anderer großer Zeitungen nicht zur Tagung zugelassen: Seinerzeit
standen »Spiegel«-Redakteure auf der schwarzen Liste dieses »Clubs«,
weil ihrem Magazin die kritische Haltung gegenüber dem einstigen
Verteidigungsminister Strauß, dessen fragwürdigen Rüstungskonzep-
ten und zur Atomstrategie der NATO nicht verziehen worden war. Am
nächsten Morgen reiste ich ab, vor dem Ende der Tagung. Sowohl die
geistige Enge wie der selbstverständlich vertretene Anspruch dieses
Kreises, maßgebend für die Außen- und Sicherheitspolitik zu sein,
lagen quer zu meinem Denken und politischen Selbstverständnis als
Politiker. Mir war klar, dass eine Mitgliedschaft in diesem Club eine
Selbstindoktrinierung voraussetzte, eine gedankliche und ideelle
Schere im Kopf.

Der andere »Club«, dessen Treiben ich beobachte und bewerten
kann, ist um die Energiewirtschaft gruppiert. Ich habe ihn gelegentlich »Cosa Nostra der atomar/fossilen Energieversorgung« genannt.
Ihr gehören nicht nur die Vorstände von Energiekonzernen an, sondern auch Gewerkschaftsvertreter, Ministerialbeamte, Mitarbeiter
energiewissenschaftlicher Institute, Rechtsprofessoren, Journalisten,
vor allem aus dem Spektrum leitender Wirtschaftsredakteure, und Politiker, wiederum möglichst aller Parteien. Es geht hier nicht um die
klassische Lobbyarbeit von Verbänden. Der Community-Charakter
entsteht auch im Energiesektor durch ein gemeinsames Weltbild und
ein sich daraus ergebendes Zusammengehörigkeitsbewusstsein: die
Überzeugung, dass die bestehende Energieversorgung segensreich für
die Gesellschaft sei, ihr den Wohlstand gebracht habe und weiterhin
sichern werde; dass weder auf die Atomenergie noch auf fossile Ener-

gien zur Versorgung verzichtet werden könne und das Potenzial der erneuerbaren Energien für die Deckung des gesamten Energiebedarfs nicht ausreiche. Erneuerbare Energien seien deshalb allenfalls in »vernünftigem Maße« zu beachten, nur als eine in weiter Ferne liegende Option. Die Eingemeindung einflussreicher Personen erfolgt auf angenehme Weise, bis hin zu Tagungen mit Bürgermeistern in mondänen Hotels in Prag oder mehrtägigen Delegationsreisen von Journalisten nach Afrika, aus nichtigem Anlass, aber mit anschließender Safari. Auf zahlreichen energiepolitischen und energiewirtschaftlichen Fachtagungen wird das Glaubensbekenntnis gepredigt. Gelegentlich werden auch Kritiker der gegebenen Energieversorgung eingeladen, aber entweder als Alibi, oder weil man sie für integrierbar hält. Ihnen wird geschmeichelt, dass man sie im Gegensatz zu anderen als gesprächsfähig und »vernünftig« einschätzt, weil sie keine Hoffnungen in nicht realisierbare Erwartungen setzten. Wer zu viel fordere, der schade doch der Sache. Als ich 1987 mein energiepolitisches Engagement begann, das auf die vollständige Ablösung atomar/fossiler durch erneuerbare Energien zielt, wurde meine Position zunächst als nicht ernst zu nehmende Meinung eines fachfremden Außenseiters abgetan. Als meine Arbeit wider Erwarten politische Wirkungen zeigte, setzten Einbindungsversuche ein: Sondierungsgespräche, Einladungen zu exklusiven Gesprächen mit einflussreichen Personen des Energieclubs. Man könne ja wechselseitig voneinander lernen; nur sei es für mich empfehlenswert, meine gut gemeinten und durchaus bedenkenswerten Zielvorstellungen zu relativieren und mit den gegebenen Verhältnissen zu harmonisieren. Auch Politikerkollegen aus dem »Club« gaben mir entsprechende Ratschläge. Als registriert wurde, dass ich mich darauf nicht einließ, setzten Versuche ein, meine Person zu diskreditieren.

Ähnliche Mechanismen wirken gewiss auch in der größten aller Communities, jener der Wirtschaftselite. Ihr Jahrestreffen, eine Art Feldgottesdienst für das neoliberale Wirtschaftsdenken, ist das Weltwirtschaftsforum in Davos. Ein Teilnehmerbeitrag von 25.000 Dollar sichert Exklusivität. Als Redner eingeladen zu werden, ist die höchste Form der Anerkennung. Das Glaubensbekenntnis ist der »Washington-Konsens«. Neuerdings werden vereinzelt auch Kritiker eingeladen, um guten Willen zu zeigen und ihnen zu signalisieren, dass sie ihre Anliegen doch sehr viel wirkungsvoller vertreten könnten, wenn sie sich auf einen – natürlich noch entwicklungsfähigen – Grundkonsens stellten. Schließlich ginge es doch allen um das Gleiche: Wohlstand und dessen faire Verteilung, und natürlich um einen wirtschaftskonformen Umweltschutz. Stets geht es darum, das Kompetenzmonopol zu beanspruchen und durch eine hohe Kommunikationsdichte abzusichern. Entscheiden Regierungen und Parlamente anders als empfohlen, sprechen die Mitglieder des Wirtschaftsklubs den politischen Institutionen unverhohlen die sachliche Legitimation ab.

»Rückkehr zum Konsens« wird üblicherweise in den Clubs empfohlen, und sie beanspruchen, diesen zu definieren: Konsens ist, was herrschende Meinung ist. Man solle sich mit der Bush-Regierung »einigen«, so lautete der Appell der Außenpolitik-Community, als über die UN-Resolution zum Irakkrieg gestritten wurde. Das klang einleuchtend, obwohl klar sein musste, dass nur eine Unterwerfung unter die amerikanische Position diese Einigkeit hätte herstellen können. »Wir müssen zurück zu einem Energiekonsens« – so lautet die entsprechende Empfehlung der Energie-Community, seit die politischen Konflikte um Atomenergie entbrannt sind. Gemeint ist die Rückkehr zu den früheren Verhältnissen, in denen Energieversorgungsunternehmen ungestört von der Öffentlichkeit operieren konnten und die Energiefrage nicht »politisiert« war. Politisierung als unsachgemäße Einmischung zu betrachten verlangt eine Degenerierung des Politischen. Wenn der Begriff einer politischen Klasse und Kaste zutrifft, dann auf diese Communities.

Gutes und schlechtes Regieren

Die beschriebenen subtilen Mechanismen schwächen einzelne Organe des politischen Systems und führen zur Überfunktion anderer Organe, darunter auch solcher ohne demokratische Legitimation. Regierungen, die sie tragenden Parlamente, Parteien und individuelle politische Akteure verlieren dadurch die Sensoren für andere Handlungsoptionen, für die Angemessenheit ihrer Prioritäten, für ihren Legitimationsbedarf. Sie reduzieren ihre Wahrnehmung auf ihren Apparat, auf den kurzfristigen Handlungsbedarf, auf die flüchtigen, aktuell herrschenden Meinungsbilder, Rahmenbedingungen und Machtkonstellationen. Sie verzichten auf Ziele, die eigene Anstrengungen zur Veränderung dieser äußeren Bedingungen politischen Handelns erfordern. Sie minimieren das Politische.

»Gefährlicher Sieg« – unter diesem Titel veröffentlichte der ehemalige CDU-Generalsekretär Heiner Geissler nach der Bundestagswahl 1994 ein Buch, in dem er seine Partei vor einem bloßen Weitermachen wie bisher eindringlich warnte.[15] Der knappe Wahlsieg dürfe auf keinen Fall selbstgefällig als Bestätigung der bisherigen Politik ausgelegt werden. Nicht »Ruhe und Disziplin« gegenüber der von ihr gestellten Regierung sei die »Pflicht des Abgeordneten«. Die inhaltliche Integration müsse hergestellt werden mit »Argumentation und Diskussion« statt mit »Pression und Sanktion«. Die Regierung – damals das Kabinett Kohl – müsse damit aufhören, »das Parlament und die Fraktionen mehr oder weniger zu umgehen, Entscheidungen in Koalitionsausschüssen, Elefantenrunden und Chefgesprächen zwischen Ressortministern unter souveräner Nichtbeachtung von Fraktionsmeinungen zu treffen, um den Abgeordneten schließlich die Pistole auf die Brust zu setzen und zu sagen: Vogel, friss oder stirb«. Es gelte für die Regierungsfraktion, die Dominanz von »Koalitionszirkeln und sonstigen in der Verfassung nicht vorgesehenen Quasi-Beschlussorganen sowie der Regierung zu überwinden, sich zu emanzipieren und zu einem neuen Machtzentrum zu werden, wie es das Grundgesetz vorsieht. Es geht nicht darum, gegen die eigene Regierung zu arbeiten, sondern darum, die gesetzgeberischen Entscheidungen wieder dorthin zu verlagern, wo die vom Volk gewählten Repräsentanten sitzen.« Es müsse deshalb mehr Streit geben, den manche fürchten »wie der Teufel das Weihwasser oder der Vampir den Knoblauch und das Kreuz. Mit demokratischer Gesinnung hat das freilich nicht viel zu tun, eher schon mit der Angst um die Macht oder mit Angst vor Königsthronen.« Die Politik müsse sich an »modernen Kardinaltugenden« orientieren: Nächstenliebe, Gerechtigkeit, Achtung der Menschenrechte und Zivilcourage, und dem Volk müsse die Wahrheit über die Größe der Herausforderungen gesagt werden. Geisslers Empfehlungen blieben unbeachtet; er redete gegen die Wand des für seine Partei gefährlich gewordenen Regierungsautoritarismus, für den sie 1998 abgewählt wurde.

Die neue rot-grüne Bundesregierung hat dennoch an diese Regierungsmethode angeknüpft, ohne das darin steckende Selbstgefährdungspotenzial zu erkennen. Sie hielt die Kohlsche Arroganz der Exekutive für das allgemein Übliche, für das Politische des Regierens. Sie wollte, um ihre Regierungsfähigkeit zu demonstrieren, sogar relativ viel Kontinuität an den Tag legen – zu einer ausgebrannten Vorgängerregierung. Sie hatte nicht den Himmel versprochen, was sich in dem plakatierten Satz Gerhard Schröders während des Bundestagswahlkampfs ausdrückte, man werde »nicht alles anders, aber vieles besser machen«. Eigenen Grundsätzen und Zielen allein wurde die Mehrheitsfähigkeit nicht zugetraut. Die großen Herausforderungen wurden schon deshalb nicht benannt, weil dann vieles ganz anders hätte angepackt werden müssen. Aber man war unsicher, wie die Bevölkerung auf große Schritte reagieren würde. Außerdem lagen keine erarbeiteten Strategien für grundlegende Neuentwürfe vor, die – trotz zurückhaltender Aussagen im Wahlkampf – von der Bevölkerung gleichwohl erwartet wurden.

Aus diesen Gründen wurde unterlassen, was am Beginn der Regierungsarbeit überfällig gewesen wäre: eine schonungslose Eröffnungsbilanz der tatsächlichen finanzwirtschaftlichen Lage Deutschlands einschließlich der Systeme der sozialen Sicherung (Rente, Gesundheitswesen, Arbeitslosenversicherung) vorzulegen – also der Hinterlassenschaft der CDU/CSU und FDP, in deren Regierungszeit die Staatsverschuldung massiv angestiegen, der wirtschaftliche Aufbau in

Ostdeutschland fehlgeschlagen, die Reform der Sozialsysteme immer wieder aufgeschoben worden war, während die Regierung zugleich milliardenschwere Verpflichtungen für anachronistische Rüstungsprojekte einging. Ohne eine solche Eröffnungsbilanz war zu erwarten, dass die Finanzkrise nach kurzer Zeit der neuen Regierung angekreidet würde. Doch weder Bundeskanzler Gerhard Schröder noch Bundesfinanzminister Oskar Lafontaine haben solche Anregungen aufgegriffen. Wesenselemente des Politischen – einerseits die Identifizierung falscher Konzepte, ihrer Hintergründe, der Verantwortlichen dafür, andererseits das kontrastierende Lösungskonzept, dessen Begründung und daraus abgeleitete Alternativen – wurden vernachlässigt. Auf einem anderen Feld großer Herausforderungen, dem Versuch einer politischen Antwort auf die unkontrollierbaren Finanzmärkte, hatte der neue Finanzminister Oskar Lafontaine zwar Vorstöße unternommen, es gleichwohl nicht geschafft, darüber frühzeitig einen Handlungskonsens mit dem neuen Bundeskanzler zu erreichen. Und die große gesellschaftliche Herausforderung, eine Strategie umweltgerechten Wirtschaftens zu entwickeln, das mehr als alles andere eine rot-grüne Koalition legitimierte, wurde zwar in Einzelelementen verwirklicht, jedoch ohne die elementaren Gründe dafür eindringlich zu verdeutlichen; wiederum aus Angst vor der öffentlichen Reaktion und auch wegen der noch fehlenden Selbstgewissheit, dass das ein zentrales Zukunftsprojekt sein könnte.

Dass die längst anstehenden umfassenden Aufgaben der Neustrukturierung der öffentlichen Finanzwirtschaft, der Sozialversicherungssysteme und des Aufbauprogramms für Ostdeutschland nur durch couragierte eigene Konzepte, außerordentliche Konfliktfähigkeit mit der CDU/CSU und große Überzeugungskraft und Vermittlungsfähigkeit gegenüber eigenen Wählern und der Gesamtbevölkerung durchgesetzt werden können, liegt auf der Hand.

Als das Wahlergebnis 1998 eine rot-grüne Koalition möglich machte, war das die Wunschkoalition auch der überwiegenden Zahl der SPD-Wähler, Mitglieder und Abgeordneten. Es wäre hilfreich und angebracht gewesen, sie nicht lediglich als Zweckbündnis zu betrachten. Doch eine grundsätzliche politische Richtungsaussage der Regierung wurde vermieden, weil diese mit dogmatischer Politik und mangelnder Flexibilität gleichgesetzt wurde. Grundsätze binden. Selbst praktisch eingeleitete Projekte der rot-grünen Koalition, die zeitgeschichtlich begründbar sind und auch so begründet und vermittelt werden müssen, wurden eher routinemäßig realisiert, wie etwa das Erneuerbare Energien-Gesetz, der Atomenergieausstieg oder die Ökosteuer. Es wurde also darauf verzichtet, die Notwendigkeit der rot-grünen Bundesregierung im Bewusstsein der Gesellschaft zu verankern, was sie gegenüber Anfechtungen wetterfest gemacht hätte. In der öffentlichen Vermittlung ihres Tuns blieb sie damit unter ihren Verhältnissen und Möglichkeiten – und sie blieb anfällig gegenüber den laufenden Stimmungsschwankungen in Medien und allgemeiner Öffentlichkeit.

So dominierte von Anfang an ein Regierungsstil, der auf geistige Führung für das verzichtete, was eine rot-grüne Koalition im Kontrast zu den Oppositionsparteien grundsätzlich bedeuten könnte – so wie 1969 eine grundsätzliche Wende zu einer offenen demokratischen Gesellschaft und zur Entspannungspolitik die sozialliberale Bundesregierung inspiriert und ihr gesellschaftlichen Rückhalt verschafft hatte. Beim Regierungswechsel von 1998 – der in der parteipolitischen Konstellation der bisher einschneidendste war, weil erstmals alle bisherigen Regierungsparteien in die Opposition geschickt worden waren – galt eine solche Dimension politischen Handelns bereits als nicht mehr zeitgemäß. So wurde die rot-grüne Regierung die erste postmoderne Regierung, in der Handlungsflexibilität als Tugend verstanden wurde. Die bevorzugte Regierungsmethode blieb die Konsenssuche zwischen den einflussreichen gesellschaftlichen Machtgruppen. Nach dem Gebot weitestmöglicher Konfliktvermeidung wurde z.B. das »Bündnis für Arbeit« zu schmieden versucht – und kam nie zustande. Die Negativseiten des Konsensmodells blieben unreflektiert: dass es denen, die mehr gesellschaftlichen Einfluss haben, entgegenkommt und Spielräume für Zauderer, Verzögerer und Aufschieber bietet. Den »nationalen Konsens als Wert an sich zu betrachten«, schreibt die Journalistin Bettina Gaus in »Die scheinheilige Republik«, war »früher tendenziell demokratiefeindlichen Teilen der Bevölkerung vorbehalten«.[16] Bemerkenswert ist, dass alle realisierten Projekte, die breite Zustimmung erhielten und im Bundestagswahlkampf 2002 zu Vorzeigeprojekten wurden, aus Konfliktlagen hervorgingen, so das Erneuerbare Energien-Gesetz, die Einleitung der Agrarwende und die Gegenposition zum Irakkrieg.

Das Verhältnis zwischen Regierung und Regierungsfraktionen blieb so, wie es Heiner Geissler für das Verhältnis der Kohl-Regierung zum Parlament kritisiert hatte: Die unbesehene Zustimmung zu außerparlamentarischen Konsensvereinbarungen und zu Regierungsentwürfen wurde wie gehabt eingefordert – auch wenn es immer wieder Gesetzesvorlagen gibt, die nicht ausreichend durchdacht sind. So wurde in den Regierungsfraktionen frühzeitig der Plan kritisiert, die vollständige Steuerbefreiung von Veräußerungsgewinnen einzuführen. Ebenso eindringlich wurde vor einer Änderung der Gewerbesteuerveranlagung gewarnt, die es ortsansässigen Unternehmen ermöglichte, andernorts anfallende Verluste zu verrechnen. Doch die Mahnungen blieben unbeachtet. Die in der Folge dramatisch verringerter Steuereinnahmen waren ebenso vorhersehbar wie einschneidend, besonders für die kommunalen Haushalte.

Im Wahljahr 2002 führten die Unionsparteien in den Meinungsumfragen kontinuierlich vor der SPD, und die Grünen mussten lange darum bangen, wieder die Fünf-Prozent-Klausel zu überschreiten. Dies geschah, obwohl die Grünen mit Außenminister Fischer den beliebtesten Politiker aufbieten konnten, Bundeskanzler Schröder einen durchgängigen Popularitätsvorsprung vor dem Unions-Kanzlerkandidaten Stoiber hatte und den Oppositionsparteien von fast allen Medien bescheinigt wurde, konzeptionslos mit leeren Versprechungen aufzuwarten. Noch im August standen CDU und FDP vor einem sicher geglaubten Wahlsieg und damit der Wiederanknüpfung an ihre Regierungskoalition von vor 1998 – als wären alle Problemberge erst unter Rot-Grün entstanden. Trotz allem begnügte sich die Regierungskoalition mit einer Fokussierung des Wahlkampfs auf ihre beiden Führungspersonen und mit der Präsentation der Regierungsbilanz. Sie präsentierte nicht etwa neue ambitionierte Regierungsprojekte. Verlautbart wurde, dass ein Wechsel schon nach vier Jahren zu früh sei, was wie eine vorgezogene Empfehlung an die Wähler wirkte, diesen doch dann vier Jahre später zu vollziehen. Das zeigt, wie sehr es an langfristig angelegten Programmen und politischer Selbstüberzeugung fehlt.

Doch der Zwang der Verhältnisse machte es sogar noch mitten in der Wahlkampfzeit notwendig, neue große Projekte aus der Taufe zu heben – auch wenn davon in den Wahlprogrammmen der SPD oder der Grünen noch keine Rede oder sogar Gegenteiliges zu lesen war. Die »Hartz-Kommission« zur grundlegenden Reform der Arbeitsverwaltung und -vermittlung, die im Frühjahr 2002 eingesetzt wurde und im August ihre Ergebnisse vorlegte, war dabei die Hauptanstrengung. Ihr Programm sollte »1:1« umgesetzt werden, verkündete der Bundeskanzler, bevor es die Kandidaten der Koalitionsparteien zu lesen bekommen hatten. Als diese Wahl mit einem knappen Sieg der Koalition ausging, bestand zunächst Einigkeit darüber, dass sich die Methodenfehler der Regierungsbildung von 1998 nicht wiederholen dürften: Bei den Koalitonsverhandlungen sollten nicht mehr Details, sondern Richtziele vereinbart werden, deren Konkretisierung und Ausfüllung den Regierungsfraktionen überlassen bleiben sollten. Doch die Koalitionsverhandlungen enthielten wiederum zahlreiche zusammengewürfelte Einzelfestlegungen, von denen viele in der Eile gar nicht ausreichend durchdacht sein konnten, spontanen Ärger in der Öffentlichkeit und in den Regierungsfraktionen auslösten und teilweise schnell wieder zurückgezogen werden mussten. Gleiches galt für Einzelheiten des Hartz-Konzepts. Auch in der Folgezeit setzte sich das bei anderen Vorhaben fort: ein die Öffentlichkeit irritierendes Hin und Her über zahllose Einzelheiten.

Die Erkenntnis, dass ständige Kleinkorrekturen in der sozialen Sicherung oder im Kampf für neue Arbeitsplätze allein nicht mehr ausreichen und Großvorhaben geboten sind, ist nicht mehr zu verdrängen. Aber die Methode, die Regierungsfraktionen und -parteien vor vollendete Tatsachen zu stellen, hat sich nicht geändert. Angeblich gab es in keinem der Fälle alternative Handlungsoptionen. Zwangsläufig lösten konzeptionelle Schnellschüsse jedesmal heftige innerparteiliche Diskussionen aus und kratzten die »Corporate identity« an. Meinungen, die die Regierung noch kurz zuvor selbst vertreten hatte, für abwegig zu erklären, untergrub die Glaubwürdigkeit.

Aber Zustimmung entsteht durch änderungsoffenen Diskurs, und Legitimation erwächst auch aus dem Verfahren und nicht allein aus der Machtstellung. Dass für jeden abrupt eingeleiteten Positionswechsel die sofortige Zustimmung verlangt wird, und dies auch nach wiederholten Erfahrungen unzulänglichen, stochastischen Regierens, zeigt deutlich, wie sehr die Reduzierung des Politischen auf das Regierungshandeln bereits System ist. Das ist kein alleiniges Problem des amtierenden Bundeskanzlers, wie die zitierte Kritik an seinem Vorgänger zeigt. Es ist eine Folge des Prozesses der Entparlamentarisierung, zu der die Parlamente selbst viel zu lange beigetragen haben.

Autoritäre Führungspraxis und autoritätsfixiertes Verhalten bedingen einander. Die Gründe dafür sind nicht, dass das gegenwärtige Spitzenpersonal – für sich gesehen – autokratischer eingestellt wäre als früher. Der bekannte Satz Willy Brandts, dass sich »jede Zeit ihre Leute suche«, stimmt im Positiven wie im Negativen und »oben« wie »unten«. Wo kein wirklicher äußerer Zwang zur Akzeptanz neoautoritärer Strukturen existiert, kann deren Etablierung nur durch Veränderungen politischen Kulturverhaltens der Regierten zustande kommen. Politik wird unzulänglich, solange sie nur einseitig beeinflusst und herausgefordert wird, wenn Parlamente, Parteien und die Öffentlichkeit sich fügen, statt sich zu regen. In Verbindung mit dem Gestaltungsverlust der politischen Institutionen der Demokratie und deren Leerlauf kann das in eine umfassende Systemkrise umschlagen. Die Hoffnung, dass andere besser regieren, wird mit jeder Wahl neu aufkeimen, ebenso werden die Enttäuschungen auf dem Fuß folgen, wenn das Politische verkümmert bleibt und deshalb die Lernfunktion der Demokratie nicht greift. Allerdings wird die Zahl derer, die immer wieder neu hoffen, laufend kleiner – und die Zahl der Enttäuschten und sich generell Abwendenden größer.

In den Monaten nach der Bundestagswahl 2002 stürzten die Umfragewerte der Bundesregierung ab, besonders die der SPD als größter Regierungspartei. Dies änderte sich nicht einmal, als im Frühjahr 2003 der Konflikt der Bundesregierung mit der amerikanischen Regierung wegen des drohenden Irakkrieges viele Wochen lang das herausragende Thema war und sich eine überwältigende Mehrheit der deutschen Bevölkerung mit der Position der Bundesregierung identifizierte. Die laufend prekärer werdende Lage der Staatsfinanzen, die notorischen Kostensteigerungen im Gesundheitssystem, die anhaltende Arbeitslosigkeit, das nicht mehr überschaubare Spektrum zahlloser Einzelvorschläge haben das Vertrauen in die wirtschafts- und sozialpolitische Handlungsfähigkeit und -zuverlässigkeit der Bundesregierung beeinträchtigt, ohne dass deshalb das Zutrauen zu den Oppositionsparteien gewachsen wäre, die einen ähnlichen, die Allgemeinheit irritierenden Eindruck hinterlassen.

Die Minima des Politischen, die sich über viele Jahre entwickelt haben, kommen im Brennglas der Krise zusammen: Die Reduzierung des politischen Denkens und Handelns auf zahllose Kleinkorrekturen, was die Lage meistens nur verschlimmbessert. Die gedankliche und praktische Scheu vor großen Politikentwürfen, die sich auf die Problemkerne konzentrieren. Der Verzicht auf eine Leitidee. Das Versäumnis, die Produktivität der Staatsleistungen – von sozialen Leistungen bis zu Subventionen – nicht gesteigert zu haben, bis sich zwei untragbare Optionen gegenüber standen: weitermachen wie bisher oder Kahlschläge. Die Konsensorientierung, die es solange wie möglich allen recht machen will und nicht demokratisch Legitimierten unmittelbare politische Mitwirkung einräumt. Die gouvernmentalistische Regierungsmethode, die das Parlament, ja selbst die Regierungsfraktionen immer wieder zu überspielen versucht. Die Fixierung auf das aktuelle Stimmungsbild in den Massenmedien. Die Politikverflechtung im föderalen System. Der Kompetenzverlust gegenüber europäischen Institutionen und dem WTO-Regime, der eigene Handlungsoptionen drastisch reduziert hat – und dennoch auf internationaler Ebene weiter mit vorangetrieben wird. Die Verdrängung des längst akut gewordenen Tatbestands, dass es nicht möglich ist, unter dem Primat dieses Dogmas zu zukunftsfähigen sozialökonomischen und -ökologischen Problemlösungen zu kommen. Was sich in diesem Brennglas zeigt, ist das Verkümmern des Politischen im Politikbetrieb insgesamt. Ein neuer »starker Mann«, das Auswechseln einzelner

Führungsfiguren, ein Regierungswechsel, eine Große Koalition: Das alles wird nichts ändern, so lange die Minima des Politischen – als Kulturelement der Politik – dominieren; bis in die Sprache der Politik hinein, wie der folgende Exkurs zeigt.

Exkurs

Leitleerformeln und Gegenwartslegenden: Die Codierung politischen Denkens

Anschauungen ohne Begriffe sind blind, Begriffe ohne Anschauungen leer.

Immanuel Kant

Begriffe sind Instrumente der Identifikation und des politischen Kampfes. Doch gegen ihre Diskreditierung, Aufladung, Entleerung und Neudeutung in der öffentlichen Debatte können sie sich nicht wehren. So werden nichtssagende Begriffe zu vielsagenden, vielsagende Begriffe werden nichtssagend. Eindeutige Begriffe werden vieldeutig und vieldeutige eindeutig. Gehaltvolle werden einseitig, wie »Globalisierung«, das mittlerweile zur Chiffre für eine Wirtschaftsliberalisierung ohne Grenzen wurde. Oder Begriffe werden, wie »Reform«, so inflationär gebraucht, dass schließlich jede noch so kleine Gesetzeskorrektur diese Würdigung verliehen bekommt. Zur Entfernung der politischen Begriffe von ihrem ursprünglichen Wortsinn lassen sich alle medialen Manipulationstechniken der Produktwerbung einsetzen.

In den historischen Auseinandersetzungen der Neuzeit über die politischen Ideen hatten die Begriffe ursprünglich noch eine klare politische Zuordnung. Für frühere Konservative etwa war »Demokrat« ein Unwort. Der Verteidigungsminister hieß Kriegsminister, solange Krieg noch als selbstverständlicher Bestandteil von Politik galt. Ganze politische Richtungen bekannten sich zu Nationalismus und Diktatur, im Unterschied zu denen, die Internationalismus und

Demokratie verfochten. Doch ob Planwirtschaft, Marktwirtschaft, Kapitalismus, Sozialismus, Kommunismus, Konservatismus, Liberalismus, Christentum, Islamismus oder Monarchismus – keiner dieser Begriffe blieb von Vereinnahmungen und Diskreditierungen verschont. Deshalb sind die begrifflichen Bezeichnungen fast aller politischen Ideen mehr oder weniger verbraucht oder bedürfen einer Ausdifferenzierung selbst dann, wenn sie mit Eigenschaftswörtern konkretisiert wurden, wie »soziale Marktwirtschaft« oder »demokratischer Sozialismus«. Auch Versuche, sich einfach »neu« zu nennen, helfen nicht weiter – wie etwa »New Labour«, »neue Sozialdemokratie«, neokonservativ, neoliberal.

Seit das Prinzip des demokratischen Verfassungsstaats zum Konsens geworden ist und Werte wie Freiheit, Gerechtigkeit, Menschenrechte, Umweltschutz, Frieden als selbstverständlich im gesellschaftlichen Bewusstsein verankert sind, wird jedwede Politik damit begründet, auch wenn sie auf das genaue Gegenteil zielt. Die Möglichkeit, die tatsächlich vertretene Zielsetzung zu erkennen, wird zusätzlich durch »Plastikwörter« erschwert, die – so der Sprachwissenschaftler Uwe Pörksen – zur »Sprache einer internationalen Diktatur« geworden seien: Diffuse Eindrücke und Auffassungen werden in einem wohlklingenden Begriff zusammengefasst, um »die vielgestaltige und in lauter Zwischenstufen bestehende Wirklichkeit beweglich zu treffen. Wörter sind der Möglichkeit nach dehnbar, man ist meistens kaum in der Lage, einen Begriff aus dem Stegreif zu definieren; im konkreten Gebrauch dagegen, auf ein Gegenstandsfeld bezogen, nehmen die Wörter kraft der Stärke, die der Redner ihnen zuweist, ihre spezielle Bedeutung an und sind beliebig nuancierbar.« Als Merkmale solcher Wörter beschreibt Pörksen, dass sie der Wissenschaft entstammen und Stereotypen sind; ihr Anwendungsbereich ist umfassend, sie sind inhaltsarm, erzeugen Uniformität, hierarchisieren und kolonisieren die Sprache und etablieren eine Elite der Experten.[1]

Solche Codes programmieren das politische Denken und Handeln in größerem Maß, als den meisten bewusst ist. Im politischen Diskurs wird heute bewusst kein ideologisches, sondern ein neutral klingendes Vokabular benutzt. Es soll einen scheinbar unbestreitbaren Tatbestand suggerieren, aus dem sich nur noch *eine* schlüssige Konsequenz ergebe. Ein typisches neues Plastik-Codewort ist der »digitale Kapitalismus«, dem der Publizist Peter Glotz mit einem Buch gehuldigt hat: Den jeden Einzelnen erfassenden Beschleunigungswettbewerb erklärt er zur informationstechnologisch bedingten allgemeinen Gesetzmäßigkeit, der man sich nur noch bei Strafe des Scheiterns entziehen könne. Ein Plastikwort der Energiediskussion ist »Zukunftsenergien«. Es bezieht verschleiernd auch atomare und fossile Energien mit ein und soll damit verhindern, dass allein erneuerbaren Energien Zukunftsfähigkeit zugesprochen wird. Bei einem Kolloquium zu Energieproblemen der chinesischen Wachstumsgesellschaft sprach der eine Referent davon, dass China für seine Energieversorgung »flexibility«, »diversity« und »efficiency« brauche; der nächste Referent meinte, dass es vor allem um »efficiency«, aber auch um »flexibility« und um »market access« gehe; ein Dritter hob die Notwendigkeit eines »free access to cheap resources« hervor, aber dies unter dem Vorzeichen von »diversity« und »efficiency«. Ansonsten waren sich alle darin einig, dass der Energiebedarf wachse und China deshalb auf keine Energiequelle verzichten könne. Mit ihren nichtssagenden Wertungen hätten sie ihre Rede ebenso gut über jedes andere Land halten können. Alle Redner galten als wissenschaftliche Experten.

Gegen die Verwässerung und Pervertierung von Begriffen hilft nur, ihre tatsächlichen Bedeutung auf den dafür eigentlich richtigen Begriff zu bringen und dadurch wieder Begriffsklarheit herzustellen. Dass dies möglich ist, ergibt sich aus dem ursprünglichen Wortsinn: Nur weil es einen solchen im Allgemeinverständnis gibt, wird er in vortäuschender Absicht zu besetzen versucht. Und gegen Plastik-Codes hilft nur deren Karikierung.

Schwieriger ist das bei Begriffen, die geschichts- und tatsachenverzerrende Behauptungen enthalten und zu Legenden werden. Eine der bekanntesten war die »Dolchstoßlegende« der antidemokratischen Strömungen in der Weimarer Republik: Die deutsche Armee sei »im Felde unbesiegt« gewesen, Schuld an der Niederlage und den Folgen trügen diejenigen, die die demokratische Republik ausgerufen und begründet hätten. Dass die »68er«-Bewegung schuld am Verlust der

Gemeinschaftswerte sei und die Frauenbewegung daran, dass die Familien vernachlässigt würden, dass der »Sozialstaat« und der »Umweltschutz« Wurzel der wirtschaftlichen Wachstumsschwäche seien, soll der Ablenkung von tatsächlichen Gründen und Schuldigen dienen. Es sind antiaufklärerische Begriffe zur geistigen Programmierung der Öffentlichkeit. Der Theaterregisseur Ivan Nagel hat 2003 einen zornigen Artikel geschrieben, den er »Das Falschwörterbuch der Sozialreformen« nannte: Wie die gesammelten Interessen der Wirtschaft »Markt« genannt werden, das Streichen von Sozialleistungen »Eigenverantwortung«, die Kürzung des Arbeitslosengeldes »Anreiz für Wachstum«. Niedriglöhne werden zur »Differenzierung der Lohnstrukturen«, Arbeitslosigkeit wird zur »Globalisierung der Marktwirtschaft«. Kümmern sich dagegen die Gewerkschaften nicht um »Arbeitslose«, sind sie »Egoisten«, und verteidigen sie deren Bezüge, sind sie nicht etwa Altruisten, sondern »Bremser« und »Besitzstandswahrer«.[2] Im Folgenden versuche ich, einige der besonders verbreiteten Leitleerformen zu beleuchten, die die politischen Redensarten durchziehen oder zur Legendenbildung beitragen. Ihre Eigenschaft ist, dass sie nichtssagend sind, und doch genau damit etwas sagen sollen; und dass sie trotz zweifelhafter Inhalte einleuchtend klingen.

»Die Mitte«

Die »Mitte« ist der begehrteste politische Standort. In der Mitte, und damit weder links noch rechts zu stehen, suggeriert Überparteilichkeit und Ausgewogenheit, Mäßigung und Bedachtsamkeit, Vernunft und Ideologiefreiheit. Nach der Mitte zu streben gilt als der Weg, um Mehrheiten zu gewinnen. Die Plätze in der Mitte sind stets überbucht. Tatsächlich ist »Mitte« ein unbestimmter Begriff. Wahrscheinlich ist gerade das der Grund für seine Beliebtheit. »Sanft ist das Leben in der Mitte«, schreibt der Deutschlandkorrespondent der französischen Tageszeitung »Le Figaro«, Jean-Paul Picaper: »Was ist natürlicher, selbstverständlicher und harmloser als dieser weiche Bauch der Gesellschaft, den man als Mitte bezeichnet? Alles, was dick und fett ist, wirkt beruhigend und konziliant.« Die Mitte ist ein Standort, der ständig wechselt, je nachdem, was jeweils als extrem bezeichnet wird oder als rechts oder links gilt. In der Mitte zu stehen, ist ein anderes Wort für Standpunktlosigkeit. Picaper: »Wie das Niemandsland ist die Mitte da, wo links und rechts nicht sind. Sie ist also da, wo nichts ist. Die Mitte ist eine politische Funktion, die noch auf einen Inhalt wartet.« Sie ist der Stammplatz leidenschaftsloser Menschen, denen »politisches Engagement eine Last ist«.[3]

Das Internationale Rote Kreuz nimmt, um Kriegsopfern überall helfen zu können, gegenüber Kriegsparteien prinzipiell eine neutrale Stellung ein. Aber es ist parteiisch, wenn es um das Recht der Menschen auf Leben und Unversehrtheit geht, wie es im humanitären Kriegsvölkerrecht, der Genfer Konvention, festgeschrieben wurde. Bisher galt dessen Gehalt nicht als links, sondern als allgemeine zivilisatorische Errungenschaft. Doch seitdem die Grundsätze der Genfer Konvention sogar von Regierungen westlicher Demokratien kaltschnäuzig ignoriert werden – wie bei der Bombardierung ziviler Ziele in Serbien während des Kosovokrieges oder in Bagdad während des Irakkrieges –, werden diejenigen, die das beklagen, als »links« diskreditiert. Wer immer ein Prinzip vertritt und daran festhält, kann nicht mehr in der Mitte stehen, wenn dieses Prinzip verletzt wird. Mitte bedeutet, sich nicht entscheiden zu müssen oder zu wollen. Deshalb produziert »die Mitte« auch selbst besonders viele Plastikwörter und Gummibegriffe.

Zwischen kontroversen Standpunkten einen neutralen Standort zu wählen oder zwischen ihnen zu vermitteln zu versuchen, kann dann begründet und konstruktiv sein, wenn beide Konfliktpositionen entweder zu einseitig und willkürlich sind, oder wenn beide gleichermaßen gesellschaftlich legitim sind und deshalb ein Modus vivendi gefunden werden muss – wenn es also kein überzeugendes Ja oder Nein gibt. Eine totale Ablehnung der Genforschung ist kaum verantwortlich begründbar, weil sie neue Heilungsmöglichkeiten verspricht; eine generelle Befürwortung ist angesichts der Gefahren einer Menschenzüchtung erst recht nicht zu verantworten. Eine generelle Ablehnung des Krieges unter allen Umständen ist kaum vermittelbar – sehr wohl jedoch eine Ablehnung von Kriegen als selbstverständliches und vorrangiges Mittel der Politik. Eine Großtat war die Vermittlung zwischen Weißen und Schwarzen in Südafrika, um das Apartheidregime ohne Blutvergießen zu beenden. Eine Großtat wäre die erfolgreiche Vermittlung zwischen israelischen und palästinensischen Lebensinteressen. Engagierte Neutralität ist nicht das Gleiche wie die Positionslosigkeit der »Mitte«.

Doch bei zahlreichen prinzipiellen Fragen muss man sich entscheiden: etwa zwischen Patentierung und Nichtpatentierung entdeckter Naturgüter; zwischen Menschenrechten und der Macht des Stärkeren; zwischen dem Vorrang von Umweltschutz und Demokratie oder dem des freien Marktes; zwischen sozial gebundener oder freier Marktwirtschaft; zwischen hemmungslose Freiheitsentfaltung oder Gemeinwohlverpflichtungen.

Wer nur konsensfähig ist, ist nicht konfliktfähig – und damit in Kernfragen auch nicht politikfähig. Die ewigen politischen Mittler sind Politiker ohne Eigenschaften. Wer sich Konflikten stellt, muss die Mitte verlassen. Wer dies prinzipiell vermeidet, wird vom Politiker zum Moderator. Der SPD-Politiker Herbert Wehner – ein Meister darin, Dinge notfalls auch drastisch auf den Punkt zu bringen – kommentierte einmal das Bemühen um einen ungenießbaren Formelkompromiss für einen Parteitagsbeschluss der SPD: »Ihr seid hier bei dem Versuch, aus Scheiße Schokolade zu machen. Die Farbe kriegt ihr hin, aber der Gestank bleibt.« Die Wähler verhalten sich gegenüber der Mitte schizophren. Sie bevorzugen bei Wahlen gerne Politiker der »Mitte« und verachten zugleich deren mangelndes Profil. In ihrer eigenen Unschlüssigkeit und ihrem Harmoniebedürfnis spiegeln sie sich in den »Vermittlern« und sehnen sich zugleich nach einem Standpunkt, der Orientierung bietet. Sie rufen nach klaren Positionen – und lassen jene, die sie vertreten, schnell wieder fallen.

Die politische Mitte ließ sich identifizieren, als noch einigermaßen klar war, was rechts und links ist. Doch je unklarer geworden war, was links und rechts inhaltlich bedeutet und je mehr einst nominelle Linke wie Rechte in die Mitte drängten, desto diffuser musste der Begriff der Mitte werden. Wenn sich Links zur Mitte auflöst, es aber Rechts noch gibt, wird die Mitte zur Linken. Und umgekehrt. Die Mitte ist, wo heute alles und morgen nichts sein kann. Der italienische Philosoph Norberto Bobbio hat in seiner Schrift »Rechts und links« daran erinnert, dass sich in jeder Gesellschaft zu jeder Zeit ein Spannungsverhältnis zwischen zwei Grundrichtungen politisch herausbildet: der Orientierung an der Gleichheit und jener am Eigennutz.[4] Es ist das ewige Spannungsverhältnis zwischen »animal sociale« und »animal individuale«, der Gesellschaft und dem Einzelnen, dem Individuum und dem Gemeinwohl, das in allen Menschen angelegt ist und – je nach allgemeinen und individuellen Lebensbedingungen – zu unterschiedlichen und wechselnden Prägungen und Neigungen führt. Doch manche – so eine klassische Ironie über Grundkonzepte, die in einer Richtung extrem zugespitzt werden – gingen so weit nach links, dass sie rechts wieder zurückkamen und umgekehrt. Es gibt keine greifbare politische Position ohne Eigenprofil. Damit ist sie nicht mehr neutral, auch wenn sie ausgewogen ist. Sie zu vertreten, bedeutet Konflikt – und die Unmöglichkeit, immer in der Mitte zu stehen.

»Wirtschaftskompetenz«

Den Belangen »der Wirtschaft« Rechnung zu tragen, gilt in der Öffentlichkeit als Markenzeichen politischer Kompetenz. Mit Wirtschaft ist aber nicht etwa die ganze Volkswirtschaft – alle Unternehmen, Beschäftigten und Verbraucher – gemeint, sondern nur die Unternehmer und ihre Verbände. Was diese fordern, zumindest wenn sie es einhellig tun, wiegt für die politische Willensbildung deutlich schwerer als die Empfehlungen anderer Gruppen. Unternehmern wird ein Kompetenzvorsprung zur Beurteilung volkswirtschaftlicher Fragen zuerkannt. Doch die Reservierung des Begriffs Wirtschaft vor allem für diese Wirtschaftsgruppe ist nicht das Ergebnis einer objektiven vergleichenden Bewertung, sondern eher ein Akt geistiger Unterwerfung. Mögen noch so viele atemberaubende Fehleinschätzungen vieler »Nieten im Nadelstreifen« entlarvt werden, die ihre Unternehmen in den Sand setzten – ihre vermeintlich höhere »Wirtschaftskompetenz«

ist immer noch unbestritten. Selbst den falschen Propheten der New Economy, die in den letzten Jahren die größte Kapitalvernichtung der Wirtschaftsgeschichte veranstaltet haben, wurde dieses Gütesiegel noch nicht wirklich entzogen.

Nicht nur der Begriff der »Wirtschaft« ist einseitig besetzt, sondern, daraus folgend, auch jener der »Wirtschaftskompetenz«. Im »Zeitalter der Ökonomie«, das mit der gegenwärtigen Phase der Globalisierung ausgerufen wurde (wann war ein Zeitalter nicht ökonomisch?), wird vor allem nach »wirtschaftskompetenten« Politikern verlangt; nur dieser Ruf scheint für höhere Aufgaben zu qualifizieren. Galt früher die Außenpolitik als »Königsweg des Politischen«, weil sie über die Gesamtexistenz eines Staates entscheidet, so gilt das nunmehr für die Wirtschaftspolitik – ein Zeichen dafür, wie auch in den reichen Industriestaaten die Angst vor einem Absturz um sich greift. Die Definitionsmacht darüber, welche Politiker »wirtschaftskompetent« sind, hat »die Wirtschaft«, gerade so, als gebe es überhaupt nur eine Möglichkeit, ökonomisch sinnvoll zu agieren. Die Auszeichnung »wirtschaftskompetent« erhält, wer sagt, was unter den Unternehmensvorständen herrschende Meinung ist. Um ein Denken auf gleicher Wellenlänge zu plakatieren, reicht in der Regel bereits die ständige Verwendung des größtenteils anglifizierten Wirtschaftsvokabulars. Im Wortschatz der Wirtschaftskompetenten klimpern die Shareholder und Stakeholder, die Technoaktien, das Rating, Marketing, Benchmarking, Consulting, Networking, Teamworking, Outsourcing, das Job-Center und Profit-Center, das Produkt- und Kostenmanagement. Außerdem die »innovativen Kräfte«, die Lernkurve, das Kreative, die Fertigungstiefe und -breite, der »Optimismus«, die »Chancen«, die »Vision«, die »sich rechnet« und »wettbewerbsfähig« ist. »It's the economy, stupid.« Solche Begriffe haben die Funktion von Duftmarken. So wie sich ein Unternehmen »aufstellt«, soll fortan auch die Politik aufgestellt werden.

Doch das unterstellte Einheitsbild »der Wirtschaft« gibt es in der Realität immer weniger. Dass die Unternehmen möglichst wenig Steuern und Abgaben zahlen und von Bürokratie, Sozial- und Umweltauflagen befreit werden wollen, ist bekannt. Diesem kleinsten gemeinsamen Nenner stehen jedoch immer mehr Interessengegensätze innerhalb der Unternehmerschaft entgegen. Die Vorstände von Wirtschaftsverbänden sind ihrer Basis meistens genauso entfremdet wie die der Parteien. Sie operieren sogar immer häufiger gegen die Interessen eines wachsenden Teils ihrer Mitglieder, auch wenn diese das noch nicht in vollem Umfang realisieren. Dass die Großbanken in ihrer Kreditvergabepraxis den kleinen und mittleren Unternehmen an den Existenznerv gehen, hat sich herumgesprochen. Dass Handwerksverbände sich in Kampagnen gegen höhere Energiesteuern einspannen lassen, die zu vielen bauhandwerklichen Aufträge führen, ist wider ihr eigenes Interesse; ebenso, dass sie sich an den Kampagnen zu dauernden Steuersenkungen beteiligen, die die öffentlichen Finanzen ausbluten, obwohl dadurch dem gesamten Baugewerbe die Aufträge wegbrechen. Dass die Wirtschaft die Tarifverhandlungshoheit der Gewerkschaften brechen will, können gar nicht alle Unternehmer wollen: Sobald einzelbetrieblich und gar mit mehreren Interessenvertretern verhandelt wird – wie schon mit Piloten- und Lokführergewerkschaften –, wird die Lage unberechenbar. Aber vor allem laufen die Interessenströme ganzer Wirtschaftszweige und Unternehmergruppen, als Folge vollzogener und künftiger Strukturveränderungen, zunehmend auseinander. Ein Beispiel dafür ist das Gesetz zur vollständigen Steuerbefreiung aller Biokraftstoffe, das ich mit einigen Parlamentskollegen eingebracht habe und das am 7. 6. 2002 vom Bundestag verabschiedet wurde. Gegen dieses Gesetz bezogen die Mineralölindustrie und der BDI vehement Stellung. Befürworter waren der Bauernverband, die Umweltverbände – und die Automobilindustrie, die inzwischen erkannt hat, dass sie ihre hundertjährige Allianz mit der Mineralölindustrie aufgeben muss, um nicht vom nahenden Versiegen der fossilen Energiequellen mit in die Tiefe gerissen zu werden. Eine solche Allianz ist neu, und sie ist nicht zufällig. Sie spiegelt wider, wie sich vor dem Hintergrund der wirtschaftlichen Umbrüche und Entwicklungslinien die einzelnen Interessen ausdifferenzieren und unterschiedlich politisch orientieren müssen.

Wirtschafts*politische* Kompetenz muss sich aus einer politischen Perspektive ableiten, mit dem Ziel einer wirtschaftlichen Existenzsicherung des Gemeinwesens. Das heißt, sie muss auch die Erhaltung der Umwelt und die Leistungs- und Verteilungsgerechtigkeit im Blick haben. So wie die Wähler in der Demokratie zwischen verschiedenen Politikangeboten entscheiden müssen, müssen Politiker – je nach ihrer Gestaltungsperspektive – die diversen gegenläufigen Entwicklungen und Motive im Wirtschaftsprozess unterscheiden. Dann geht es eben nicht mehr um »die Wirtschaft« und nicht mehr nur um die klassischen Gegensätze von Arbeit und Kapital, Markt und Staat, sondern um eine Revitalisierung der Landwirtschaft oder deren weitere Marginalisierung, um den Vorrang einer regional oder global ausgerichteten Wirtschaftsförderung, um Atomtechnologie oder neue Energietechnologien, um mehr Straßen- oder mehr Schienenbau. Hinter jedem dieser divergierenden Schwerpunkte stehen entsprechend unterschiedliche wirtschaftliche Interessen.

Es war und ist das übliche Spiel, zwischen »wirtschaftsfreundlichen« und »wirtschaftsfeindlichen« Parteien und Politikern zu unterscheiden; diese Begriffe sind heute durch »Wirtschaftskompetenz« oder »-inkompetenz« ersetzt. Hier die verschiedenen Wirtschaftsschwerpunkte, die sich aus politischen Strategien ergeben, dort die sich danach differenzierenden Wirtschaftskräfte: Das entspräche den realen Umbrüchen, die sich vollziehen und keinen gesellschaftlichen Bereich unberührt lassen, und damit den realen Notwendigkeiten und den Herausforderungen für alle Beteiligten.

»Innovation«

»Wer morgen sicher leben will, muss heute für Reformen kämpfen« – das war ein offizieller Wahlspruch der SPD im Bundestagswahlkampf 1972. Der Begriff »Reform« stand nicht für irgendeine kleine politische Änderung, sondern für einen neuen Gesellschaftsentwurf. »Reform« wurde diskutiert als begrifflicher Gegensatz zu »Revolution«. Reform bezeichnete die demokratisch-evolutionäre, Revolution die gewaltsam-abrupte Durchsetzungsmethode. Doch nicht nur der Begriff der Reform, auch jener der Revolution ist durch flächendeckenden Gebrauch verschlissen worden, eignet er sich doch vorzüglich für Werbekampagnen, die den Eindruck von Dynamik erzeugen sollen. »Innovation und Gerechtigkeit« lautete folglich das zentrale Wahlkampfmotto der SPD im Jahr 1998; der Begriff »Innovation« sollte den der »Reform« ersetzen. Er war von Werbeberatern ausgesucht worden. Aber warum »Innovation« und nicht einfach »Erneuerung«? Bewusst wurde an die betriebswirtschaftlich-technologische Sprache angeknüpft, an Begriffe wie »Produkt-« oder »Unternehmensinnovation«. Man wolle sich ein technologie- und produktivitätsfreundliches Image geben, angelehnt an das Primat betriebswirtschaftlichen Denkens, das dem Zeitgeist entsprach.

Der Begriff »Innovation« erfüllt alle Voraussetzungen eines politischen Kunstworts: Er ist unverbindlich, klingt modern und ruft deshalb keinen Widerstand hervor, und er dient dem Versuch, sich an diejenigen heranzumachen, bei denen der Begriff – in seiner vorpolitischen Verwendung – einschlägig positiv besetzt ist. Als der SPD-Vorstand 1998 beschloss, »Innovation« zum Wahlkampfmotto zu machen, habe ich eingewandt, mit diesem Begriff ließe sich keine politische Identifikation erzeugen, er sei gesichtslos, ebenso gut von jeder anderen Partei verwendbar, und schon jetzt sähe ich die Plakate der Parteien vor mir: »SPD: Innovation und Gerechtigkeit«, »CDU: Innovation wählen«, »CSU: Innovation bewahren«, »Grüne: Ökologische Innovation«, »FDP: I.N.N.O.V.A.T.I.O.N.«, »PDS: Solidarische Innovation«.

Es ist nicht ganz, aber beinahe so gekommen. »Innovation« wurde zum festen Bestandteil der Formelsprache, die eine Politik der »Modernisierung« begründen soll. Dabei sind beide Begriffe beinahe zum Synonym geworden. Sie wirken zukunftsorientiert und sind dennoch strukturkonservierend. Denn sie gehen der Frage aus dem Weg, was hinfällig ist, und wo und warum Neuland betreten werden muss.

»Protektionismus«

Anstößige Meinungen mit einem knappen Satz abzumahnen und für nicht mehr gesellschafts- oder politikfähig zu erklären, ist die Kommunikationsmethode zur Durchsetzung von Political Correctness (PC). Weitere Argumente erscheinen dann überflüssig. Der Satz, eine wirtschaftspolitische Auffassung sei »protektionistisch«, gehört zum Besteck derartiger Abmahnungen. »Protektionismus« ist ein Schimpfwort geworden. In der Pauschalität, mit der dieser Begriff in der gegenwärtigen wirtschaftspolitischen Diskussion abqualifiziert wird, steckt die unhaltbare Auffassung, dass der Schutz eines staatlichen Wirtschaftsraums generell schädlich sei.

Protektionistisch zu sein, bedeutet dem Wortsinn nach, dass man etwas einhegen und damit schützen will. Psychologisch wird mit dem Antiprotektionismus also eine Denkhaltung gefördert, deren Konsequenzen verheerend sind: Es bedeutet letztlich, keine Grenzen mehr respektieren zu müssen oder zu dürfen. Zwar bezieht sich die Unterscheidung zwischen Protektionismus und Antiprotektionismus auf wirtschaftspolitische Maßnahmen. Aber keine psychologistische Abwertung eines Begriffs in der allgemeinen Kommunikation bleibt in ihrer Wirkung auf den Bereich beschränkt, für den sie gedacht ist. Protektionismus generell zu denunzieren, denunziert zugleich Schutzbedürftiges und Schützbedürftige als Schwächlinge. So wird ein globalisiertes Ausleseprinzip betrieben, angeblich zum Wohle aller.

Aber selbst wenn es sich »nur« um wirtschaftspolitische Maßnahmen handelt, ist die Vorstellung absurd, dass es nur noch einen Markt ohne Grenzen und kein gegenüber den grenzenlos operierenden Marktkräften prinzipiell schützenswertes Wirtschaftsgut mehr geben sollte. Keine Gesellschaft kann ein solches Prinzip akzeptieren, ohne sich über kurz oder lang selbst zu gefährden. Solche Gefährdungen werden von den Antiprotektionisten jedoch ignoriert. Mehr noch: Es wird unterstellt, dass Protektionismus zur Selbstgefährdung führe, weil dadurch Tätigkeiten geschützt würden, die mit der allgemeinen Produktivitätsentwicklung nicht mehr Schritt halten könnten, wodurch die gesamte Gesellschaft zurückfallen und von der internationalen Entwicklung abgehängt würde. Als Produktivitätsmaßstab gelten die aktuellen Kosten für die Erbringung einer wirtschaftlichen Leistung, und die Entscheidung darüber treffe niemand besser als eben der »freie Markt«. So aber wird einer Gesellschaft durchgängig die Entscheidungskompetenz darüber abgesprochen, was sie sich etwas kosten lassen will und was nicht. Produktivität wird zum Selbstzweck, Wirkungs- und Lebenszusammenhänge werden ausgeklammert. Prioritäten, Sinn und Zweck des Wirtschaftens geraten aus dem Blickfeld.

Die Schizophrenie der antiprotektionistischen Ideologie, auch die Kraft des entstandenen Tabus, habe ich bei einem internationalen Kolloquium in Beijing erlebt, zu dem die chinesische Regierung eingeladen hatte. Ein indonesischer Professor der Naturwissenschaften, der eine Zeitlang zu den höchsten UN-Beamten zählte, sprach dort über die Problematik der interkontinentalen Nährstoffverlagerung im Rahmen des globalen Futtermittelhandels. Regionaltypische Mikrobenstämme, die entscheidend zum Bodenwert der jeweiligen Anbauflächen beitragen, würden auf diesem Wege mit verlagert und die biologischen Kreisläufe in den Herkunfts- und Zielländern schwer wiegend beeinträchtigt, mit unabsehbaren Folgen für die Boden- und Pflanzenqualität. Die Darstellung dieser Zusammenhänge war beeindruckend. Doch als Problemlösung empfahl der Vortragende die Ausweitung des globalen Freihandels! Ich machte ihn auf diesen eklatanten Widerspruch aufmerksam und hielt dagegen, die einzig schlüssige Konsequenz aus seiner Problembeschreibung sei eine Regionalisierung der Märkte für Rohagrarprodukte. Er bestätigte den Widerspruch ebenso wie meine Schlussfolgerung. Allerdings ohne sich ihr anzuschließen, denn das würde ja Protektionismus bedeuten.

Richtig oder falsch: Antiprotektionismus gilt. Der neoliberale Wirtschaftsdogmatismus lässt keine Differenzierung mehr zu. Er ist in seiner fundamentalistischen Unbedingtheit im umfassenden Sinne welt- und wirklichkeitsfremd: naturfremd, gesellschaftsfremd, kulturfremd, politikfremd – und wirtschaftsfremd. Es missachtet elementare gesellschaftliche Sicherheitsbedürfnisse. Dazu gehören die Umweltsicherheit, die soziale Lebenssicherheit, der Schutz von Kulturgütern und die allgemeine wirtschaftliche Zukunftssicherheit. Warum bleibt es nicht der eigenen Entscheidung einzelner Staaten überlassen, was sie in welchem Ausmaß für schutzbedürftig halten und was nicht? Übersehen wird in der Protektionismusverdammung auch, dass Antiprotektionismus keineswegs zur uneingeschränkten Freiheit führt, sondern lediglich zur grundlegenden Veränderung der geschützten Inhalte und »Schutzbefohlenen«. Statt einer Volkswirtschaft oder einzelner ihrer Sektoren werden nun der freie Markt und die uneingeschränkte Entfaltungsfreiheit von Unternehmen geschützt. Es gibt keine politische oder wirtschaftliche Ordnung ohne Protektionismus, sondern immer nur die Frage, was oder wer in wessen Interesse geschützt wird.

Keine Gesellschaft kann es sich leisten, alle ihre wirtschaftlichen Aktivitäten einem globalen Freistilringen zu überlassen. Zur Grundausstattung jeder Volkswirtschaft gehört auch heute noch die Landwirtschaft; die vollständige Abhängigkeit von Agrarimporten wäre nicht nur ökologischer Frevel, sie liefe auch auf existenzielle Abhängigkeiten hinaus. In ähnlicher Weise kann die Abhängigkeit von Energieimporten eine Gesellschaft tödlich treffen. Auch eine eigene Wasserversorgung ist existenziell. Die Telekommunikations- und Verkehrswirtschaft muss zumindest staatlich streng kontrolliert bleiben, damit nicht zufällige Ereignisse in der globalen Privatwirtschaft – etwa der Konkurs eines Monopolisten – alle Räder zum Stillstand bringen. Und nur staatlich geschützt gedeiht Medienvielfalt – und mit ihr die Demokratie. Es muss ein Primat der Politik bleiben, wie sehr und mit welchen Maßnahmen ein Sektor geschützt wird, einschließlich der Aufhebbarkeit solcher Maßnahmen. Ohne staatlich garantierte Sicherheiten, also ohne Protektionismus, kann keine Gesellschaft leben. Ein global wirkender Antiprotektionismus ist nicht gesellschaftsfähig.

»Keine Alternative«

Für die im Bundestag eingereichten Gesetzentwürfe gibt es ein Formblatt mit der Rubrik »Alternativen«. Darin soll skizziert werden, welche anderen Wege denkbar wären, um das angegebene Ziel realisieren zu können. Der Hinweis darauf soll die Initiatoren eines Gesetzentwurfes zur Begründung veranlassen, warum der vorgeschlagene Weg geeigneter ist als andere. Doch die Rubrik ist nur noch eine Formalität. Unter »Alternativen« steht fast immer: Keine!

»Keine Alternative« soll suggerieren, dass jeder andere Ansatz ungeeignet sei und jede diesbezügliche Überlegung Zeitverschwendung. Diese denkfaule Haltung – im beschriebenen Beispiel noch eine lässliche Sünde – ist in der Kommunikation von Regierungen und Parteiführungen mit ihren politischen Gegnern zu einer indirekten Anweisung geworden, Alternativen erst gar nicht mehr zu erwägen. Sie ist der Gestellungsbefehl zum Sicheinreihen, das Totschlagargument für den politischen Diskurs. »There is no alternative«: So intonierte die britische Premierministerin Margaret Thatcher ihr Programm, mit dem sie den britischen Wohlfahrtsstaat zerlegte, die umfassende Privatisierung des öffentlichen Sektors durchsetzte und die Verelendung großer Bevölkerungsteile bewirkte – als vermeintlich einzigen denkbaren Weg. Den »TINA-Code« nutzen seither »moderne« politische Führungen, um zu unterstreichen: Ihr müsst in den sauren Apfel beißen, jede Alternative wäre noch ungenießbarer! Widerstand ist sinnlos, ihr habt keine Wahl! Das Kommando »alternativlos« fällt umso gebieterischer aus, je einseitiger und fragwürdiger der eingeschlagene Weg ist, je durchgreifender die Folgen sind, je mehr Widerstand befürchtet wird, je mehr anderweitige Erwartungen enttäuscht und je mehr politische Versprechen gebrochen werden. Einschüchternd wird schon die Frage tabuisiert, ob der gepriesene Politikansatz einseitig, mutlos oder zu eng gedacht sei. Die Methode ist, stets eine einzige Prämisse ins Zentrum der Betrachtung zu stellen, um daraus alles andere scheinbar logisch abzuleiten. Etwa die Prämisse, dass Umweltschutz zu höheren wirtschaftlichen Belastungen führe: Daraus leitet sich die vermeintlich zwingende – »alternativlose« – Notwendigkeit ab, in Zeiten verschärften internationalen Wettbewerbs auf Umweltschutz verzichten zu müssen – bis man ihn sich wieder »leisten« kann. Wer immer es schafft, dass seine Prämisse unwidersprochen bleibt, hat sich schon fast durchgesetzt. Wer einer fragwürdigen Prämisse nicht bereits im Ansatz widerspricht, gerät in die Defensive.

Es reicht deshalb nie, erst dann Kritik anzumelden, wenn die praktischen Konsequenzen einer fragwürdigen Prämisse sichtbar werden. Wenn eine irrationale Prämisse unerkannt oder unwidersprochen bleibt, erscheinen alle daraus abgeleiteten Schritte rational nachvollziehbar. Wer mit seiner Kritik einen Gedankenschritt zu spät ansetzt, verliert in der weiteren Diskussion: Wer den Terrorismus als »schlimmste Geißel« der Menschheit akzeptiert, muss auch die Totalüberwachung zum Zwecke der Terrorismusbekämpfung akzeptieren. Wer die These unwidersprochen lässt, dass es ohne Agrarchemie nicht genug Nahrungsmittelproduktion für die Weltbevölkerung geben könnte, muss deren weiteren Einsatz für alle Zukunft akzeptieren.

Der Systemwissenschaftler Reinhard Ueberhorst hat beschrieben, mit welchen politischen Erpressungsmechanismen hochproblematische Projekte durchgesetzt werden: Zunächst wird jegliche Alternative schon als Denkmöglichkeit verleumdet oder verleugnet. Sodann erhalten renommierte Wissenschaftler Gutachteraufträge, um die einzigartigen Vorzüge des Projekts bestätigen zu lassen und einen Konsens unter den Funktionseliten herzustellen. Schließlich werden verbleibende Kritiker als nicht ernst zu nehmende Außenseiter lächerlich gemacht.[5] Wenn aber erkannt wird, dass die so gefällte Entscheidung in die falsche Richtung läuft, wird den Kritikern bedeutet, dass es für Einwände zu spät ist, seien sie auch noch so berechtigt. Die »Keine Alternative«-Politik schafft zumindest eins: vollendete Tatsachen.

»Sonst niemand da«

Die personelle Variante des TINA-Satzes schlägt sich in der Legende nieder, außer dem jeweils amtierenden politischen Führungspersonal »sei sonst niemand da«. Jeder kennt Beispiele herausragender Persönlichkeiten, für die es nach ihrem Abtreten tatsächlich keinen vergleichbaren Ersatz gab. Wesentlich mehr Inhaber von Führungspositionen – so auch in der Politik – halten jedoch vor allem sich selbst für unersetzbar, aus Gründen, die subjektiv verständlich, aber objektiv nicht nachvollziehbar sind. Das war schon immer so. Neu ist, wie häufig die Unersetzbarkeit des jeweils amtierenden politischen Führungspersonals auch von Regierungs- und Parlamentsjournalisten betont wird – den besten Kennern des Politikerpersonals und wichtigsten Meinungsbildnern für die allgemeine Öffentlichkeit. Selbst dann, wenn ein Amtsinhaber oder Kandidat offensichtlich als schwach befähigt gilt, raunen sie rituell: »Aber weit und breit ist ja sonst niemand zu sehen.« Diese Feststellung läuft auf eine kollektive Denunzierung derjenigen politischen Akteure hinaus, die kein politisches Führungsamt innehaben. Dafür gibt es nur zwei Erklärungen: Entweder sind befähigte Politiker tatsächlich dünn gesät. Oder es gibt eingespielte Mechanismen, die den Blick auf andere Optionen verstellen. Richtig ist beides: Die Ausdünnung des Personalreservoirs von Parteien ist ein Tatbestand, dessen vielfältige Gründe Thema dieses Buches sind. Aber dennoch ist es nicht so klein, dass es zur gegenwärtigen Zusammensetzung des jeweiligen Führungspersonals in Parteien, Parlamenten und Regierungskabinetten kaum mehr personelle Alternativen gäbe.

Doch: »Hast du was, bis du was« lautet ein altes Sprichwort. Wer Besitz und Titel hatte, genoss schon immer unbesehen ein größeres Ansehen und kam eher als ein noch unverbrauchter, aber auch eher unbekannter Kandidat für Führungspositionen in Frage. In der medienberieselten Gesellschaft ist also aus dem Sprichwort ein neues geworden: »Bist du bekannt, kannst du was.«

Wer in den Kreis der Befähigten aufgenommen werden will, muss also alles tun, um seine mediale Präsenz und damit seinen Bekanntheitsgrad zu steigern. Daher der Drang in die Talkshows, auch wenn es darin nicht um Politik geht, sondern nur um persönliche Befindlichkeiten aller Art. Der Zeitaufwand von Politikern, um in der Öffentlichkeit präsent zu sein, hat massiv zugenommen – zu Lasten der Amtsführung und vor allem der konzeptionellen Arbeit. Auch die Zahl der Beamten und der Mitarbeiter in Parteizentralen, die für die Revue des Führungspersonals eingespannt werden, ist erheblich angewachsen. Die Meinungsumfragen, welchen Politikern etwas zugetraut wird, beschränken sich auf das jeweils aktuelle Führungspersonal. Dabei können sich die Antworten der Befragten zwangsläufig nur auf wenige Vorgaben beziehen. Meist werden nicht mehr als 20 Persönlichkeiten abgefragt, verteilt auf alle Parteien. »Sonst niemand da« ist das Leitwort eines selbstreferentiellen Systems.

»Sonst niemand da«: Der autistische Topos ist oft genug widerlegt worden. Niemand kannte Rita Süssmuth, die als Professorin tätig war, bevor sie 1985 auf Betreiben des CDU-Generalsekretärs Heiner Geissler Familienministerin wurde. Sie wurde in Windeseile populär und galt kurz darauf zeitweise sogar als »kanzlerfähig«. Kurt Biedenkopf stand auf keiner Liste von Politikern mit Perspektive, bevor ihn der CDU-Vorsitzende Helmut Kohl 1973 als CDU-Generalsekretär vorschlug. In kurzer Zeit gab er der CDU ein modernes Profil und wurde umgehend als ihr fähigster Politiker bewertet. Niemand außerhalb Niedersachsens kannte Sigmar Gabriel, bevor er von seiner Funktion als Vorsitzender der SPD-Landtagsfraktion in das Amt des Ministerpräsidenten wechselte. Er kam wie Kai aus der Kiste und galt wegen seines selbstbewussten Auftretens schlagartig als »Kanzlerreserve« – worauf es dann auch gleich wieder hieß, dass es außer ihm »sonst kaum jemanden gebe«. Aus dem Spektrum erfahrener Bürgermeister, die außerhalb ihrer Stadt meist niemand kennt, ließe sich ohne Probleme ein kompetentes Regierungskabinett rekrutieren. Oder: Als die Grünen 1983 in den Bundestag einzogen, wurden ihre Abgeordneten zunächst nahezu unisono nicht für voll genommen – doch nicht wenige erwiesen sich nach kurzer Zeit als besonders talentierte Politiker. Als sich auch hier die Unterscheidung nach Bekanntheitsgrad herausschälte, wurden wiederum die weniger Prominenten verächtlich dem Niemandsland zugeordnet. Als sich 1992 in den USA sieben Politiker um die Nominierung zum Präsidentschaftskandidaten der Demokratischen Partei bewarben, hieß es in Korrespondentenberichten aus Washington, dass es hier um ein Rennen von »sieben Zwergen« gehe. Keiner von ihnen habe die geringsten Chancen, den amtierenden Präsidenten Bush zu schlagen, schon gar nicht der gänzlich unbekannte Gouverneur des kleinen Staates Arkansas namens Bill Clinton, der als einer der aussichtslosesten unter den Bewerbern um die Nominierung galt. Drei Monate später hatte er die »Primaries« der Demokraten gewonnen, weitere drei Monate später Präsident Bush in den Umfragen bereits überholt.

»Erwachsen geworden«

Die Bundesrepublik Deutschland sei »erwachsen« geworden: Mit diesem Eigenschaftswort wird neuerdings umschrieben, dass Deutschland außenpolitisch seine – zunächst von anderen, dann selbst auferlegten – Fesseln abgestreift hat und sich an internationalen Militäreinsätzen beteiligt. Dies »erwachsen« zu nennen, soll heißen: Deutschland gilt damit nicht mehr als naiv oder unreif, sondern als ein endlich seinen Kinderschuhen entwachsener Staat, zu dem natürlich auch gehöre, international militärisch aktionsfähig und einsatzbereit zu sein. Es stellt sich endlich dem wirklichen Ernst der internationalen Politik, macht sich nicht mehr kleiner, als es ist, und hat keine pazifistischen Flausen mehr im Kopf.

»Kein Pazifist« zu sein – eine zweite Leitformel –, betonen mittlerweile auch viele derjenigen, die sich gegen konkrete Entscheidungen zur Mitwirkung an internationalen Militäreinsätzen ausgesprochen hatten; sie wollen um Gottes willen vermeiden, sich in eine Ecke drängen zu lassen, in der man nicht mehr ernst genommen wird. Dabei gilt mittlerweile fast schon jemand als Pazifist, der Krieg tatsächlich noch als letztes Mittel gegenüber einer wirklichen akuten Bedrohung betrachtet und sich nur gegen die Tendenz wehrt, ihn wieder zum vorrangigen Mittel der internationalen Politik werden zu lassen. »Kein Pazifist« zu sein, bedeutet nicht, Bombenkriege gutheißen zu müssen.

Und es steht in keinerlei Widerspruch zu internationalen Abrüstungs-initiativen, zu politischen Initiativen zur Überwindung von Kriegsur-sachen, zur Kritik an bestimmten Militärstrategien und -doktrinen der USA, der NATO oder anderer.

Aber Diskussionen darüber werden heute seltener und von we-niger Teilnehmern geführt als sogar zur Zeit des Kalten Ost-West-Krieges. Kein Zweifel: Die internationale Politik ist heute stärker mi-litarisiert als zu jener Zeit; die militärische Gewaltbereitschaft hat zugenommen. Auch die Beschaffung neuer Waffensysteme wird fast nur noch unter Kostengesichtspunkten bewertet, kaum noch in Bezug auf die Art der Waffen und ihren Bestimmungszweck. Die »Friedens-dividende« war einst in aller Munde – also die Möglichkeit, künftig Rüstungsausgaben deutlich zu mindern und dafür Entwicklungshilfe-ausgaben zu steigern. Von alledem ist kaum noch etwas zu hören. Dies wird nicht zuletzt damit legitimiert, dass wir »erwachsen geworden« sind. »Erwachsen« in diesem Sinne bedeutet demnach nicht, dass wir vernünftiger geworden sind, sondern stattdessen – im Gegensatz zu Nichterwachsenen – uns das Recht herausnehmen dürfen, endlich be-denkenloser zu sein: Dinge zu tun, die nicht jugendfrei, also nur Er-wachsenen vorbehalten sind – wie der Konsum von Alkohol.

Dieses »Erwachsenwerden« begann damit, dass die Bundesrepu-blik Deutschland mit der Vereinigung 1990 größer geworden war. Größer heißt: 100.000 qkm und 16 Mio. Einwohner mehr zu haben; als hebe der Größenunterschied politische Grundsätze auf oder erfordere deren weitgehende Relativierung. Im Übrigen ist Deutschland durch die Lasten der Vereinigung wirtschaftlich eher schwächer geworden. Groß und stark ist nicht immer dasselbe, ebensowenig wie klein und schwach.

»Erwachsen geworden« ist eine Umschreibung für ein »Wir sind wieder wer«-Denken. Endlich können wir im Konzert der Größeren wieder mitspielen, als sei ein solches Mitspiel für Deutschland histo-risch vorteilhaft gewesen. Man kann nämlich auch anders erwachsen werden, als sich an dem zu orientieren, was traditionell und neuer-dings für »erwachsen« gehalten wird. Umfassendere, zielgenauere und effektivere Entwicklungshilfe ist eine Art, erwachsen zu sein. Es gibt nichts Erwachseneres, als dafür zu sorgen, dass den nächsten Generationen eine ökologische Degradierung des Erdballs erspart bleibt. Über »Grünhelme«, die Idee von Gorbatschow, wird kaum noch geredet, so wie in den USA das einst von Kennedy gegründete »Friedenskorps« in Vergessenheit geraten ist. Schon Napoleon hatte ein »Ingenieurkorps«, das schnell und zügig Kanäle und Bewässerungsanlagen baute, und so etwas wie die »Baukompanien« der Nationalen Volksarmee der DDR wäre in weiten Teilen des konfliktgeschüttelten Afrika wichtiger als Kampfhubschrauber. Wir wären nicht weniger erwachsen, wenn wir darauf hinwirkten, dass die Vereinten Nationen künftig militärische UN-Einsätze selbst kommandieren und ihr dafür nationale Kontingente zur Verfügung gestellt werden – um die Praxis zu überwinden, dass sich Staatengruppen vom UN-Sicherheitsrat zu militärischen Aktionen unter eigenem Kommando ermächtigen lassen.

Es ist eher eine Angewohnheit von Kindern, Erwachsenen etwas nachzumachen. Wirklich erwachsen sein heißt gerade nicht, das Vorgehen anderer großer Erwachsener zu kopieren, sondern selbstständiger zu agieren, mehr Umsicht an den Tag zu legen und darin Vorbild zu werden. Ehe uns das »Erwachsenwerden« über den Kopf wächst: Geht es nicht auch etwas kleiner oder zumindest anders? Erwachsen sein bedeutet doch, eine selbstbewusst originäre Persönlichkeit zu sein, die auf eigenen Füßen zu stehen gelernt hat. Das deutsche »Nein« zum Irakkrieg war erwachsener als das »Ja« zur militärischen Eingreiftruppe der NATO, nachdem diese ihre neue weltweite Aufgabe nicht zuletzt damit begründet hatte, den Zugang zu den Ressourcen zu sichern.

»Win-win«

»Win-win«-Strategien, »All-winners«-Konzepte gelten als das Ei des Kolumbus. Voraussetzung sei lediglich, dass alle vernünftigen und zugleich sachverständigen Kräfte zusammenkommen und die jeweiligen Interessen zielorientiert und zum allseitigen Vorteil zusammenführen. Das Handlungsfeld, auf dem die Leitleerformel »win-win« am meisten gebraucht wird, ist das der Umweltpolitik. Der Konflikt zwischen

Wirtschaftswachstum und Umweltschutz könne damit überwunden werden, dass jeder davon »profitiere«. Man müsse Umweltschutz nur zum »Geschäft« machen, dann würden Unternehmen schon darauf anspringen. Der Handel mit Emissionsrechten ist dem »win-win«-Versprechen entsprungen. Die meisten Privatisierungen werden mit dieser so bestechend klingenden Formel begründet: etwa der vielgepriesene politische Dreisprung Steuern senken, Kaufkraft vermehren, höhere Steuereinnahmen.

Mit »win-win« wird versucht, zweifelhafte Konzepte genießbarer zu machen. Es ist die Politik gewordene gute alte Philosophie »lieber reich und gesund als arm und krank«. In Wahrheit ist diese Strategie in fast allen Fällen ein politischer Selbstbetrug, der strukturkonservierend wirkt und unumgänglichen Konflikten systematisch aus dem Weg geht.

Es bedeutet, dass die Interessen und Wertmaßstäbe aller Beteiligten als gleichermaßen legitim gelten: Gleiche Wertigkeiten für Gutes und Schlechtes. Gleiches Maß für ungleiche gesellschaftliche Wertigkeiten und Voraussetzungen. Die Produktion umweltschädigender Güter gilt dann als ebenso legitim wie die umweltschonender Güter; die Produzenten erwarten einen Ausgleich für den Verzicht auf Umweltschädigung. Private Interessen gelten als ebenso legitim wie öffentliche: Daraus folgt dann, die Realisierung öffentlicher Interessen davon abhängig zu machen, dass auch die davon Tangierten einen Nutzen daraus ziehen – wie beim Atomausstiegskonsens, dessen politischer Preis darin bestand, dass dem Konzentrationsprozess der Stromwirtschaft keine politischen Schranken entgegengestellt wurden. Das war »win-win« für die unmittelbar Beteiligten, für andere war es »loose-loose« – etwa für die Beschäftigten in den aufgekauften Stadtwerken, von denen in kurzer Zeit mehr ihren Arbeitsplatz verloren, als in der gesamten Atomwirtschaft beschäftigt sind.

»Win-win«-Ergebnisse, bezogen auf die gesamte Wirtschaft oder Gesellschaft, sind seltene Glücksfälle. Meistens sind es lediglich Bündnisse einiger Profiteure auf dem Rücken anderer. Wenn es um strukturellen wirtschaftlichen Wandel und um sozialen Ausgleich geht, gibt es zwangsläufig Gewinner und Verlierer. Wenn die fossilen Energien abgelöst werden durch erneuerbare Energien, ist die fossile Energiewirtschaft unweigerlich der Verlierer: Man braucht für Solarstrahlung, Wind und Wasser keine Bergwerke, Pipelines oder Tankschiffe, und die Primärenergie wird kostenlos von der Natur geliefert – und nicht alle heutigen Energielieferanten können in die Rolle des Anbieters von neuen Energietechniken wechseln. Nur selten kann es ein »win-win« geben, meistens nur ein »win-loose«. So ist es in fast allen Bereichen, in den Neues Altes überwindet. »Win-win« macht uns nur etwas anderes vor, belegt nur die fatale Neigung zum Politikverzicht, die als die wahre Politik hingestellt wird. Es ist die Leitleerformel für politische Mutlosigkeit.

5. Kapitel

Die Politiker –
eine Typologie diverser Antriebe

Wir müssen sehen, was für Leute sich dafür ausgeben, Staatsmänner zu sein, es aber keineswegs sind.
Platon
Der junge Alexander eroberte Indien. Er allein?
Bertolt Brecht

Der Begriff »Politiker« – als eine besondere Spezies von Akteuren – tauchte erstmals in der Zeit der mittelalterlichen europäischen Glaubenskriege auf. »Les politiques« wurden Mitte des 16. Jahrhunderts diejenigen Streiter genannt, welche die Idee der religiösen Glaubenseinheit im Staatswesen infrage stellten, um den blutigen Bürgerkrieg zwischen Katholiken und Hugenotten in Frankreich zu überwinden. Ihnen wurde damals vorgeworfen, dass die Duldung mehrerer Glaubensrichtungen den Staat zersetzen würde; er benötigte gerade den einheitsstiftenden Wert des allen Staatsangehörigen gemeinsamen katholischen Glaubens. Mit der über Jahrhunderte erreichten Säkularisierung und der Durchsetzung der demokratischen Ordnung wurden »die Politiker« schließlich zu den allein legitimierten Trägern politischer Macht. Als es noch bekennende Weltanschauungsparteien gab und die meisten Politiker sich zu einer politischen Richtung bekannten, war das Vorurteil noch nicht so verbreitet wie heute, es gehe ihnen im Ringen um die politische Macht nur um individuelles Machtstreben. Diesem Vorurteil entspricht die ebenso oberflächliche Vorstellung von »Macht«, die sich auf das äußerliche Kriterium einer institutionellen Hierarchie reduziert.

Mit der Wirklichkeit tatsächlicher politischer oder erst recht gesellschaftlicher Machtverhältnisse hat diese Wahrnehmung wenig zu tun. Selbst institutionelle Machtstellungen entfernen sich, wie gezeigt wurde, immer weiter von tatsächlicher politischer Einflussmacht. Politische Macht bedeutet in erster Linie die Fähigkeit, einen politischen Willen praktisch zur Geltung zu bringen. Er kann von »oben« nach »unten«, von »innen« nach »außen« und auch jeweils umgekehrt durchgesetzt werden. Da demokratische Führung der Zustimmung durch andere bedarf, haben auch diejenigen Macht, die letztlich zustimmen müssen. Eine starke parlamentarische oder außerparlamentarische Opposition kann mehr Einfluss auf das Geschehen haben als eine schwache Regierung, ein Massenmedium mehr als eine parlamentarische Opposition, einzelne Abgeordnete mehr als ein Minister. So wie es eine Diskrepanz zwischen Verfassung und Verfassungwirklichkeit gibt, gibt es die zwischen formaler Machtstellung und inhaltlicher Machtwirklichkeit. Nur wer die Kompetenzaufsplitterung und die Zuständigkeitseinschnürungen, die Mechanismen des Entstehens von Meinungen, den realen Ablauf von Entscheidungsprozessen und die vielen daran Beteiligten im Auge hat, kann bewerten, wer jeweils einflussreich oder einflusslos ist. Der einzige Vorsprung, den die Träger institutioneller Macht haben, liegt darin, dass sie mehr formal legitimierte Handlungskompetenz haben – gegenüber denjenigen, die sich ihren Einfluss für jeden einzelnen Fall neu erarbeiten müssen. Ob sie diesen Vorteil nutzen, ist damit noch lange nicht ausgemacht. Es gehört zum Alltag der Politik, dass Politiker mal mehr Macht und ein anderes Mal weniger Macht vortäuschen, als sie tatsächlich ausüben, ausüben wollen oder können.

Politikern ist die vielfältige Bedingtheit und Relativität politischer Macht, aus eigener Erfahrung wie aus der nahen Beobachtung ständig fließender Machtverhältnisse, bewusster als Nichtpolitikern. Es muss allein aus diesem Grund andere Antriebe geben als allein Machtgier, wenn Menschen eine politische Tätigkeit anstreben und ausüben – oft über einen langen Zeitraum ihres Lebens. Selbstverständlich muss dann jeder dabei Macht- bzw. Durchsetzungsfähigkeit entwickeln, was keineswegs bedeutet, dass der einzelne Politiker keine anderen Antriebe hat.

Aus den jeweiligen Antrieben, die für Politiker tatsächlich handlungsleitend sind, entwickelt sich eine Verhaltens- und Rollenlogik politischer Akteure, die typenbildend wirkt. Wer als Politiker tätig wird und dadurch seine Primärerfahrungen über die spezifischen Mechanismen, die Sozialisationsbedingungen und die gruppendynamischen Strukturen machen kann, wird nach einiger Zeit erkennen, was man tun kann oder muss, um seinen Antrieb zur Geltung zu bringen. Natürlich gibt es individuelle Metamorphosen, so wie im »richtigen Leben«. Aus ernsthaften Antrieben können oberflächliche werden, aus leichtfertigen aber auch verantwortungsbewusste. Diese »Diversität« zu erkennen, ist unerlässlich für alle politisch Handelnden und Urteilenden. Nun ist jede Typologie zwangsläufig ein Kunstprodukt, das nicht jeden einzelnen umfassend und in seinen Widersprüchen treffend beschreiben kann. Aber sie erhellt die Unterschiede und schärft den Blick. Der italienische Sprachwissenschaftler und Romancier Umberto Eco hat in seiner Schrift »Apokalyptiker und Integrierte« eine »Bestimmung des Typischen« versucht: Eine literarische Person gilt für ihn dann als typisch, wenn sie durch die Beschreibung »eine vollständige Physiognomie gewinnt, welche nicht nur eine äußerliche, sondern auch eine intellektuelle und moralische ist«. Der ausgewählte und zusammengefügte Typus soll die Leser dazu veranlassen, diesen als »lebendige Formel, als Verkörperung von Verhaltensweisen aufzufassen«.[1]

Fünf Prototypen von Politikern versuche ich in Form einer Phänomenologie zu beschreiben, die von dem jeweiligen dominanten Antrieb ausgeht und zu spezifischen Verhaltensmerkmalen führt: den Machtspieler, den Passionierten, den Gesellschaftsarbeiter, den Narzissten und den Interessenvertreter. Nur wenige Politiker entsprechen vollends einem dieser Prototypen. Die meisten haben gemischte Antriebe oder entdecken diese für sich. Und nicht wenige bilden während ihrer Politikerkarriere andere Persönlichkeitsmerkmale und Verhaltensweisen aus. Dass dies nicht nur für Politiker, sondern auch für andere gilt, ist evident.

Die Beschreibung eines Prototyps impliziert bereits eine Bewertung. Diese Bewertung ist jedoch keineswegs objektiv bzw. allgemeingültig. Was für den einen Betrachter als positiv gilt, sieht der andere eher negativ. In der folgenden Typologie beschränke ich mich auf solche Eigenschaften und Verhaltensmerkmale, die aus dem politischen Prozess nicht wegzudenken sind: Ausdauer, Hartnäckigkeit, Konflikt- und Kompromissfähigkeit für persönliche Interessen oder Konzepte, Verhaltensflexibilität, gruppendynamische Fähigkeiten, Scham- und Skrupellosigkeit, Medienorientierung.

Machtspieler

Der Urtrieb des Machtspielers ist, stets und überall den ersten Platz zu besetzen. Dieser übt auf ihn eine besondere Faszination aus. Seinen ganzen individuellen Ehrgeiz richtet er auf dieses Ziel. Deshalb ist er von Spitzensportlern fasziniert, nicht wegen des Sports, sondern wegen des Siegens: Ein Sieger hat eine unbestrittene Überlegenheit bewiesen. Um dieses Überlegenheitsgefühl geht es dem um die Macht spielenden Politiker. Die errungene Machtstellung, zu der andere aufschauen, ist die Siegertrophäe, der persönliche Triumph, die dokumentierte Überlegenheit. Je mehr Unterlegene oder Untergebene es gibt, desto intensiver die Suggestion eigener Stärke.

Machtspieler fühlen sich von hierarchischen Strukturen angezogen, in denen klar festgelegt ist, wer oben und wer unten ist. Der Gedanke lässt sie nicht los, unbedingt die Treppen bis zum höchstmöglichen Punkt aufzusteigen. Bevorzugte Tätigkeitsfelder sind gesellschaftliche Strukturen mit klarer innerer Rangordnung wie das Militär, große Unternehmen, alle Arten gesellschaftlicher Organisationen – und politische Institutionen. Letztere unterscheiden sich zwar durch das Demokratieprinzip von anderen Strukturen, was jedoch für Machtspieler vorteilhaft ist. Denn es ermöglicht ihnen, beim Aufstieg viele Rangstufen zu überspringen. Ist dieser geschafft, wird es allerdings als Nachteil empfunden, dass man in demokratischen Strukturen die erworbene Machtposition ebenso schnell verlieren kann, wie man sie erobert hat. Deshalb ist es keine Überraschung, wenn politische Machtspieler zunächst die demokratischen Mechanismen optimal für sich nutzen, um dann im Erfolgsfall alles zu versuchen, diese – wann immer möglich – faktisch außer Kraft zu setzen. Das erklärt, warum einzelne Politiker, die bei ihrem Aufstieg zur Machtstellung radikaldemokratisch vorgingen, später zu Autokraten wurden.

Ein begabter politischer Machtspieler kann forsch und zupackend, konsequent und risikobereit sein, wenn es um den persönlichen Machterwerb geht. Aber er ist eher ängstlich, zaudernd und risikoscheu, wenn sachliches Engagement gefordert ist, das für das Machtspiel hinderlich ist. Ist eine ideologische Wortführerschaft nützlich, schlüpft er in die Rolle des Ideologen – und aus dieser in die des Superpragmatikers, wenn wertfreier Pragmatismus gefragt ist. Erscheint ständige Medienpräsenz als machtsteigernd, werden Machtspieler zu ihren eigenen Pressesprechern; sie können ihre Drähte aber auch im Verborgenen ziehen. Sie drängen nach der Machtstellung, selbst wenn sie keine Idee haben, was sie damit bewerkstelligen sollen. Das zeigt das dauernde Ringen um formale Zuständigkeiten, etwa um die individuelle Anhäufung von Kompetenzen und Ämtern, selbst wenn ihnen deren Inhalt gleichgültig und die neue Aufgabe nur mit zusätzlicher, kaum zu leistender Arbeit verbunden ist.

Eine nach- oder untergeordnete Stellung zu haben, erzeugt im Machtspieler ein Insuffizienzgefühl. Dieses verrät mangelndes Selbstbewusstsein, das durch Machterringungsversuche kompensiert wird. Der Machtantrieb trägt kindische Züge. Der Machtspieler unterstellt, dass alle anderen das gleiche Motiv haben und dies, falls es nicht wahrnehmbar ist, nur verstecken – einfach nur zu ängstlich und zu schwach sind, um ebenfalls nach der Macht zu greifen. Machtspieler trauen anderen alles zu, weil sie von sich auf diese schließen. Sie sind notorisch misstrauisch, und das Misstrauen wächst mit ihrem Machtzuwachs. Sie werden gegenüber ihrer Umgebung verschlossen und beginnen diese zu kontrollieren, was sich zu einer Paranoia auswachsen kann – wie das Beispiel des amerikanischen Präsidenten Nixon zeigt, der selbst nach einer grandiosen Wiederwahl so extrem misstrauisch wurde, dass er politische Gegner illegal abhören ließ – und schließlich nur durch Rücktritt seiner Amtsenthebung zuvorkam.

Eine errungene Position dient dem Machtspieler in erster Linie dazu, die Chancen für die Erringung der nächsthöheren zu vermehren. Eine probate Methode der Machtgewinnung ist, sich an einen amtierenden politischen Machthaber zu hängen, um von diesem schnell hochgezogen zu werden. Auch die Zugehörigkeit zu einem Parteiflügel ist am Anfang hilfreich, um bei der zwischen den Flügeln üblichen proportionalen Aufteilung von Führungsämtern berücksichtigt zu werden. Seilschaften zu bilden ist für Aufstiege unerlässlich, nach dem Prinzip des Nehmens und Gebens. Wichtig ist die eigene Anwartschaft darauf in die Köpfe anderer zu pflanzen. Dem vor allem dienen auch die Medienkontakte des Machtspielers. Als Gegenleistung bietet er das Weitertragen interner Vorgänge etwa aus Kabinetts- und Vorstandssitzungen an, um im Gegenzug aus der Politikerschar herausgehoben zu werden und zu erreichen, dass Machtkonkurrenten ignoriert oder niedergeschrieben werden.

In dem Buch »Monrepos oder die Kälte der Macht« von Manfred Zach, dem einstigen Pressesprecher des baden-württembergischen Ministerpräsidenten Lothar Späth, ist dessen gescheiterter Plan zur Ablösung Helmut Kohls Ende der 80er Jahre minutiös beschrieben, der in enger Absprache und Rollenaufteilung mit dem »Spiegel« und dem »Stern« vorbereitet wurde. Späth wurde systematisch als tatkräftige und moderne personelle Alternative zum Kanzler aufgebaut, der als altbacken und als politischer Schlendrian hingestellt wurde. Beide – Späth und die Magazine – hatten ein gemeinsames Motiv: Kohl loszuwerden.[2] Auch eigene Buchveröffentlichungen unterstreichen höhere Positionsansprüche, wobei der Inhalt weniger wichtig ist als das Konterfei auf dem Cover. Mit gut ausgewähltem Ghostwriter gelingt gelegentlich sogar ein anspruchsvoller Text – allerdings sollte man den offiziellen Autor nicht darauf festnageln, weil dieser vielleicht gar nicht mehr weiß, was unter seinem Namen geschrieben wurde. Nur wenige sind so offenherzig wie derselbe Lothar Späth, der sich in einem Rundfunkinterview anlässlich der Veröffentlichung eines Buches unter seiner offiziellen Autorenschaft dazu bekannte, es erst kurz zuvor erstmals gelesen zu haben.

Bei der Präsentation der Themen achtet der Machtspieler sorgfältig darauf, dass er das bedient, was die für sein Machtstreben Relevanten für den Trend halten. Die ersten Erfolge vermitteln dem Machtspieler ein hohes Maß an Befriedigung. Aber die innere Entleerung und die seelische Ermüdung sind vorprogrammiert, angesichts der täglichen Stellungskämpfe, des Schattenboxens, der Themenwechsel, der Hochstapeleien. Von solchen Belastungen geistigen Leerlaufs kann man sich selbst ablenken, solange es eine noch nicht bewältigte, aber greifbar scheinende Machtstufe gibt. Doch was, wenn der Machtspieler oben angelangt ist und sich nun endgültig durch politische Leistungen bewähren muss, ohne sich darauf konzeptionell und handwerklich ausreichend vorbereitet zu haben? Das Machtspiel erfordert, wenn es konsequent betrieben wird, die volle seelische und zeitliche Konzentration – wie beim Spitzensportler, der auf das Siegerpodest will.

Doch gibt es einen entscheidenden Unterschied zum Wettkampfsport: Wer dort siegt, wird von der Stoppuhr oder dem Zentimetermaß unbestechlich festgestellt; der Erste ist tatsächlich der unbestritten Beste. In der Politik – oder auch im Unternehmensmanagement und in Organisationen – sind die geforderten Fähigkeiten für erfolgreiche Machtspiele nicht automatisch identisch mit jenen, die für erfolgreiche politische Machtgestaltung erforderlich sind. Typisch für reine Machtspieler ist, dass sie den Grenznutzen ihres eventuellen Erfolgs und die Grenzen ihrer Fähigkeiten meist nicht erkennen oder aus den Augen verlieren. Sie schieben diese Frage an sich selbst durch endloses Machtspiel vor sich her. Das kann für lange Zeit gelingen, aber nur in verhältnismäßig stabilen politischen Zeiten. In härteren Zeiten droht das Scheitern, bestenfalls nur zu eigenen persönlichen Lasten, schlimmstenfalls zu Lasten der Politik und damit der Gesellschaft.

Die inhaltliche Leere des Machtspiels trifft noch mehr diejenigen, die es zwar aufgenommen haben, aber trotz allem erfolglos geblieben sind. Das Machtspiel ist eine Gratwanderung. Trotz perfektionierter Machttechniken gibt es keine Erfolgsgarantie. Zum angestrebten großen Erfolg ist es auch nötig, Trendwechsel frühzeitig zu erkennen und sich darauf rechtzeitig einzustellen. Versuche, für Spitzenämter ins Gespräch zu kommen, müssen gut dosiert sein, dürfen also nicht inflationiert werden. Wer sich zu oft erfolglos ins Gespräch bringt, wird nicht mehr ernst genommen. Ein begabter Machtspieler braucht die Fähigkeit, auf seine Stunde warten zu können. Das kann Jahre dauern; er muss also seinen Antrieb kontrollieren können. Die Selbstdisziplin des individuellen Machtverhaltens, das Dauertraining des Machtanspruchs, die dafür notwendige Verhaltenskälte im machtkalkulatorischen Vorgehen bringen nur wenige Machtspieler auf. Auch nicht die monomane Bereitschaft, sich voll auf das Ziel zu konzentrieren.

Um den Machtanspruch in der Wahrnehmung des Umfelds zu verankern, muss der Machtspieler selbstsicher verhaltenspsychologische Effekte einsetzen. Die Körpersprache spielt dabei eine zentrale Rolle. Ein signifikantes Beispiel dafür ist Helmut Kohl, der mit traumwandlerischer Selbstverständlichkeit seine Körpergröße und -fülle in Raumbeherrschung übersetzen konnte; bewusst oder unbewusst demonstrierte er, dass ihm die erste Rolle zustehe und er jeden niederwalzen würde, der ihm den Weg versperrte. Manche haben die Körpersprache und die Kommunikationstechniken für das individuelle Machtspiel intuitiv entwickelt, als Naturtalente. Andere besuchen Verhaltenstrainingskurse, wie sie für Unternehmensmanager angeboten werden. Kleidung, Gestik, Kopfhaltung, Gangart – alles wird darauf getrimmt, Abstand und damit Überlegenheit zu suggerieren. Die Gefahr ist groß, sich dadurch lächerlich zu machen, weil Gesten leicht aufgesetzt wirken und der Betreffende zur Karikatur seiner selbst zu werden droht.

Beim Machtzocken wird riskiert, verbrannte Erde zu hinterlassen: eine zerrüttete Partei, zerrüttete Staatsfinanzen, einen Verfall politischer Moral oder ein kriegszerstörtes Land. Aber zwangsläufig ist das nicht: Wenn es dem Machterhalt zugute kommt, kann der Machtspieler auch couragiert eine gesellschaftlich nutzbringende Initiative ergreifen und durchsetzen, an die andere nicht zu denken wagen. Dann hat die Gesellschaft Glück gehabt. Außerordentliche Debakel oder Leistungen – beides ist im Machtspieler angelegt.

Nur wenige treten ihre Politikertätigkeit von vornherein mit dem Antrieb des Machtspielers an. Doch auch anders Motivierte müssen in der Politik mit Methoden des Machtspielers umgehen lernen, um nicht ständig übervorteilt oder an den Rand gedrängt zu werden. Dabei rutschen viele selbst in dieses Spiel, das sie zu vereinnahmen beginnt. Wer sich ganz darauf einlässt, wird davon zwangsläufig absorbiert. Bei nicht wenigen, die aus einem anderen Antrieb zur Politik kommen und erst später zu Machtspieler mutierten, spielen Enttäuschungen oder Leichtsinn eine große Rolle. Zynisch zu werden, gegenüber anderen und sich selbst gegenüber, ist das persönliche Los des Machtspielers. Doch früher oder später stellt sich auch ihm die ganz individuelle Sinnfrage.

Passionierte

Der Passionierte hat eine politische Grundüberzeugung: gesellschaftliche Wertvorstellungen, die er verwirklicht sehen will. Zur Mitwirkung motiviert ihn sein Verantwortungsgefühl für als negativ empfundene gesellschaftliche Zustände und politische Entwicklungen. Er hat ein vernunftgesteuertes und/oder emotional begründetes Veränderungs- und Gestaltungsbedürfnis. Die Bereiche, in denen Passionierte in erster Linie aktiv werden, sind Bürgerrechts-, Umwelt-, Entwicklungshilfe- und Wohlfahrtsinitiativen, Betriebsräte, die Publizistik und die Wissenschaft – neben politischen Parteien und deren Jugendorganisationen, die einen gesellschaftsreformerischen Anspruch haben. Viele sind zunächst gleichzeitig in einer Partei und in einer der genannten Initiativen aktiv.

Für eine politische Überzeugung zu wirken, ist sogar das Einstiegsmotiv für eine große Zahl von Politikern. Zumindest gilt das für Politiker des linken politischen Spektrums, die nicht damit rechnen konnten, in den gesellschaftlichen Eliten aufgrund ihres politischen Engagements Anerkennung zu finden. Dass sich ideelle Antriebe, auch wenn sie ursprünglich enthusiastisch sind, bei vielen im Laufe der Zeit abschleifen oder gar verflüchtigen, ist nicht nur unter Politikern der Fall. Jedenfalls starten immer wesentlich mehr mit einem solchen Antrieb als letztlich übrig bleiben. Ohne steten Zulauf gesellschaftlich

Passionierter in die Politik muss das Potenzial überzeugungsfester Politiker kontinuierlich schrumpfen.

Der Passionierte ist deshalb auch in der Parteibasis häufiger vertreten als in politischen Führungsgremien. Er hat einen Blick für gesellschaftliche Fehlentwicklungen und politische Widersprüche und versucht, andere darüber aufzuklären. Er will und kann nicht schweigen. Er will Alternativen sehen. Seine Glaubwürdigkeit und Wirkungskraft erwachsen aus der Fähigkeit zum Insistieren und der Bereitschaft, sich querzulegen. Er ist mehr an Grundsatz- als an Einzelfragen interessiert, mehr an politischen Strategien als an taktischen Feinheiten. Deshalb gilt er schnell als praxisferner Theoretiker. Es fällt ihm schwerer als anderen, sich auf den politischen Alltagsbetrieb einzulassen und anderen Meinungen nicht zu widersprechen.

Er bewegt sich in Ambivalenzen, die er auszuhalten lernen muss. Aufgrund seiner Passion neigt er zu Ungeduld, die er angesichts der vielen Kompromisse und der unausrottbaren Trägheitsmomente des politischen Prozesses immer wieder dämpfen muss. Er steht in einem dauernden Spannungsfeld zwischen seinen Zielvorstellungen und den widersprechenden Antrieben, Intentionen und Handlungszwängen anderer. Er ist auch auf Mitstreiter angewiesen, die nur einen Teil seiner Vorstellungen mitzutragen bereit sind, muss deshalb in Teilschritten denken und entsprechende Arbeitsbündnisse schließen. Damit kann er unversehens in Glaubwürdigkeitskonflikte geraten, läuft er doch Gefahr, sich auf Dinge einzulassen, die im Widerspruch zu seinen Überzeugungen stehen. Der Versuch, solchen Ambivalenzen zu entgehen, kann nur dazu führen, dass der Passionierte entweder aussteigt oder in den Kollektivstrukturen politischen Handelns zum isolierten Einzelkämpfer wird.

Der Passionierte neigt immer wieder dazu, die Rationalität des politischen Prozesses und die Gutwilligkeit von Mitakteuren zu überschätzen. Seine praktische Ausdauer ist im Allgemeinen geringer, weil er schnell enttäuscht ist. Die Konfliktfähigkeit, wenn es um eigene Interessen geht, ist relativ schwach ausgebildet, seine politische Konfliktfähigkeit dagegen stark. Seine gruppendynamische Fähigkeit ist in politischen Fragen relativ groß, sein zwischenmenschliches Sozialverhalten meist unterentwickelt. Seine praktische Flexibilität ist eher gering. Dafür ist seine Medienfixiertheit – bezogen auf seine Passion – relativ hoch; er ist wegen seines aufklärerischen Impetus auf sie angewiesen. Der politischen Folgen seines Tuns ist er sich bewusster als andere.

Gesellschaftsarbeiter

Dieser Prototyp entstammt dem »Motivkreis« des »animal sociale«, des Gesellschaftstiers. Sein individuelles Lebensbedürfnis ist es, in Gruppen aktiv zu sein. Derart Eingestellte sind sonst vorwiegend im Vereinsleben engagiert, dessen Existenz von der uneigennützigen Bereitschaft von Menschen abhängt, Funktionen und Verantwortung zu übernehmen. Ihnen fällt zu Hause die Decke auf den Kopf. Sie fühlen sich wohl in »Großfamilien«, für die sie sorgen können. Nicht zufällig sind Menschen, die bereits in einem Verein aktiv sind, bereit, sich auch in weiteren zu engagieren. Aus diesem Personenkreis rekrutiert sich ein großer Teil der Kommunalpolitiker sowie der Mitglieder örtlicher und regionaler Parteigremien, die wiederum das Rekrutierungsfeld für viele Berufspolitiker sind. Die Gesellschaftsarbeiter stellen den Großteil der aktiven Politiker. Sie sind an großen Strategien weniger interessiert als an praktischen Schritten.

Ohne Gesellschaftsarbeiter wäre es nicht möglich, örtliche Parteiorganisationen aufrechtzuerhalten, und die Parteien hätten in vielen Städten, Gemeinden und Landkreisen Schwierigkeiten, genügend Kandidaten für die Kommunalwahlen aufzustellen. Auch innerhalb der Parlamente ist der Prototyp des Gesellschaftsarbeiters zahlreich vertreten. Abgeordnete dieser Spezies sind diejenigen, die mit spezialisierten Funktionsaufteilungen im Parlament, wie sie im 4. Kapitel beschrieben wurden, keine besonderen Probleme haben. Sie übernehmen die Arbeit, die ihnen zugeteilt wird, erledigen diese gründlich und ohne Aufhebens. Aber sie legen Wert auf ihre Zuständigkeiten und wollen gebraucht werden. Die Entwicklung der Politik zu einem »piecemeal social engineering« kommt ihnen entgegen und wird durch sie verstärkt.

Der Gesellschaftsarbeiter zeichnet sich durch große Beständigkeit aus. Als Abgeordneter übernimmt er in seinem Wahlkreis meist die Rolle eines politischen Ombudsmans. Diese Bürgerbetreuung betreibt er mit einem überdurchschnittlich hohen Aufwand, der wenig Zeit für andere politische Aktivitäten lässt. Er hat keinen übertriebenen Positionsehrgeiz; er nimmt es, wie es kommt. Aber er ist stolz darauf, für besondere Aufgaben herangezogen zu werden. Auch sein Antrieb, eigene politische Initiativen zu starten, ist nicht übermäßig stark. Er ist Teamworker. Die ihm übertragenen Aufgaben verfolgt er ausdauernd und hartnäckig. Gegenüber seiner Partei empfindet er eine selbstverständliche Loyalität; er ist niemals Abweichler. Er wirkt ausgleichend und damit gruppenstabilisierend. Er verfügt über ein hohes Maß an praktischer Kompromissfähigkeit und diesbezüglicher Flexibilität. Er ist eher selbstgenügsam und nicht auftrumpfend. Sein Wunsch nach Medienpräsenz ist gering ausgebildet.

Die politische Mitwirkung verschafft ihm persönliche Befriedigung. Er repräsentiert das bürgerschaftliche Engagement in Parteien und Parlamenten. Politik ist ihm selbstverständliche Alltagsarbeit. Er ist der Mitspieler, nicht der Gegenspieler. Seine Vereinstreue überwiegt, und sie hält so lange an, wie er eine Aufgabe hat und mitmachen darf. Er verkörpert das zuverlässige und solide Element in der Politik – und ist derjenige Typus, dessen Loyalitätsbereitschaft oft missbraucht wird, ohne dass er sich dagegen wehrt. Auch Entscheidungen seines Vereins, die ihm nicht unbedingt einleuchten, trägt er meist klaglos mit.

Narzissten

In der psychoanalytischen Literatur gehört der Narzissmus zu den am meisten untersuchten Charaktereigenschaften. Diesbezügliche Beschreibungen gehen teilweise so weit, jedwedes Selbstwertgefühl oder jede Spielform individueller Eitelkeit als narzisstisch zu betrachten. Mit dem Narzissmus, von dem hier als Hauptantrieb von Politikern die Rede ist, meine ich die Selbstbewunderung, -liebe und -bespiegelung in autistischer Ausprägung. Die Politikertätigkeit wirkt bei derartigen Neigungen besonders anziehend, weil und nur soweit sie in der Öffentlichkeit stattfindet. Die Öffentlichkeit ist der begehrte Schauplatz der Selbstbespiegelung. Im Mittelpunkt der öffentlichen Aufmerksamkeit zu stehen, verschafft dem Narzissten ein autoerotisches Hochgefühl.

Nicht jeder, der eine öffentliche Rolle hat oder anstrebt, ist deshalb gleich ein Narziss. Wäre das so, würde nicht nur jeder Politiker dazu zählen, sondern auch jeder Schauspieler, Bundesligafußballer oder Journalist. Narzissmus im strengeren Sinn ist, wenn jemand nur Schauspieler wird, um auf der Bühne zu stehen, gleich in welcher Rolle; wenn jemand nur deshalb Journalist wird, um sich ständig einem Publikum präsentieren zu können, egal, mit welchem Inhalt – oder wenn jemand nur wegen der damit verbundenen öffentlichen Auftritte Politiker ist. Aber narzisstische Charaktere fühlen sich zu solchen Tätigkeiten besonders hingezogen. Manche sind bereit, dafür ein Vermögen zu opfern: zum Beispiel erfolgreiche Geschäftsleute, die mit vielen Millionen privater Mittel einen Bundesligaverein unterstützen um zum Ausgleich dafür dessen Präsident zu werden. Ihre öffentliche Rolle hebt sie aus ihrer Umgebung heraus: eine narzisstische Genugtuung.

Der amerikanische Sozialkritiker Christopher Lasch hat in seinem Buch »Das Zeitalter des Narzissmus« eine rapide Zunahme dieses Antriebs festgestellt. Er führt dies auf die sich ausbreitende Kulturform des hedonistischen Individualismus zurück. Der Narziss habe ein unmittelbares »Verlangen nach Anerkennung und Bewunderung«, die Vergangenheit interessiere ihn ebensowenig wie die Zukunft.[3] Er versuche, seiner persönlichen Leere zu entgehen, indem er sie mit öffentlicher Aufmerksamkeit füllt. Diese zu erringen, werde zum Lebensinhalt. Die Politik offeriert besonders viele Möglichkeiten zur Realisierung dieses Antriebs. Allein schon sich in Wahlkämpfen öffentlich präsentiert zu sehen, mit Namen und Konterfei auf Plakaten und an Litfasssäulen sichtbar für alle, ist reizvoll. Ebenso reizvoll ist es, regelmäßig in den Zeitungen zu stehen oder in Fernsehtalkshows aufzutreten. Die dortigen Selbstenthüllungen, das Ausbreiten individueller Befindlichkeiten vor einem anonymen Millionenpublikum sind für den Narziss eine Hochmesse. Als Politiker kann er sein Bedürfnis sogar verbergen und diesem trotzdem huldigen, weil er dafür einen funktionalen Grund angeben kann: Das Plakat, der Kandidatenprospekt, die öffentliche Rede, der Fernsehauftritt, die Kameras, das Interview, die Selbstanpreisung – all das ist ja notwendig, um im demokratischen Wettbewerb bestehen zu können, unabhängig vom individuellen Antrieb. Für den Narziss dagegen ist die politische Rolle vor allem ein »Taumel des Begehrens« (Lasch).

Eine politische Machtrolle interessiert ihn nur dann, wenn der Scheinwerfer auf diese gerichtet ist. Bei der Wahl zwischen einer spektakulären, aber wenig machtvollen, und einer weniger spektakulären, aber dafür einflussreicheren Rolle entscheidet er sich für erstere. Die Zahl der Politiker, die einen hauptsächlichen oder gar ausschließlichen narzisstischen Antrieb haben oder entwickeln, hat zugenommen – eine zwangsläufige Folge der personalisierten Wahrnehmung der Politik und der Breitenwirkung audiovisueller Medien. Der Narziss sucht immer wieder den Boulevard der Politik, auf dem er sich wie Figaro bewegt, leichtfüßig mal hier und mal da. Er ist ein Blender, der vom Scheinwerfer selbst schnell geblendet wird. Während Machtspieler ihre Position untermauern und sich eine Hausmacht zimmern, unterliegt der Narziss dem Irrglauben, sich im Medienspiegel wiederzufinden sei allein schon ein Machtfaktor. Er droht, das Sensorium dafür zu verlieren, wann die Grenze zur Peinlichkeit oder Prostitution überschritten wird, für die ihn Verachtung ereilt. In seiner »Rampengeilheit«, wie es der Kabarettist Werner Schneyder ausdrückt, übersieht er, dass er wegen seines schaustellerischen Antriebs von niemandem gefürchtet wird, auch nicht von denen, die ihn vielleicht um seine Bühnenrolle beneiden.

Sein Positionsehrgeiz ist groß, sofern die Position eine öffentliche ist. Sein programmatisches Interesse ist allenfalls beiläufig. Auf den Augenblick kommt es ihm an. Zu längerfristigem individuellen Kalkül, das für einen Machtspieler unerlässlich ist, ist er nicht in der Lage. Seine Ausdauer ist die geringste aller Politiker; sie hält genau so lange an, wie sein Tun noch glanzvoll erscheint oder er auf neuen Glanz hofft. Für die Realisierung seines persönlichen Antriebs ist er zu Konflikten bereit, die er gern öffentlich austrägt. Seine gruppendynamischen Fähigkeiten sind unterentwickelt, weil er in seiner Selbstbezogenheit kommunikationsunfähig ist. Nur unter »Groupies«, die ihn anhimmeln, fühlt er sich wohl. Seine Flexibilität und seine pragmatischen Fähigkeiten sind allenfalls durchschnittlich, weil ihn seine Selbstwahrnehmung von der Wahrnehmung anderer abhält. In der Medienfixiertheit übertrifft er alle. Sein Folgenbewusstsein ist unterentwickelt.

Interessenvertreter

Dieser Prototyp vertritt ein speziell organisiertes gesellschaftliches Interesse, überwiegend aus dem Spektrum der Wirtschaft. Einige Interessenvertreter gehen von vornherein mit diesem Antrieb in die Politik und lassen sich in der Folgezeit kontinuierlich davon leiten. Sie sind Interessenvertreter in der Rolle des Politikers. Andere dagegen werden im Laufe ihrer Politikertätigkeit dazu, wobei sie in der Regel dafür gesondert honoriert werden. Sie sind dann eher Politiker in der Rolle des Interessenvertreters.

Die erste Kategorie dieses Prototyps tritt offen für das von ihm vertretene Interesse ein. Er macht keinen Hehl aus der Loyalität zu der entsprechenden Interessenorganisation. Er wird von dieser unterstützt und ist in sie eingebettet. Seine erklärte Rolle gilt innerhalb seiner Partei als legitim. Das ist allerdings nur dann der Fall, wenn die von ihm vertretenen Interessen der Grundauffassung seiner Partei nahe stehen und es traditionelle Bindungen zu seiner Organisation gibt. Der typische Fall in der SPD sind Funktionsträger der Gewerkschaften; bei den Unionsparteien und der FDP sind es eher Vertreter von Wirtschaftsverbänden, einschließlich des Bauernverbandes. Als Politiker passen sie auf, dass im Sinne der von ihnen vertretenen Interessen nichts anbrennt. Sie sind Scharniere zwischen Partei und Interessenorganisation, in beide integriert. Die politische Wirkung dieser Interessenvertreter in der Politik ist ungleich größer als die eines

Interessenverbandes. Das kann von der Energie- über die Gesundheits- bis zur Landwirtschaftspolitik verfolgt werden. Die Interessen der konventionellen Energiewirtschaft werden in der SPD von niemandem besser vertreten als von den Abgeordneten, die der Industriegewerkschaft Bergbau und Chemie angehören, die Interessen der konventionellen Landwirtschaft von niemandem besser als von Abgeordneten, die selbst konventionelle Landwirte sind.

Derjenige Prototyp, der hingegen als Politiker zum Interessenvertreter wurde, versucht das so weit wie möglich zu verbergen. Er ist über Berufungen in Aufsichtsräte und Angebote für Beratertätigkeiten in diese Rolle gerutscht, manchmal auch durch Anwaltsmandate. Er ist beispielsweise gleichzeitig Abgeordneter und Hauptgeschäftsführer des Arbeitgeberverbandes oder des Verbandes der chemischen Industrie. Er wird zum Teilzeitsöldner einer Interessengruppe. Und gehört fortan zu deren Zirkeln. Sie bietet ihm auch Perspektiven für die Zeit *nach* seinem politischen Amt; vielleicht wird an ihn gedacht, wenn Berufungen in den Vorstand von Unternehmen erfolgen oder offizielle Beratertätigkeiten zu vergeben sind. Aus dem Lobbyisten in der Politik wird dann ein Lobbyist gegenüber der Politik, der sein Struktur- und Personenwissen über Politik und Politiker zur Verfügung stellt.

Der Karriereehrgeiz des Interessenvertreters in der Politik ist normalerweise gering. Er strebt nicht auf die ersten Plätze, aber nach einer einflussreichen, sein Interessenfeld betreffenden Rolle im Parlament. Er ist beständig und berechenbar. Er hat allerdings mehr zu verlieren als andere, wenn er eine politische Haltung gegen seine Interessengruppe beziehen würde. Er scheut Konflikte um seine Person. In seiner Interessenvertretung ist er hartnäckig. Aber er versucht, offene Auseinandersetzungen zu vermeiden, in denen seine Interessenverflechtung thematisiert werden könnte. Er bewegt sich gruppendynamisch versiert, weil ein gutes kollegiales Verhältnis zu Politikern aller Parteien dazu beiträgt, ihm Fragen nach seinem Hintergrund zu ersparen. Er ist im Vorgehen flexibel, weil er die Kunst des jeweils Möglichen beherrscht. In der Sache ist er unflexibel. An Medienauftritten ist er kaum interessiert; er bevorzugt die diskrete Vorgehensweise. Er weiß, wann er handeln muss.

Gemischte Motive

Welche Politiker in welchem Maße diesem oder jenem Antrieb folgen, ergibt sich nicht nur aus ihrem individuellen Charakter, sondern auch aus ihrem jeweiligen Umfeld, ihrer »politischen Sozialisation«, dem System der politischen Bildung und dem Niveau der politischen Kultur. Wenn Parteien passionslos werden und Medien sich mehr für die Machtspiele und Sperenzchen einzelner Politiker interessieren als für tatsächliche Probleme (selbst der renommierte »Tagesspiegel« erfasste in seiner Jahreschronik über die wichtigsten nationalen und internationalen politischen Ereignisse des Jahres 2002 mehrfach Konflikte in der FDP wegen ihres Phantomprojekts »18«, vergaß aber dafür die UN-Weltkonferenz über nachhaltige Entwicklung in Johannesburg zu erwähnen), dann füllen sich die Politikerränge mit Machtspielern, Narzissten und Interessenvertretern. Politiker sind Kinder der aktiven Generation einer Gesellschaft.

Der Psychoanalytiker Hans-Jürgen Wirth sieht Machtstreben und Narzissmus als zwillingshaften und maßgeblichen Politikerantrieb. Narzissmus ist für ihn nicht nur »eine der zentralen Voraussetzungen zur Ausübung von Macht, sondern die Ausübung von Macht ist ein wirkungsvolles Stimulans für das narzisstische Selbsterleben«.[4] Doch obwohl es signifikante Politikerexemplare gibt, die dieser Deutung entsprechen, rechtfertigt das nicht, sie auf alle Politiker anzuwenden. Zu jedem agierenden Politiker gehört, dass er seinen Einfluss auszuweiten versucht, und fast jeder Mensch hat narzisstische Anflüge. Tatsächlich gibt es in der realen Politikerwelt alle möglichen Antriebsmischungen – also nicht nur diejenigen, die bereits auf den ersten Blick gut zusammenpassen, wie die des Machtspielers und des Narzissten oder des Passionierten und des Gesellschaftsarbeiters.

Ein Beispiel für einen derart widerspruchsvollen Politiker ist der Italiener Giulio Andreotti, eine der schillerndsten Figuren überhaupt. Er war mehr als 40 Jahre nahezu ununterbrochen Regierungsmitglied seines Landes, ob als Ministerpräsident, Außen- oder Verteidigungsminister. Er schrieb hochreflektierte politisch-philosophische Bücher und denkt in historischen Dimensionen. Er hat tief im politischen

Katholizismus verankerte konservative Wertmaßstäbe und war zugleich zeitlebens ein skrupelloser Machtpolitiker, der selbst die Mafia für seine Zwecke funktionalisierte. Er lebt mönchisch. Er ist kaum als narzisstisch zu bewerten, sondern vereint in sich die Eigenschaften des passionierten Politikers und des Machtspielers sowie des Interessenvertreters des Vatikan in der italienischen Politik.

Was einem Politiker im Getümmel der Politik widerfährt, und ob er an seinem Antrieb festhält, kann keiner vorhersagen. Ohne Fähigkeit zur Reflexion eigener Antriebe kann jeder aus seiner Bahn geworfen werden. Das gilt besonders im Karussell der formalen Positionskämpfe, wenn die Strukturen hierarchisiert sind oder sich – wie gegenwärtig – autokratisieren. Der polnische politische Journalist und Schriftsteller Ryszard Kapuscinski hat in »König der Könige« die Machtstrukturen – und deren schleichenden Verfall – am Hofe des äthiopischen Kaisers Haile Selassie beschrieben, in Form einer allgemeinen Machtparabel, die erschreckenderweise auch in der Demokratie gilt: »Wer weiter unten auf der Liste stand, wollte höher hinauf, Nummer 43 wollte auf Platz 26, Nummer 78 hatte ein Auge auf die Position 32 geworfen, 57 drängte sich auf Nummer 29, 37 schoss vor auf Platz 34, 41 räumte 30 aus dem Weg, wer Platz 26 hatte, war überzeugt, ihm gebühre 22, 54 beneidete 36, 39 pirschte vor bis Platz 26, 63 boxte sich den Weg durch bis Position 49, und so strebten alle nach oben, immer nach oben. Die Menschen waren wie von Sinnen, in den Gängen herrschte ein Jagen, die Cliquen waren mit ständigen Beratungen beschäftigt, und der ganze Hof hatte nichts anderes im Sinn als die Liste. Bis endlich der ehrwürdige Herr die Liste gehört, unwiderrufliche Korrekturen angebracht und schließlich mit einem Kopfnicken für gut befunden hatte. Jetzt konnte man nichts mehr ändern, und jeder wusste, woran er war. An der Art, wie die Menschen jetzt gingen und sprachen, konnte man auf einen Blick erkennen, wer in das kaiserliche Gefolge berufen worden war. In unserem Palast gab es eine ganze Garbe von Hierarchien, und wenn man von einem Halm abrutschte, konnte man einen anderen packen und sich wieder hinaufziehen, und so fand jeder irgendeine Befriedigung und konnte sich stolz in die Brust werfen.«[5] Solche Verhaltensmuster widern die Beteiligten zwar an, können aber dennoch bei vielen zu einer Obsession werden. Politiker müssten deshalb schon um ihrer selbst willen alles daransetzen, der Erosion demokratischer Spielräume entgegenzuwirken. Sonst sind nicht einmal mehr freie und ungestüme Machtkämpfe möglich.

Nur zwei der skizzierten Antriebe beziehen sich auf den Kern dessen, was Politik in ihrer originären Begriffsbedeutung ausmacht: der des Passionierten und der des Gesellschaftsarbeiters. Doch das Kriterium des Politischen – im Sinne des Durchsetzens einer gesellschaftlichen Zielvorstellung – wird dadurch allein nicht erfüllt. Hinzukommen müssen im Idealfall die Bereitschaft, sich auf Machtkämpfe einlassen zu wollen, das Antriebsmoment von Gesellschaftsarbeitern, die mehr als andere ein Sensorium für das haben, was die Menschen aktuell bewegt – ein Sensorium, das vermeiden hilft, über die Lebenssituation der Menschen hinweg politische Ziele umzusetzen und damit aufzulaufen, und die Fähigkeit zur Berücksichtigung konkreter Interessen.

(Un-)Berechenbarkeiten und Zufälle politischer Karrieren

Politische Karrieren, gleich aus welchen Antrieben, sind letztlich nicht erfolgssicher planbar. Politiker können ihre Chancen zwar methodisch optimieren: Viele Karrieren sind systematisch geplant und geduldig verfolgt worden. Aber nur ein kleiner Teil derjenigen, die eine politische Karriereplanung betreiben, kommt zum angestrebten Erfolg. Und wer erfolgreich ist, ergibt sich in den meisten Fällen nicht aus überragenden Fähigkeiten, sondern durch Zufälle. Gegen den Faktor Zufall kommt selbst eine noch so große Begabung nicht an. Er spielt bei Politikern – wegen des im 1. Kapitel beschriebenen diffusen, nicht formalisierbaren Anforderungsniveaus – eine größere Rolle als in jeder anderen Tätigkeit. In Porträts und Biographien über Politiker, die auf der Höhe der Macht stehen, kommt dieser Faktor nicht vor; er würde gnadenlos jene Heldenepen stören, die den politischen Aufstieg ihres Protagonisten aufgrund seiner herausragenden Talente als unaufhaltsam und vorherbestimmt darstellen. Gehört ein Politiker mit besonderen Begabungen zufällig einer Partei an, die sich in der Opposition befindet, hat er keinerlei Möglichkeit, eine potenziell außerordentliche Regierungsfähigkeit unter Beweis zu stellen. Ein Manager kann einfach die Firma wechseln, ein Wissenschaftler zu einem renommierten Forschungsinstitut gehen, um sich besser entfalten zu können – ein Politiker kann seine Partei kaum wechseln, ohne dass er dafür einen grundsätzlichen Anlass hat. Ein bayerischer Sozialdemokrat könnte vielleicht Bundeskanzler werden, aber nicht bayerischer Ministerpräsident oder auch nur Landesminister; in der CSU-Hochburg Bayern kommt er bis auf weiteres über ein Abgeordnetenmandat oder das Amt eines Oberbürgermeisters nicht hinaus. Die Mitgliedschaft in einem Parlament ist in der Regel die eigentliche Startbasis für eine politische Führungskarriere; aber ein noch so viel versprechendes Talent schafft unter Umständen erst gar nicht den Schritt dahin, wenn in seinem Wahlkreis für seine Partei zufällig ein versierter und populärer »Platzhirsch« als Abgeordneter sitzt, an dem keiner vorbeikommt.

Wäre 1957 der Regierende Bürgermeister von Berlin, Otto Suhr, nicht nach nur drei Amtsjahren gestorben, so dass Willy Brandt ihm nachfolgen konnte, dann hätte Letzterer nicht die Gelegenheit gehabt, seine politische Begabung in der Zeit der weltpolitisch brisanten Berlinkrise zwischen 1958 und 1963 auszuspielen, und er wäre höchstwahrscheinlich weder 1961 und 1965 Kanzlerkandidat noch 1969 Bundeskanzler geworden. Ohne Brandts 1974 erfolgten Rücktritt wegen der von ihm nicht verschuldeten Guillaume-Affäre wäre Helmut Schmidt wahrscheinlich nie Bundeskanzler geworden, obwohl er sich erklärtermaßen dafür geeignet hielt und auch erwies. Ohne das zufällig an einer Stimme gescheiterte konstruktive Misstrauensvotum, das einen Bundeskanzler Barzel verhinderte, wäre Helmut Kohl wohl über sein Amt als rheinland-pfälzischer Ministerpräsident nicht hinausgekommen. Hätte die CDU 1980 in Niedersachsen den offenkundig verschlissenen Ministerpräsidenten Albrecht erfolgreich überreden können, zugunsten der seinerzeitigen Bundestagspräsidentin Rita Süssmuth – die auf dem Höhepunkt ihrer Popularität war – auf eine erneute Spitzenkandidatur zu verzichten, so wäre womöglich Gerhard

Schröder nicht als Sieger aus der Landtagswahl hervorgegangen und dann wohl kaum für eine spätere Kanzlerkandidatur in Frage gekommen. Wolfgang Schäuble war 1998 der »geborene« Nachfolger Helmut Kohls als CDU-Vorsitzender; er war vielfach dafür prädestiniert – und musste bereits ein Jahr später dieses Amt sang- und klanglos aufgeben, wegen einer umstrittenen Spende an seine Partei, in deren Übergabe er involviert war. Keiner seiner Nachfolger als Partei- und Fraktionsvorsitzender hätte im Traum daran gedacht, ihn schnell beerben zu können. Im Großen wie im Kleinen sind – trotz aller Wahrscheinlichkeiten – politische Karrieren nicht berechenbar; jedenfalls keinesfalls so, wie ein talentierter Sportler durch eisernes Training seine künftigen Spitzenleistungen aus eigener Kraft erzielen kann.

Der Verschleiß an Politikern ist relativ groß. Es ist vor allem ein Selbstverschleiß im Kampf um Positionen, die den Spielraum für das eigene Wirken erhöhen – aus welchem Antrieb auch immer. Je mehr formale Einflusspositionen und mediale Aufmerksamkeit als *das* entscheidende Qualifikationskriterium gelten, desto mehr Politiker fixieren sich auch darauf, selbst wenn es ihrem Antrieb und ihrer Begabung gar nicht entspricht. Besonders unter denjenigen, die sich in das Rennen um Spitzenpositionen begeben, gibt es zwangsläufig wesentlich mehr Verlierer als Gewinner. Das ergibt sich aufgrund der bloßen Zahlenverhältnisse: Die Platzzahl für politische Spitzenämter ist institutionell begrenzt. Zu gleicher Zeit kann jeweils nur einer Bundeskanzler oder Parteivorsitzender werden, und nur wenige Minister. Das ist der Unterschied zu anderen Karrieren: Vorstandsvorsitzende und Vorstandsmitglieder von Unternehmen gibt es viele, die Chancen zur Selbstverwirklichung durch eine zentrale Macht- oder Starrolle sind in anderen Bereichen größer als in der Politik. Deshalb gibt es in der Politik mehr Personen, die sich öffentlich als gescheitert bewerten lassen müssen oder sich selbst so sehen. Für eine demokratische politische Kultur, die sich ohne die Mitwirkung vieler nicht entfalten kann, hat die Überbetonung dieses einseitigen Bewertungskriteriums gegenüber Politikern eine zersetzende Wirkung.

Weil aber Verschleißerscheinungen des politischen Betriebs inzwischen offenkundig sind und sich die Gebäude der Parteien leeren, wird wieder verstärkt nach Politikern als Einzelpersönlichkeiten und möglichst ohne Parteienbindung gerufen. Nicht mehr um eine Kandidatenaufstellung oder für eine Mehrheit zu kämpfen, nicht um politische Positionen mit anderen ringen zu müssen, sondern einfach kraft höherer Qualifikation in ein politisches Amt eingesetzt zu werden: Das ist der neoelitäre Anspruch in der aktuellen Phase der Entdemokratisierung – Politik machen, ohne sich den Erfordernissen des Politischen zu stellen. Doch woher sollen die geforderte Durchsetzungskompetenz und das unerlässliche Durchhaltevermögen kommen, wenn sich Politiker nicht auf die politische Probe stellen lassen müssen – eine Probe, die nur im Prozess der kollektiven Meinungs- und Willensbildung bestanden werden kann?

Der einzelne Politiker und die Gruppe

Politische Handlungen finden in Gruppenstrukturen statt. Die Größe der Gruppen, in denen der einzelne Politiker agiert, ist allerdings sehr unterschiedlich, und die meisten Politiker agieren stets in mehreren Bezugsgruppen gleichzeitig. Jede isolierte Betrachtung von Politikern, ohne ihre jeweiligen Gruppenstrukturen zu beachten, ist abwegig. Die Gruppen haben unterschiedliche Bewertungsmaßstäbe, bei aller Ähnlichkeit der gruppendynamischen Prozesse. Auch das ist nicht nur in der Politik so: Es gibt Trainer, die mit allen Mannschaften zurechtkommen, andere tragen die eine zu Erfolgen und scheitern bei der anderen; begabte Spieler können in der einen Mannschaft brillieren und in einer anderen Fremdkörper bleiben.

Welche Politiker, die heute Stimmenfänger sind, wären dies auch schon vor 20 Jahren gewesen – und welche, die es heute nicht sind, könnten es in zehn Jahren sein? Beantwortet werden können solche Fragen nicht, aber es spricht vieles dafür, dass die meisten Politiker in einer anderen Bezugsgruppe und zu einer anderen Zeit – sofern sie selbst unter veränderten Bedingungen dieselben geblieben wären – einen anderen Weg beschritten hätten.

Die Groß- und Kleingruppen der Politik sind die Wähler mit

ihrem sich ständig wandelnden Bewusstsein; die Parteien mit ihren unterschiedlichen Werten, Traditionen, Flügeln, Mitgliedschaften; das Parlament mit seinen Fraktionen und Arbeitsformen; die Medien mit ihren sich verändernden Leitbildern; und die vielen organisierten Kräfte um die politischen Institutionen herum, deren jeweiliges Gewicht von Problementwicklungen und Wertewandlungen abhängt. Nach meiner Beobachtung hat jede Partei eine kollektive psychologische Eigenart, die sich zwar nicht in jedem einzelnen Akteur widerspiegelt, sich aber immer wieder zeigt: Bei der SPD ist es ein historisch gewachsener Inferioritätskomplex, der zu mangelndem Selbstbewusstsein gegenüber Konservativen und wirtschaftlichen Eliten führt. Bei den Unionsparteien ist es eine denkwürdige Scheinheiligkeit, mit der selbstgerecht doppelte Maßstäbe angelegt werden: Was sie sich selbst herausnehmen, empfinden sie bei anderen als empörend – etwa hohe Staatsschulden oder eine zu hohe Steuerbelastung. Bei der FDP ist es ein aufgesetztes Selbstbewusstsein, das in keinem Verhältnis zu ihrer schmalen Kompetenz- und Legitimationsbasis steht. Bei den Grünen ist es eine moralische Selbstgefälligkeit, die aus der Entstehungsphase stammt, in der sie sich als Repräsentanten des neuen Weltgewissens fühlten. Wegen dieser gruppenpsychologischen Eigenarten kommt nicht jeder Politikertypus und schon gar nicht jeder Habitus eines Politikers in jeder Partei gleichermaßen an. Der bescheiden auftretende Gesellschaftsarbeiter findet in der SPD die größte Zustimmung. Doppeldeutige Verhaltensweisen, offenkundige Machtspiele werden in den Unionsparteien eher als normal empfunden. Mit hochstaplerischem Auftreten kann man in der FDP leichter reüssieren als andernorts. Ideelle Überzeugungen finden bei den Grünen mehr Anklang als bei anderen, jedenfalls solange sie folgenlos bleiben.

Den einzelkämpferischen Politiker, der unter *allen* Umständen und in *allen* politischen Fragen offen und uneingeschränkt seinen Antrieben und Begabungen folgen könnte, gibt es in den von Gruppenstrukturen geprägten politischen Prozessen nicht. Er hat zwar in demokratischen Strukturen mehr Spielräume als in den meisten anderen gesellschaftlichen Organisationsformen: Nirgendwo kann ein Einzelner so wie in der Politik die Führungskräfte offen kritisieren und in aller Öffentlichkeit deren Ablösung betreiben, ohne deshalb – wenn er nicht gerade Minister ist – entlassen werden zu können. Doch sein Spielraum hängt nicht nur davon ab, ob er bereit ist, Unbill und die Feindschaft der von ihm Attackierten in Kauf zu nehmen, sondern auch davon, ob er seine Bezugsgruppen überzeugen kann oder diese überfordert – und wie viel er sich selbst zumuten kann.

Jede politische Initiative und erst recht jeder Konflikt sind ein zeit-ökonomisches Problem für den einzelnen Akteur. Ein Einzelner, dem vieles missfällt und der vieles verändern möchte, kann nicht allen da-mit verbundenen Anforderungen auf einmal gerecht werden. Man muss sich informieren, erläutern, wiederholen, nachsetzen, Unterstüt-zung organisieren. Man muss damit rechnen, dass es nicht nur Gegner aufgrund anderer Meinungen gibt, sondern auch solche, die die eigene Meinung vielleicht teilen, aber aus individuellen Konkurrenzgründen mauern. Gruppen haben ihre eigene Verhaltensdynamik, die sich über lange Zeiträume herausbildet und gleichzeitig situationsgesteuert ist. Sie resultiert aus einer gewachsenen Identität, ideellen Präferenzen und Vorurteilen, aber auch aus gruppendynamischen Mechanismen, die überall anzutreffen sind. Gruppen lassen sich nicht beliebig anlei-ten, sie wollen Orientierung und möchten gleichzeitig gebraucht wer-den, und sie sind oft launisch und zugleich verhaltenskonservativ.

Gruppen bevorzugen emotional Politiker, die ihnen signalisieren, dass sie ohne ihre Unterstützung nicht auskommen; dann leiden sie mit und fühlen sich gefordert. Dagegen werden Politiker, die ihrer Be-zugsgruppe den Eindruck vermitteln, dass sie ohne sie auskommen würden, allenfalls respektiert; Fehler werden ihnen dann kaum verzie-hen. Das ist wahrscheinlich der Grund, warum Willy Brandt – der sichtbar mit sich rang – von der SPD geliebt, während Helmut Schmidt nur respektiert wurde; oder warum Helmut Kohl, der Unbeholfenhei-ten zeigte, oder Franz-Josef Strauß trotz ihrer menschlichen Schwä-chen von ihrer Partei geliebt wurden – während Wolfgang Schäuble nur respektiert wird, weil er keine schwachen Seiten offenbart. Die Großgruppen der Parteien suchen nach dem Besonderen, den Leitge-stalten, die etwas haben, was sie nicht haben, um sich damit identifizie-ren zu können und von ihnen repräsentiert zu werden. Sie lieben gelegentlich auch Dissidenten, die das anprangern, was sie vermissen oder ankreiden, aber dennoch hinnehmen. Aber gleichzeitig haben sie gruppenpsychologische Abwehrmechanismen gegenüber denjenigen, die sich den Luxus individuellen Verhaltens leisten, das sich die Gruppenmitglieder verkneifen. Politiker müssen mit der Psychologie derjenigen Gruppen zurechtkommen, in denen sie sich bewegen, weil sie allein nichts umsetzen können. Das unterscheidet agierende Politiker von politischen Journalisten oder Ratgebern, von denen keine politische Durchsetzungskraft erwartet wird. Man muss das normale Gruppenverhalten kennen, um es verändern zu können. Es wird sich kaum ändern, wenn man es in seinen Gewohnheiten nicht stört. Solche Störungen sind eine Gratwanderung zwischen dem Risiko, als notorischer Außenseiter abgestempelt zu werden, und der Möglichkeit, die Bewegungsrichtung der Gruppe beeinflussen zu können.

Wer in die Führungsrolle einer Gruppe strebt, kann sich über diese nur in Ausnahmesituationen hinwegsetzen. Der Normalfall ist die Anpassung an die durchschnittlichen Erwartungen der jeweiligen Gruppe, an deren Querschnittsbewusstsein. Dann bleibt alles wie gehabt. Die führenden Politiker sind austauschbar. Sie sind Seismographen der Stimmungslage und werden von dieser gesteuert. Anders ist es, wenn die Gruppe niedergeschlagen ist, gelähmt und entmutigt, und das Bedürfnis übermächtig wird, sich durch eine Person aus dieser Lage herausführen zu lassen, die den Eindruck erweckt, das zu können. Wegen dieser gruppenpsychologischen Bedürfnisse der SPD wurden Oskar Lafontaine 1990 und Gerhard Schröder 1998 Kanzlerkandidaten der SPD, jeweils nach der Erfahrung vorheriger demütigender Wahlniederlagen ihrer Partei. Ein ähnlicher Aufstieg ist möglich, wenn die Gruppe unschlüssig ist, Probleme hin und her wälzt, und endlich einer die praktische Initiative ergreift. Dann kommt vielleicht ein Außenseiter zum Zuge – so wie der Italiener Prodi, der als politisch unbeschriebenes Blatt 1996 gemeinsamer Kandidat eines linksliberalen Wahlbündnisses wurde. Oder wenn die Gruppe die untereinander zerstritten ist, sich wechselseitig misstraut und im Wege steht – um sich dann einer Person anzuvertrauen, die integrierend wirkt. So wurde Jospin in Frankreich 1997 zum Führer der Sozialistischen Partei. Andere setzen sich mit Hilfe einer Machtclique durch, die den Eindruck vermittelt, dass ihr niemand in der Gruppe erfolgreich entgegentreten kann. So werden die meisten Parteiführungen vorher »ausgeguckt«, zumindest in Deutschland, wo Kampfkandidaturen zwischen mehreren Bewerbern als parteischädigend missverstanden werden.

Einzelkämpfertum in jeder einzelnen Frage – ohne zwischen wichtigen und weniger wichtigen zu unterscheiden – ist in den Gruppenstrukturen der Politik nicht möglich. Solisten gibt es nur außerhalb politischer Parteien und Fraktionen, und dann fast immer nur für eine begrenzte Zeit. Das einzige Unikat eines totalen Einzelkämpfers über längere Zeit, das ich kenne, heißt Helmut Palmer. Er ist in Baden-Württemberg seit Jahrzehnten als »Remstal-Rebell« bekannt. Er hat mehrere hundert (!) Kandidaturen bei Oberbürgermeister-, Bürgermeister-, Bundestags- und Landtagswahlen bestritten und dabei sogar zweistellige Ergebnisse erzielt, bei Bürgermeisterwahlen bis über 40 %. Unverdrossen zog und zieht er immer noch gegen alles zu Felde, was er als verlogen und ungerecht empfindet. Er wurde zum originellen politischen Aktionskünstler, der seine Finger auf Wunden legt und dafür breite Aufmerksamkeit erzielen konnte. Durchzuhalten war das nur mit einer nie erlöschenden Passion, der Fähigkeit zur aktiven Empörung und einer Eigenliebe, ohne die er seinen Antrieb verloren hätte – und durch immer wieder erfahrenen und noch mehr ersehnten Zuspruch, um die zahllosen Enttäuschungen und Widrigkeiten ertragen zu können. Er wäre ein herausragender Parlamentarier geworden – würde es eine Parlamentswahl ohne Parteien und ein Parlament ohne Fraktionen geben! Doch deren Akzeptanz und Integrationsbereitschaft gegenüber Solisten ist begrenzt.

Ein Einzelkämpfer ist darauf angewiesen, gehört zu werden und zu hoffen, dass seine Ideen und Forderungen dort fruchten, wo sie umgesetzt werden müssen. Diese Hoffnung begründet eine dauernde Ungeduld und vielfache Enttäuschungen. Das innere Engagement wird brennend. Die Worte und Initiativen werden flammend, provokativ und aktionistisch, um noch mehr aufzurütteln. Viele passionierte Einzelkämpfer erleben dies. Sie können keine politische Organisation ertragen, aus der Trägheit, zwischenmenschliche Arrangements und Kompromisse nicht wegzudenken sind. Entweder meiden sie Organisationen von vornherein, oder sie verlassen sie bald. Bei den allermeisten erlischt die politische Passion deshalb nach einiger Zeit. Politische Passion ist aber das Salz jeder politischen Tätigkeit. Es ist eine unauslöschbare gesellschaftliche Ironie, ja sogar eine Tragik, dass die Gesellschaft passionierte Menschen braucht, die gruppenpsychologischen Mechanismen aber darauf ausgelegt sind, die Passionen Einzelner abzuschleifen, sie ihnen gar abzugewöhnen. Zu viel Passion stört die Mehrzahl der weniger oder gar nicht Passionierten. Der Verschleiß an Personen in den Kollektivstrukturen der Politik ist groß. Mindestens ebenso groß ist die Zahl derer, die eine gesellschaftliche Passion haben und sich gar nicht auf politische Kollektive einlassen oder von ihnen schnell wieder ausgestoßen werden. Ohne lebenspragmatische Erfahrung und Einsicht in die Gruppendynamik, ohne deren Relativierung in Bezug auf die eigene Person kann der einzelne Politiker der Frustration oder der Deformation kaum entgehen. Nicht zufällig zeigen diejenigen in der Politik die größte Beständigkeit, die soziales Leben in Vereinen gelernt haben. Viele sind aus diesen Gründen nur passives Mitglied einer politischen Partei oder ziehen es vor, in anderen gesellschaftlichen Organisationen aktiv zu sein, die im außerparlamentarischen Raum wirken. Nicht zufällig haben die Umweltschutzorganisationen in Deutschland in der Summe mehr Mitglieder als die politischen Parteien – obwohl es selbstverständlich auch in diesen Organisationen die beschriebenen gruppendynamischen Effekte gibt. Der Unterschied zum Tummelplatz politischer Institutionen ist, dass man es innerhalb dieser Organisationen mehr mit Gleichgesinnten zu tun hat. Das größere gesellschaftliche Reservoir an politisch Passionierten und ethisch gefestigten Menschen ist sicher in solchen Organisationen zu finden – und zu suchen.

Je mehr die Parteien ihre ursprüngliche Eigenschaft als Wertegemeinschaft aufgeben oder nur noch als Etikett benutzen, desto mehr wird diese Verlagerung passionierten Engagements voranschreiten – und je mehr sich die Aufmerksamkeit der Medien auf personelle Machtspiele konzentriert und das gesellschaftliche Engagement, das es in verschiedensten Formen gibt, ignoriert oder die Betreffenden gar belächelt.

Die Zukunft der politischen Demokratie hängt entscheidend davon ab, dass politische Ideale wieder zum allgemeinen Maßstab werden, an dem Politik und Politiker gemessen werden. Es macht letztlich keinen Sinn, ohne Passion Politiker zu werden – oder zu bleiben, wenn diese verloren gegangen ist. Doch wie vielen Politikern ist das bewusst?

6. KAPITEL
MAXIMA POLITICA:
DIE IDEALE POLITISCHEN HANDELNS

*Die Probleme, die es in der Welt gibt, können nicht
mit den gleichen Denkweisen gelöst werden,
die sie geschaffen haben.*
Albert Einstein

»Wer Visionen braucht, soll zum Arzt gehen«, hat Helmut Schmidt
einmal gesagt, adressiert an diejenigen, die sich – über die Köpfe der
real existierenden Gesellschaft hinweg und jenseits aller Realisierungs-
aussichten – in den 70er Jahren teilweise auf absonderlichen »Höhen-
flügen« zum Sozialismus befanden. Eine Absage an langfristig angelegte politische Strategien, an realisierbare Zukunftsentwürfe, hat er
– als jemand, der vorausblickende Schriften etwa zu grundlegenden
Sicherheitsfragen, zur Weltwirtschaft, zur europäischen Entwicklung
verfasst hat – sicher nicht gemeint. Dieser Satz wird gegenwärtig gern
von Politikern zitiert, die sich längerfristigen Grundsatzfragen ver-
sperren. Politik – so ein Modewort – müsse in der »Wirklichkeit an-
kommen«. Zur Bekräftigung heißt es sogar gelegentlich: in der »wirklichen Wirklichkeit«. Doch welche Realität ist gemeint? Soll man sich
mit den gegebenen Verhältnissen auseinander setzen oder sie einfach
hinnehmen, über sie hinausdenken oder sich ihnen anpassen?

Ein umfassenderes Bild von der Realität ist gefragt, nicht nur ein
augenblicksbezogenes und segmentiertes. Die Gesellschaft lebt mit
ihren kulturellen Erbgütern und -krankheiten, ihrem historischen
Gedächtnis, mit inneren Widersprüchen und Außeneinflüssen. Schon
deshalb kann es keine linearen Entwicklungen geben. Lineare Entwicklungen würden bedeuten, dass es keine Widerstände, keine seelischen und physischen Grenzen für Gesellschaften gibt. Wer auch
immer eine gegenwärtige Entwicklungslinie als »unumkehrbar« be-

zeichnet, denkt nicht an Rückschläge, Reaktionen, Überforderungen, Übersättigungen, Verwundbarkeiten, an die Vielfalt menschlicher Bedürfnisse. Denkt also nicht in lebenden Systemen. Deshalb sind auch alle Thesen vom Ende des Staats, der Demokratie oder sogar politischer Ideen fragwürdig, ebenso wie es die allzu optimistische These Fukuyamas war, dass sich die Demokratie definitiv durchgesetzt habe. Betrachten wir die politischen Prozesse also mit mehr historischem Bewußtsein, mit breiterem Blick und mit mehr sozialer Phantasie.

Alle Entwicklungen zerbrechen entweder an Gegenströmungen oder an Selbstüberforderung und Erschöpfung. Die Sowjetunion war nicht von außen, durch direkte politische Aktion, aufzubrechen, sie ist an sich selbst zerbrochen. Mit dem islamischen Fundamentalismus, der – trotz seines mittelalterlichen Gepräges – die moderne Welt verändert hat, hat in den 70er Jahren so gut wie niemand gerechnet. Die USA können gegenwärtig von keiner anderen Regierung aufgehalten werden, aber ein paar skrupellose Extremisten haben eine grundlegende Verhaltensänderung der Hypermacht provoziert. Ob China mit seinen mehr als eine Milliarde Menschen tatsächlich zu einer Weltmacht aufsteigt, wird vor allem davon abhängen, ob es zu einer neuen sozialen Balance findet – angesichts von bereits jetzt über 100 Millionen durchs Land wandernden Arbeitsuchenden, die chaotische Entwicklungen vermuten lassen. Japan, aufgrund seiner intensiven Technologieförderung noch vor einem Jahrzehnt als industrielle Bedrohung für die USA und die EU gefürchtet, befindet sich heute im Krebsgang einer nicht enden wollenden Stagnation, die schnell in eine Verfallskrise übergehen kann. Wer ist vor Entwicklungsbrüchen gefeit? Und bei allen als unaufhaltsam hingestellten Entwicklungen werden die physischen Grenzen übersehen, die die Ökosphäre des Erdballs unweigerlich diktiert. Umkehr, die Wiederherstellung eines früheren Zustands, gibt es sicher nicht. Aber neue Weichenstellungen, ein gezieltes Abbiegen oder eine Abkehr von offensichtlich gefahrenträchtigen Prozessen wird es geben müssen. Wir stehen vor der Wahl, das mit überlegten Alternativen zu tun oder auf heillose Brüche, gar Zusammenbrüche mit unvorhersehbaren Konsequenzen zu warten.

Gesellschaftsfähige neue Weichenstellungen können nur durch

politische Alternativen erfolgen. Und sie müssen erfolgen, bevor die Entwicklungen den politischen Institutionen – und den in diesen tätigen Politikern – aus dem Ruder laufen. Die Übermutstimmung des 1990 siegreichen Westens ist innerhalb eines Jahrzehnts verflogen. Der Hochmut in Bezug auf seine Möglichkeiten verfliegt gerade. Aber es mangelt – gegenwärtig – an Mut, »herrschenden Meinungen« oder Modemeinungen zu widersprechen. Und es mangelt an Neugier, über Alternativen nachzudenken und diese zu entwickeln. So ist es auch kein Wunder, dass langfristig angelegter Handlungsmut fehlt oder nur zur Beschleunigung laufender Entwicklungen aufgebracht wird. Eine falsche Entwicklung kann nicht dadurch abgewendet werden, dass man ihr Entwicklungstempo beschleunigt.

Politik nach einem Konzept linearen Fortschritts – und auf der Basis nebeneinander operierender Subsysteme, die sich relativ unabhängig voneinander entwickeln, ihren Eigengesetzlichkeiten folgen und diese jeweils für sich optimieren – hat bereits jetzt vielfach keinen gesellschaftlichen Grenznutzen mehr. Viel zu sehr haben sich die politischen Institutionen, wie es vor allem der Soziologe Niklas Luhmann beschrieben hat, trotz ihres allgemeinen gesellschaftlichen Mandats zu einem Subsystem neben dem der Wirtschaft, der Wissenschaft, des Rechts oder der Medien entwickelt. Unvermeidlich werden die eingangs genannten Paradoxien dadurch größer – und niemand sieht sich mehr dazu in der Lage oder dafür verantwortlich, diese aufzulösen. Allein die politischen Institutionen haben dazu ein Mandat, also müssen sie es auch ausüben, statt die Möglichkeiten dafür abzugeben.

Welcher Passionierte will angesichts solcher Umstände noch Politiker werden? Die Antwort ist: Weil sich die Weltgesellschaft und in ihr die Staatsgesellschaften in einer Existenzkrise befinden, ist der Bedarf an passionierten Politikern besonders hoch, die die Maxima der Politik thematisieren: mehr »polity« und »policy«, Klärung von Grundfragen der Verfassung der Gesellschaft und Entwicklung langfristig angelegter Strategien, statt nur noch »politics« von der Hand in den Mund. Dafür ist es zwingend geboten, nicht länger der oberflächlichen Gegenüberstellung von politischem Realismus und Idealismus, von politischer Ethik und Praxis aufzusitzen.

Idealisten oder Realisten? Idealistische Realisten!

»Better strong but wrong than right and weak«, sagte der amerikanische Präsident Bill Clinton, ein höchst flexibler Vertreter postmoderner Realpolitik. Lieber etwas bewusst Falsches tun, wenn es der aktuellen Machterhaltung dient, als etwas ideell Richtiges, wenn es diese gefährden könnte. Der Satz klingt cool und realitätsnah. Aber er ist praktisch eine Absage an politische Ideale; er definiert Opportunismus und Konformismus zu politischer Stärke um und Konsequenz zu politischer Schwäche; er macht aus einer Politikernot eine Tugend. Daran gemessen, wären alle schwach gewesen, die sich lebensmutig und in aussichtsloser Position für Demokratie und Menschenrechte eingesetzt haben, statt sich mit ihrer Begabung – aber gegen ihre Überzeugung – den herrschenden Verhältnissen anzupassen und in diesen aufzusteigen.

Der Begriff »Realpolitiker« bezieht sich selbstgefällig auf die Unterscheidung zwischen Gesinnungsethik und Verantwortungsethik, wie sie Max Weber einst getroffen hat (der diese im Übrigen keineswegs als unbedingten Gegensatz verstand): Als wären Politiker mit ausgeprägter idealistischer Gesinnung im Zweifelsfall praxisfern – und als wären politische Praktiker leider gezwungen, auf Ideale zu verzichten. Tatsächlich gibt es mindestens zwei Dimensionen von Realismus: *Problemrealismus* und *Handlungsrealismus*. Problemrealismus bedeutet, die gesellschaftlichen Probleme im Auge zu haben, nicht nur die gegenwärtigen, sondern auch die auf uns zukommenden; die Gefahrenhierarchie zu erkennen, also zwischen großen und minderen Gefahren unterscheiden zu können; ihre tatsächlichen Ursachen und Urheber auszumachen, um an der richtigen Stelle und gegen die richtigen Kontrahenten antreten bzw. diesen frühzeitig entgegenwirken zu können. Handlungsrealismus erweist sich in der richtigen Einschätzung der eigenen Kräfte und der der Widersacher; in der Fähigkeit, Unterstützung und Verbündete zu gewinnen und die eigenen Handlungsspielräume auszuweiten, die Risiken richtig einzukalkulieren und die richtige Schrittfolge zu beachten. Problemrealismus bezieht sich auf den Inhalt der Politik, orientiert sich am Maßstab der angestrebten Ziele, Handlungsrealismus auf die operative Methodenwahl im Verfolgen einer Absicht. Das eine begründet politische Strategien, das andere ermöglicht taktisches Vorgehen.

Handlungsrealismus mag ohne sozialethischen Maßstab auskommen, weil es hier – für welches Ziel auch immer – nur darum geht, die aktuellen Kräfteverhältnisse auszutarieren und sich in diesen durchzusetzen. Er verführt schnell dazu, angesichts der registrierten Widerstände politische Initiativen zu unterlassen, wenn dafür die Kräftekonstellationen verändert werden müssen. Handlungsrealismus ohne Problemrealismus führt zu Minimalpolitik: Mehr sei nicht möglich, man müsse die Dinge nehmen, wie sie sind. Politische Ideale werden aus den Augen verloren, nur noch plakativ vertreten, im Zweifelsfall aber nicht mehr erkämpft. Sie werden notfalls verdrängt, um in der täglichen Praxis kein schlechtes Gewissen haben zu müssen. Politische Ethik reduziert sich auf ethische Rhetorik. Ob ein Politiker tatsächlich von einem gesellschaftsethischen Prinzip geleitet wird, ist letztlich nur daran erkennbar, ob er in dessen Verfolgung zu persönlichen Konflikten und Risiken bereit ist. Problemrealismus setzt dagegen eine politische Ethik voraus: Kommende Gefahren zu erkennen und zum aktuellen Maß politischen Handelns zu machen, erfordert Bewertungsmaßstäbe. Dass aber – selbst wenn diese vorliegen – maximalen Gefahren offenkundig nur mit minimalen Politikkonzepten begegnet wird, offenbart einen Mangel an Ethos unter Politikern. Der Unterschied zwischen politischer Ethik und dem Ethos eines Politikers ergibt sich aus dem zwischen politischem Bekenntnis und tatsächlichem Tun. Es ist der zwischen Festrednern aus Anlass eines Jubiläums der demokratischen Verfassung oder zur Würdigung eines Sozialrevolutionärs und aktuellem Kleinmut. Der Ethos eines Politikers sind seine Tugenden im politischen Handeln: nicht in erster Linie an sich denken, unerschrocken, widerstandsfähig und nicht gleichgültig sein, Zivilcourage gegenüber Gegnern und Freunden haben.

Selbst der begabteste Realpolitiker scheitert ohne gesellschaftlich tragfähiges Ziel und ohne individuelles Ethos früher oder später, spätestens in Krisenzeiten. Es fehlt dann der politische und der persönliche Kompass, der von der Beliebigkeit abhält. Und selbst der passionierteste Politiker scheitert, wenn es ihm an Handlungsfähigkeiten mangelt. Das Ausspielen von Realismus gegen Idealismus verrät deshalb eine verbogene Einstellung zur Politik. Stattdessen haben wir es entweder mit einem idealistischen oder einem nichtidealistischen Realismus zu tun. Und mit einem realen oder einem irrealen Idealismus; also mit Politikern, die objektiv realisierbare oder objektiv nicht realisierbare Visionen verfolgen. Was nach menschlichem, ökonomischem, physischem, vor allem demokratischem Ermessen objektiv möglich und für das gesellschaftliche Gemeinwohl ideal wäre, muss auch subjektiv versucht werden. Das ist das Ideal politischen Handelns. Menschen mit realem Idealismus sollten Politiker werden, Politiker ohne Visionen sollten dagegen »zum Arzt gehen« oder besser Privatmensch bleiben.

Die Revitalisierung der Politik setzt voraus, dass ethische Prinzipien bzw. politische Werte nicht neben die politische Praxis gestellt werden. Sie können nicht an Ethikkommissionen delegiert werden, die die Begleitmusik zu den ihrer eigenen Entwicklungslogik folgenden Subsystemen liefern – um ethische Bedürfnisse wenigstens emotional zu befriedigen, wenn es schon nicht praktisch geschieht. Damit wird – wie der Philosoph Vittorio Hösle schreibt – die Ethik selbst zu einem Subsystem, das sich »gefälligst um sich selbst und nicht um andere Subsysteme wie Recht, Wirtschaft, Politik kümmern solle«. Die »vollständige Abkoppelung der Politik von der Ethik« bezeichnet er als nihilistisch.[1] Er betont, dass die Sphäre der Ethik nicht überbietbar, sondern nur unterbietbar sei. Die Gefahren der Gegenwart gebieten sogar – besonders angesichts der menschengemachten Bedrohung der Ökosphäre und des sich auch dadurch zuspitzenden Generationenkonflikts –, die ethischen Prinzipien der Politik auszuweiten, statt sie zu relativieren. Die gesellschaftliche Moral ist die letzte Legitimationsinstanz, die das Verhältnis der verschiedenen Werte zueinander bestimmt. Konflikte zwischen Ethos und jedweder Praxis sind allerdings unausweichlich. Sie sind nur lösbar, wenn auch zwischen höheren und weniger hohen moralischen Prinzipien unterschieden wird. Das beginnt bei der Frage, welcher Schwerpunkt politischen Handelns gewählt wird, weil es im Meer politischer Handlungserfordernisse mehr oder weniger wichtige gibt – und solche, auf die einzelne Politiker unmittelbar einwirken können oder nicht.

Ethische Prinzipien in der Politik sind solche gesellschaftlicher Nützlichkeit. Politische Schritte müssen deshalb nach ihren gesellschaftlichen Folgen beurteilt werden. Eine politische Idee kann nicht nur von Einzelnen, sie muss von vielen getragen werden. Ohne praktischen Realisierungsversuch ist sie für die Gesellschaft wertlos. Die Artikulation des Ideals, der politischen Leitidee, ist *das* politische »Werkzeug« schlechthin. Immanuel Kant hat die ethische Richtschnur politischen Handelns mit seinem »Kategorischen Imperativ« knapp und treffend formuliert: »Handle stets so, dass die Maxime deines Willens zugleich als Grundlage einer allgemeinen Gesetzgebung dienen könnte.« Das politische Handeln innerhalb einer Staatsgesellschaft sowie das Handeln im Verhältnis zu anderen Staatsgesellschaften müssen verallgemeinerungsfähig sein. Auch Nichthandeln ist politisches Handeln: Das Liegen-, Schleifen- oder Laufenlassen offenkundiger Fehlentwicklungen ist ebenso unverantwortlich wie deren leichtfertige oder mutwillige Verursachung. Die gesellschaftliche Verallgemeinerungs*fähigkeit* der Methode und des Inhalts der politischen Initiative ist der ethische Maßstab – und nicht die sofort herstellbare Verallgemeinerungs*möglichkeit*. Wer nur auf Letztere fixiert ist, kommt über eine bloß aktualitätsbezogene Politik nicht hinaus.

Politiker kommen und gehen überwiegend kurzfristig, Institutionen und auch Parteien bleiben. Längerfristig entstehen und vergehen auch politische Institutionen und noch eher Parteien oder andere Organisationen, während die Gesellschaften – unter sich ständig verändernden Daseinsbedingungen – bleiben. Die historische – also noch längerfristigere – Betrachtung zeigt, dass auch Gesellschaften entstehen und wieder zerfallen können. Solche Verläufe des Aufstiegs und Zerfalls durchziehen die gesamte Zivilisationsgeschichte, die für den Ethnologen Hans-Peter Duerr, meinen Heidelberger Studienfreund, eine Geschichte von den »Nomaden zu den Monaden« ist, die er ahnungsvoll als Menschheitsperspektive sieht.[2] Der gravierende Unterschied zwischen der bisherigen und der künftigen Zivilisationsgeschichte ist, dass es in der Vergangenheit – global betrachtet – weniger wechselseitige Abhängigkeiten einzelner Gesellschaften gegeben hat. Bis zum Beginn der Neuzeit gab es oft keine oder nur geringe Kenntnis voneinander. Die Weltzivilisation war vielfältig, mit unabhängig voneinander stattfindenden Hochphasen oder Niedergängen. Sie war, als Ganzes betrachtet,»fehlerfreundlich«: Existentielle Fehlentwicklungen einer Gesellschaft konnten ohne negative Auswirkungen auf andere Gesellschaften bleiben.

In der zusammenwachsenden, alle Distanzen überwindenden»einen Welt« droht dieser Vorteil jedoch – wie gezeigt wurde – verloren zu gehen. Nicht nur eine einzelne Weltmacht, auch internationale Institutionen können jederzeit programmatisch fehlgeleitet sein. Deshalb kann die Weltgesellschaft ihre Fehlerfreundlichkeit umso eher verlieren, je mehr ihr eine politische und wirtschaftliche Monokultur übergestülpt wird und den Staatsgesellschaften selbst bestimmte eigene Wege versperrt werden. Fehlentwicklungen, falsche Weichenstellungen gewinnen dann eine andere Dimension; sie haben unübersehbare Auswirkungen auf die ganze Welt. Die positive Utopie ist, dass es gelingt, die Weltzivilisation den allgemeinen Menschenrechten zu verpflichten, die natürlichen Lebensgrundlagen auf dem Globus zu retten und auf dieser Basis die globale Diversität bzw. Pluralität staatlich organisierter, sich selbst regelnder Gemeinwesen aufrechtzuerhalten. Letzteres setzt voraus, dass diesen die demokratische Selbstbestimmung über alle sie unmittelbar existenziell betreffenden Fragen möglich bleibt. Dieser Leitgedanke bestimmt die Grenzen der Kompetenzübertragungen an transnationale Institutionen, die nicht überschritten werden dürfen. Wenn sie dennoch überschritten werden, muss es möglich sein, sie wieder neu zu ziehen, sobald es die Existenzbedürfnisse eines Gemeinwesens erfordern.

Demokratische Selbstbestimmung für eigenverantwortliche Selbsterhaltung: Das ist praktische Grundbedingung der Politik. Der Staat darf nicht als Relikt der Vergangenheit verstanden werden, sondern als unverzichtbare Gemeinschaftsagentur einer Gesellschaft, insbesondere für ihre schwächsten Mitglieder. Das staatliche Gewaltmonopol wurde in der historischen Entwicklung unverzichtbar für den inneren gesellschaftlichen Frieden. Ebenso unverzichtbar ist die

Gesetzgebungsautonomie eines staatlichen Gemeinwesens – und damit die Chance auf das Recht zur Selbstbestimmung.

Die Notwendigkeit von »Nation building«, also des Entstehens funktionsfähiger staatlicher Institutionen, ist allgemein anerkannt – angesichts des rapiden Staats- und damit Gesellschaftsverfalls in den Ländern der »Dritten Welt«, in denen die Todesschwadrone wüten. Umso merkwürdiger ist es, dass in Ländern mit noch einigermaßen funktionierenden staatlichen Institutionen in extremer Leichtsinnigkeit deren Demontage als Ausweis moderner Globalpolitik gilt. Darin steckt das Risiko, dass die »Erste Welt« sich in Richtung »Dritter Welt« entwickeln könnte. Vor einem »neuen Mittelalter« warnte der französische Publizist Alain Minc schon Mitte der 90er Jahre: »Wenn den einzelnen Staaten nicht ein Minimum an Fortbestand und eigener Identität gewährt wird, braucht man gar nicht erst nach politischer Kühnheit zu schreien. Diese setzt nämlich noch handlungsfähige Spieler und einen Korpus voraus, der in der Lage ist, sie zu stützen.«[3] Wie es dazu gekommen ist, dass die Grundfrage der Politik – die autonome demokratische Regelung des gesellschaftlichen Zusammenlebens – im System der Politik und im Diskurs von Politikern eher eine nebensächliche Rolle spielt, ist in den vorangegangenen Kapiteln erörtert worden. Doch was müsste geschehen, um diese Fragen wieder ins Zentrum zu rücken?

Die Befreiung des politischen Denkens

Die Antwort liegt zu allererst in den Köpfen, im Denken über Politik. Ebenso wie politische Passivität ansteckend wirkt, kann politische Vitalität ansteckend wirken. Eine Revitalisierung der Politik geschieht nicht durch Appelle an andere und nicht durch Lamentieren über hemmende Widrigkeiten, schon gar nicht über Statuten. Sie kann nur geschehen, indem immer mehr Einzelne aktiv werden – als gewählte Politiker, als Parteimitglieder, als außerparlamentarische Akteure, als politische Journalisten, als Bürger, im jeweiligen kleineren oder größeren Umkreis. Wie viele mitziehen, hängt davon ab, wie viele aus dem spezialisierten Routinebetrieb der Politik ausbrechen, weil sie dessen zu enge Maßstäbe erkennen, wie viele sich einmischen und die Grundsatzfragen der Politik aufwerfen. Alles spricht dafür, dass die gegenwärtige Politikmüdigkeit umschlagen wird in ein neues Aufbegehren: Das Potenzial derjenigen wächst, die des konventionellen Politikbetriebs überdrüssig sind. Grundlegende »Abschiede« vom Bisherigen und neue »Anfänge« wird es kaum je geben, wie Gunter Hofmann in seiner Anatomie der Bundesrepublik gezeigt hat.[4] Aber grundlegende Fragen müssen aufgeworfen werden, um bodenlose Abstürze zu vermeiden. Hören wir also auf, weiter partikularisiert und linear zu denken, uns weiter auf die vorgefertigten Antworten einzulassen und das Hantieren an tausend einzelnen Rezepten allein für Politik zu halten.

Die Befreiung zum politischen Denken beginnt mit dem Durchbrechen der politischen Begriffsbarrikaden. Es gibt nicht nur die Plastikwörter und Leerformeln, die den politischen Diskurs blablaisieren. Er ist auch durchsetzt von apodiktischen Grundannahmen, die wie geistige Fesseln wirken und dazu führen, dass Schlüsselprobleme verdunkelt oder ganz ausgeblendet werden. Sie verraten Ängste davor, dass die aus der Diskussion genommenen Auffassungen nicht mehr zu halten sind, sobald sie kritisch hinterfragt werden. Umso dringender und erfolgversprechender ist es, diese geistigen Fesseln zu sprengen. Das ist der moralische Auftrag der Aufklärung.

Geben wir uns also endlich wieder mehr politische Gedankenfreiheit! Fragen wir nach, ob die apodiktischen Behauptungen stimmen können, ob das, was unabänderlich scheint, nicht doch verändert werden kann. Leeren wir die Schublädern von abgestandenen Zuordnungen! Entwickeln wir neue, unkonventionelle Strategien – was umso leichter fallen könnte, als demokratische Verfassungsstaaten keine Systemrevolution mehr brauchen, wenn man ihre Spielräume tatsächlich nutzt. Überwinden wir die geistige Konfliktscheu und politische Apathie! Beenden wir den Selbstbetrug, dass es in der demokratischen Gesellschaft keine grundlegenden Interessen- und Wertegegensätze mehr gäbe und es deshalb nur noch um die kompetenteren Konzepte gehe! Flüchten wir uns nicht weiter in Harmoniesucht, bekennen wir uns zu den tatsächlichen Differenzen, von denen es so viele gibt, dass gespielte nicht notwendig sind. Legen wir die Konflikte offen und tragen sie ebenso offen aus, schon damit die Menschen die Chance haben, die tatsächlichen Positionen und ihre Unterschiede zu erkennen! Geben wir das undemokratische Einstimmigkeitsbedürfnis auf, und kommen wir wieder zum demokratischen Mehrheitsprinzip! Riskieren wir Niederlagen! Fragen wir uns erst nach dem Konzept und dann nach den möglichen Mehrheiten! Und fragen wir nicht nach Mehrheiten für Konzepte, bevor sie erarbeitet und die Überzeugungsarbeit dafür versucht wurde. Die Menschen nicht zu überfordern und zu überschätzen, muss nicht bedeuten, sie dauernd zu unterfordern und zu unterschätzen.

Beenden wir das Ausklammern von Fragen, die kurzfristig nicht befriedigend zu lösen sind! Denken wir wieder in längeren Zeiträumen und Perspektiven. Überwinden wir die Scheu vor großen Politikentwürfen, wenn sie zu sehr von den bisherigen Denk- und Handlungsgewohnheiten abweichen! Erkennen wir, dass es ein allzu pragmatischer Irrtum ist, dass kleine Schritte leichter akzeptiert würden als große! Der gesellschaftliche Rückhalt für große Schritte ist, wenn sie problemnah und überzeugend konzipiert sind, unter Umständen leichter zu bekommen als für die zahllosen kleineren Schritte. Erkennen wir die Machtpotenziale politischer Ideen, die sich allen Widerständen zum Trotz und gegen allen gegenwärtigen Anschein durchsetzen können – wenn sie einen offenkundigen gesellschaftlichen Nutzen in sich tragen und deshalb Überzeugungskraft ausstrahlen. Dies setzt voraus, dass sie artikuliert werden.

Politische Diskurse sind keine Beschäftigungstherapie zum individuellen Wohlbefinden oder zur Freizeitgestaltung, sondern Konzept- und Überzeugungsarbeit, das Austragen von Konflikten, die Vorbereitung von Entscheidungen. Fragen wir nach, bevor wir uns auf allzu selbstverständlich erscheinende Antworten einlassen, ob die Fragestellung überhaupt die richtige ist. Verlieren wir nicht die Courage vor dem selbstständigen politischen Denken! Erkennen wir, dass wir es vielfach mit fragwürdigen Weltbildern zu tun haben, deren »geistige Hegemonie« (Antonio Gramsci) oft nur noch deshalb besteht, weil vor ihnen geistig kapituliert wird. Denken wir weltläufig und autonom, global, europäisch, staatlich und kommunal. Stellen wir die gesellschaftlichen Wertigkeiten wieder her: den Vorrang der Menschenrechte, des Erhalts der natürlichen Lebensgrundlagen, der demokratischen Selbstbestimmung eines Gemeinwesens, seiner Selbstbehauptung jenseits wirtschaftlicher Dogmen. Diskutieren wir alternative Handlungsoptionen, so lange und laut, dass es andere anregt. Und hören wir, was andere vorschlagen, die auf eine Antwort warten. Stellen wir endlich wieder die Grundfragen der optimalen Verfassung eines staatlich organisierten Gemeinwesens, die Fragen nach den Staatsgrundsätzen und der Leistungssteigerung öffentlicher Institutionen. Und bekennen wir uns wieder zum unersetzbaren Primat demokratischer Politik – und damit zur Wiederherstellung ihres allgemeinen gesellschaftlichen Mandats.

Demokratie kann nicht verfügt und gewährt, sie muss erstritten werden, und zwar nicht nur durch einen einmaligen Gründungsakt. Was eine Gesellschaft eigentlich braucht, ist eine permanente demokratische Revolution. Doch diese Permanenz einer demokratischen Ordnung wird es wohl kaum je geben. Fast alle Gladiatoren demokratischer Aufbrüche werden früher oder später müde; sie wollen und können nicht immer streiten und gesellschaftliche Sisyphusarbeit leisten. Wenn die überwiegende Mehrheit mit den Verhältnissen zufrieden ist, überlässt sie die Politik ohnehin den Politikern. Demokratische Regsamkeit entsteht durch Betroffenheit, durch moralische Empörung über als unerträglich empfundene Verhältnisse; immer wieder neu, auch nach längeren Phasen von Apathie, Lethargie oder Resignation. Demokratie ist nicht nur ein gesellschaftliches Ideal und ein Funktionsprinzip. Sie ist auch der einzige allgemein offen stehende Zugang zur Politik. Und sie ist die in jeder Gesellschaft am tiefsten verwurzelte Idee, unabhängig davon, wie stark ihre Zweige gerade sprießen.

Wie groß die Legitimationskraft des demokratischen Gesellschaftsgedankens ist, zeigt sich daran, dass es in der Neuzeit kein Staat der Welt riskiert hat, sich nicht wenigstens mit seiner Verfassung offiziell diesem Prinzip zu verpflichten, und sei es nur zum Schein. Die Verfas-

sungen der »Volksdemokratien« des Sowjetimperiums, die der latein-
amerikanischen Diktatoren: Sie alle enthielten ihre Bekenntnisse dazu.
Jedes vorenthaltene oder weggenommene Selbstbestimmungsrecht ho-
len sich die Gesellschaften irgendwann zurück. Widersprüche zwischen
demokratischer Norm und einer dieser nicht entsprechenden Wirklichkeit sind latente Quellen des Aufbegehrens, die schnell zu breiten
Strömen werden können. Der »sensus communis«, der in jeder Gesellschaft steckt, wird sich immer wieder regen, der »common sense«, der
Gemeinsinn. Es ist, wie der Philosoph Hans-Georg Gadamer in seinem
Hauptwerk »Wahrheit und Methode« schreibt, »ein Sinn für Rechte
und das gemeine Wohl, der in allen Menschen lebt, ja mehr auch ein
Sinn, der durch die Gemeinsamkeiten des Lebens erworben, durch
seine Ordnungen und Zwecke bestimmt wird«.[5] Zwar gibt es immer
Versuche, diesen Sinn einseitig in eine Richtung zu lenken und die
Menschen von ihm abzulenken. Solche Versuche haben in einer offe-
nen Gesellschaft nicht lange Bestand, vor allem dann nicht, wenn die
Demokratie unbestritten die offizielle Staatsnorm ist und es Informa-
tionsfreiheit, Meinungsfreiheit und Vergleichsmöglichkeiten gibt.

Eine neue demokratische und sozialethisch geprägte politische
Kulturrevolution ist überfällig, so wie sie in der antiautoritären Revolte von 1967 angelegt war. Ihre Attraktivität gewann sie durch ihren
radikaldemokratischen Antrieb, ihre Respektlosigkeit vor Autoritäten
und die Enttarnung von Lügen. Ihre Attraktivität büßte sie ein, weil
vielfach in ihr selbst alte durch neue geistige Verengungen ersetzt wurden. Diese Kulturrevolution wurde verdrängt und teilweise sogar auf-
gesaugt von der eines monistischen Radikalindividualismus, des so
genannten Neoliberalismus bzw. -konservatismus der 8oer Jahre. Aber
Politik für ein individualistisches Weltbild ist ein Widerspruch in sich.
Sie überfordert die Gesellschaft und hat die hemmungslose individuelle Selbstentfaltung politik- und gesellschaftsfähig zu machen versucht. Ihre Attraktivität gewann sie dadurch, dass sie als Bewegung gegen staatliche Bevormundung auftrat. Das lenkte davon ab, dass es
sich überwiegend um einen Aufstand der Habenden handelt, die ihre
Freiheit zu Lasten der Lebensfreiheiten anderer entfalten und wirtschaftliche vor demokratische Freiheiten stellen, individuelle vor ge-

sellschaftliche Selbstbestimmung, Ökonomie vor Politik. Diese Bewegung hinterließ in den letzten zwei Jahrzehnten tiefe Spuren. Sie konnte das etablierte nationale und internationale System politischer Institutionen buchstäblich durchsetzen – mit dem Ergebnis der Entfremdung des Systems der professionellen Politik von der Gesellschaft. Eine neue politische Kulturrevolution, die der neoliberalen gewachsen ist, wird antiautokratisch und aufklärerisch sein müssen. Sie muss die verdrängten und verschütteten Probleme und Fragen aufwerfen, die Paradoxien thematisieren, die angeblichen Alternativlosigkeiten linearer Entwicklungen und deren viele kleine Schwestern, die Sachzwänge, hinterfragen. Sie muss die Wertedimension politischen Handelns erweitern: Sie darf sich nicht nur auf die gegenwärtige, sondern muss sich auch auf die künftigen Generationen beziehen; sie muss die verwischten Unterschiede zwischen privatem und öffentlichem Raum neu definieren.

Vorschläge, was im Einzelnen hier und dort zu tun ist, gibt es zahllose. Die meisten ersparen sich allerdings die Frage, welche tatsächlichen Spielräume die Adressaten dieser Vorschläge noch haben – und damit die Frage nach den politischen Trägern, den politischen Institutionen, Organisationen und Politikern. Politiker, die die fortwährend eingeengten Spielräume aus eigener Erfahrung näher kennen, begnügen sich großenteils deshalb von vornherein damit, kleinere Brötchen zu backen. Das hat allerdings zur Folge, dass sie sich daran gewöhnt haben, nicht mehr die Frage nach der Erweiterung ihres Spielraums aufzuwerfen. Es ist ja auch schwer, beides gleichzeitig zu tun: aus einem kleiner gewordenen Spielraum das Bestmögliche zu machen und trotzdem die »Systemfrage« zu stellen. Je kleiner jedoch der Spielraum wird, desto mühsamer und zeitraubender wird es, wenigstens diesen noch auszuschöpfen. Motivierend ist das nicht. Deshalb müssten gerade aktive Politiker das höchste individuelle Interesse daran haben, dass eine demokratische Kulturrevolution stattfindet – und die Motivation, sich daran zu beteiligen, die demokratische Selbstbestimmung eines staatlichen Gemeinwesens aufrechtzuerhalten und wiederzugewinnen. Schließlich ist das der Aktionsraum der überwältigenden Mehrzahl der Politiker.

Die Handlungsautonomie in wirtschaftlichen Gestaltungsfragen an ein ökonomisches Prinzip abzutreten, an internationale Verträge, an unerreichbare, nicht kontrollierbare und zwangsläufig unflexible transstaatliche Institutionen, und überdies dieses *eine* Prinzip über die unausweichlichen Gesetzmäßigkeiten der natürlichen Lebenskreisläufe der Ökosphäre zu stellen – das ist *das* politische Versagen der Gegenwart. Keine Neugier, keinen Ehrgeiz und keine Phantasie aufgebracht zu haben, die europäische Integration und die globale Kooperation einschließlich der wirtschaftlichen Globalisierung in einer Weise zu gestalten, die die gesellschaftliche Selbstbestimmung in existenziellen Fragen nicht preisgibt: Dies ist *das* politische Versäumnis seit der europäischen und globalen Zeitenwende im Jahr 1990. Das wirtschaftliche Liberalisierungsprinzip, bisher ungebrochen weiterverfolgt, macht die demokratischen Institutionen zu Kolonialverwaltungen der »unsichtbaren Hand« des durchgängig liberalisierten Marktes. Es macht gewählte Parlamente und Regierungen zu untergeordneten Behörden der Binnenmarkt- und Wettbewerbskommissare der EU und der WTO-Beamten. Es unterwirft die Welt dem Fundamentalismus eines Wirtschaftsdogmas: Dies ist nicht nur demokratiewidrig, sondern auch kulturwidrig, eine arrogante Geschichtsvergessenheit und eine abenteuerliche Zukunftsblindheit. Dieses Dogma gefährdet potenziell die Stabilität jeder Gesellschaft und muss zur Erosion der Demokratie führen, selbst derjenigen Länder, die gegenwärtig in ihrer Handelsbilanz von dieser Politik profitieren – ohne nach den gesellschaftlichen Konsequenzen zu fragen. Es ist purer Ökonomismus, eine – wie der politische Publizist Johano Strasser sagt – »Zurichtung des Menschen zu einem Element des Marktes«[6], ein desaströser Versuch, die vielfältige und reiche Welt nach einem Muster zu formen. Es ist eine Beleidigung des politischen Verstands.

Es wird sich als historischer Irrtum erweisen, als untauglicher zweiter Versuch, nach dem Scheitern des Ostblocks, staatliche Gemeinwesen dem Diktat eines ökonomischen Prinzips zu unterstellen. Auch wenn das neue ökonomistische Politikprinzip effektiver ist als das der Planwirtschaft, ändert das nichts an seiner fehlenden Sensibilität für die Freiheit aller und den gesellschaftlichen Stellenwert der

Demokratie. Die Durchsetzung dieses Prinzips erfolgte in der hybriden Vorstellung, dass die Demokratie in der Phase ihres politischen »Sieges« im Ost-West-Konflikt durch nichts mehr gefährdet werden könnte – und ohne Gegenwehr des demokratischen Parteien- und Institutionensystems, das sich allzu sehr in der Spezialisierung des Politischen verfangen hat, politisch saturiert und prinzipieller Debatten längst entwöhnt ist. Deshalb fällt auch kaum auf, dass der neue Marktökonomismus nicht nur demokratievergessen ist, sondern auch ideenvergessen, sogar gegenüber den Theorien des Wirtschaftsliberalismus, auf die er sich beruft. Der klassische Wirtschaftsliberalismus hatte ein ethisches Anliegen, für das die Marktwirtschaft ein Instrument, aber nicht das Maß der Dinge ist. Adam Smith, der Gründervater des Wirtschaftsliberalismus, schrieb in »Der Reichtum der Nationen«: »Dienstboten, Tagelöhner und Arbeiter bilden die Masse der Bevölkerung eines jeden Landes, so dass man deren verbesserte Lebenslage wohl niemals als Nachteil für das Ganze betrachten kann. Und ganz sicher kann keine Nation blühen und gedeihen, deren Bevölkerung weithin in Armut und Elend lebt.«[7] Der Marktökonomismus der Gegenwart ist demgegenüber ein darwinistisches Konstrukt.

Der allen anderen Fragen übergeordnete Marktökonomismus baut auf einer irrealen Utopie auf: der Möglichkeit einer relativ krisenfreien europäischen Wirtschaft und Weltwirtschaft, zumindest ihrer weitgehenden Fehllosigkeit. Wer unter den Protagonisten des uneingeschränkten EU-Binnenmarkts und der WTO mag heute noch daran erinnert werden, welche Versprechen zur Wohlstandsvermehrung aller sie gemacht haben, in konkreten Zahlen, als diese beiden Konstrukte aus der Taufe gehoben wurden – Versprechen, die allesamt nicht eingehalten wurden? Schon im zweiten Jahr des Euro sind weder Deutschland noch Frankreich und Italien in der Lage, dessen viel beschworene Stabilitätskriterien einzuhalten. Und was geschieht, wenn grundlegende Krisen der Weltwirtschaft – die schon auf Grund der nahenden Erschöpfung der Erdölvorkommen immer wahrscheinlicher werden – kommen und es dann den Verfassungsinstitutionen demokratischer Staaten verboten ist, Initiativen zu ergreifen, die diesem vertraglich fixierten Wirtschaftsdogma widersprechen? Soll es dann heißen: Wenn die Anliegen der Gesellschaft dem Dogma widersprechen, dann schade um die Gesellschaft?

Das Dogma der ökonomistischen Wettbewerbsgleichheit ist sogar ein wirtschaftlicher Anachronismus, schon weil es auf einer Verstetigungsmöglichkeit der gegenwärtigen fossilen Ressourcenbasis aller Volkswirtschaften aufbaut. Es rechnet nicht mit den wirtschaftlichen Folgen zunehmender Wasserkrisen, Flut- und Dürredebakeln und der Ermüdung der Böden als Folge menschengemachter Umweltkatastrophen. Alle diese Gefährdungen erfordern mehr statt weniger eigenstaatliche Initiativen, weil nicht auf einen Weltkonsens gewartet werden kann, der eine ausreichende Antwort auf diese Gefahren gibt. Alle notwendigen Antworten sind politische, die mit dem pseudoliberalen Dogma nicht gegeben werden können. Im postulierten »Angleichungszwang durch Globalisierungsdruck« wird ignoriert, so der Politik- und Wirtschaftswissenschaftler Hartmut Elsenhans, dass die Fähigkeit eines Staates, eine seinem volkswirtschaftlichen Entwicklungsstand gemäße eigene Wirtschaftspolitik zu praktizieren, die unbedingte »Voraussetzung erfolgreicher Teilhabe an der Globalisierung« ist.[8]

Über mehr als ein Jahrhundert hinweg war das Grundthema politischer Auseinandersetzungen – bezüglich der Frage der wirtschaftlichen Ordnung – das zwischen mehr Privat- oder mehr Staatswirtschaft, mehr Markt- oder mehr Planwirtschaft. In den westlichen Industrieländern pendelte sich eine Parallelität zwischen Demokratie und Marktwirtschaft ein, die dort ihre größte Akzeptanz fand, wo eine soziale Marktwirtschaft entstand. Demokratie und Kapitalismus erschienen nicht nur miteinander vereinbar, sondern sogar als eine notwendige Symbiose. Joseph A. Schumpeter, einer der großen Ökonomen des 20. Jahrhunderts, schrieb in »Kapitalismus, Sozialismus und Demokratie«, dass sich die kapitalistische Gesellschaft, unter der Voraussetzung, dass das sie tragende Bürgertum die demokratische Ordnung akzeptierte, »in ihrem Zenit durchaus für die Aufgabe eignete, die Demokratie zum Erfolg zu führen«. Doch in zwei Beziehungen verliere der Kapitalismus »rapid die Vorteile, die er besaß«: Wenn sich das »politische Leben fast ganz in einen Kampf von Interessengruppen« auflöst und wenn Praktiken,»die nicht im Einklang mit dem Geist der demokratischen Methode stehen, so wichtig geworden sind, dass sie ihren modus operandi verzerren«.[9] Genau das ist heute der Fall, und dieser Zustand ist auch noch vertraglich abgesichert. Es geht bei der hier angesprochenen Schlüsselfrage nicht um mehr Markt- oder Plan-, mehr Privat- oder Staatswirtschaft und deren jeweiligen Vorrang, sondern längst um die Frage: *demokratischer Verfassungsstaat oder universeller Liberalisierungsabsolutismus.*

Es muss in der Selbstbestimmung eines demokratischen Gemeinwesens liegen, unter welchen Umständen, nach welchen Kriterien, in welchen Differenzierungen es seine wirtschaftlichen Verhältnisse gestaltet. Ob alles privatisiert oder alles verstaatlicht wird, ob alles dereguliert oder was alles reguliert werden soll, welche Dienstleistungen öffentlich und welche privat sind, welche Wirtschaftstätigkeiten zu fördern und zu schützen sind und welche nicht, und welche Umweltschutz- und Agrarinitiativen über internationale Abkommen hinaus ergriffen werden. Die Abwägung, was einem Gemeinwesen schadet oder nutzt, was falsch oder richtig ist, muss einer freien – und demokratisch korrigierbaren – Mehrheitsentscheidung überlassen bleiben. Die politischen Institutionen eines Staates müssen ihre Entscheidungen vor dem Hintergrund der gegebenen inneren und äußeren Verhältnisse treffen. Zudem stehen alle vor der Aufgabe, internationale Verträge zu entwickeln, die sicherstellen, dass die freie Selbstbestimmung eines Gemeinwesens nicht zu Lasten anderer geht.

Die demokratische Verfassung als politisches Grundsatzprogramm

Die Kernforderung, die sich daraus ergibt, ist vielleicht die einzig mehrheitsfähige: die Wiedereinführung der parlamentarischen, gewaltengeteilten Demokratie! Die demokratische Verfassung als politisches Grundsatzprogramm! Diese Forderung begründet sich daraus, dass die Demokratie nicht ein ästhetisches Anliegen für die Gesellschaft, sondern eben Grundlage der Politik ist und keinesfalls ein austauschbares Instrument. Mit welchen Inhalten die Demokratie gefüllt wird und welche Instrumente dafür gewählt werden, darf und muss nicht vorgeschrieben werden. Die politische Konsequenz ist, die europäische und die globale Politik vom dogmatischen Kopf auf die praktischen Füße zu stellen, und natürlich auch die innerstaatliche.

Innerstaatlich, bezüglich Deutschland, bedeutet dies die dringende Notwendigkeit der Reform des föderalistischen Systems und die Stärkung der kommunalen Selbstverwaltung. Die Abschaffung der Mischkompetenzen und Mischfinanzierungen. Gesicherte eigene Steueraufkommen bzw. gesicherte Anteile am Gesamtsteueraufkommen. Mehr Eigenkompetenzen für die Länder und den Bund, also klare Zuständigkeitsverteilungen – und damit Parlamentarisierung der Landtage und des Bundestags. Es bedeutet, eigene Strategien – etwa eine Energiestrategie »Weg vom Öl« – zu entwickeln, dafür international eine »Koalition der Willigen« zu schmieden, neben den Versuchen, aus den eigenen Initiativen gegebenenfalls eine EU-Strategie zu machen und sich für globale Initiativen einzusetzen. Es bedeutet, die Gestaltungsfähigkeit über die wirtschaftliche Strukturpolitik zurückzugewinnen, um es nicht den Zufälligkeiten des internationalen Marktes überlassen zu müssen, ob es noch eine mittelständische Wirtschaft, eine landwirtschaftliche Produktion und eine kommunale Energie- und Wasserwirtschaft gibt. Es bedeutet, die unerlässliche Infrastruktur eines Gemeinwesens – von der Eisenbahn bis zur Telekommunikation – so organisieren zu können, dass sie allen und jederzeit zugänglich und verfügbar bleibt; und Umwelt- und Gesundheitsvorsorge zu betreiben, auch wenn das Marktregeln widerspricht.

Auf europäischer Ebene bedeutet das für die EU die Chance, ihren Grundwiderspruch zu überwinden: dass diese zwar kein Staat sein soll, die EU-Kommission jedoch aufgrund der dogmatischen Binnenmarktregeln inzwischen in wirtschaftlichen Fragen mehr staatliche Exekutivrechte hat als die Mitgliedsstaaten – und das, obwohl die EU-Kommission eine geringere demokratische Legitimation hat als die politischen Institutionen der Mitgliedsländer. Und natürlich braucht das Europaparlament ein eigenes Initiativrecht für die künftigen Europagesetze, ebenso der Ministerrat. Niemand anderem als dem Europäischen Gerichtshof darf die Rolle eines »Hüter der Verträge« zukommen. Die Regelungen für den Binnenmarkt müssen reduziert werden auf die ursprüngliche Konzeption eines Diskriminierungsverbots, bezogen auf die Staatsangehörigkeit der Teilnehmer am Wirtschaftsprozess. Das bedeutet in der Konsequenz, dass es eine andere EU-Verfassung geben muss als die vom EU-Konvent vorgeschlagene. Europa muss über die Prinzipien der Grundrechte und der Demokratie, der Unterstützung seiner hilfsbedürftigen Teile, die kulturelle Kommunikation und die gemeinsamen Sicherheitsbedürfnisse integriert werden. Bevor es eine EU-Verfassung ohne wirtschaftsliberalistischen Hauptgrundsatz gibt, sollte im Ministerrat – und auch im Europaparlament – weiteren undifferenzierten Binnenmarktrichtlinien die Zustimmung verweigert und auf eine Änderung vorhandener hingewirkt werden. Die Außenhandelskompetenz muss bei den Mitgliedsländern bleiben. Was für den Föderalismus der Bundesrepublik Deutschland unaufschiebbar geworden ist – die klare Zuständigkeitsverteilung zwischen Bund und Ländern –, erfüllt seinen demokratiefördernden Zweck nur unvollständig, wenn Gleiches nicht auf EU-Ebene im Verhältnis zu den Mitgliedsländern erfolgt.

Bezogen auf die globale Ordnung ist die Konsequenz, die Liberalisierungsverpflichtungen der WTO fallen zu lassen und schon gar nicht weiteren zuzustimmen – und eine alternative Dimension weltwirtschaftlicher Zusammenarbeit zu entwickeln: Verbot von Exportsubventionen. Die Einführung globaler, überall gleicher industrieller Normen. Die Einführung einer Gegenseitigkeitsklausel, wonach Importeuren dann Auflagen gemacht werden dürfen, wenn diese auch für inländische Erzeugnisse gelten. Die prinzipielle Unterscheidung zwischen Gütern, die globalisierungsfähig und -bedürftig sind, wie etwa moderne Technologien, und solchen, die es aus elementaren Gründen nicht sind, wie etwa Energie, Wasser und Agrarrohprodukten, die zur unverzichtbaren Grundversorgung jedes Gemeinwesens zählen. Ein Mandat für den Internationalen Gerichtshof, damit dieser über Zielkonflikte zwischen Handelsverträgen und anderen internationalen Verträgen, wie dem Internationalen Arbeitsabkommen und dem Biodiversitätsabkommen, entscheidet. Und nahe liegend ist, die

UN-Handelsorganisation (UNCTAD) auszubauen und zu versuchen, diese an die Stelle der WTO zu setzen.

Nur die Wiederherstellung der Selbstbestimmung der Gemeinwesen in den weitläufigen Fragen der Organisation ihrer wirtschaftlichen Existenzsicherung wird es möglich machen, das Paradoxon zu überwinden, das zu *dem* sozialen Jahrhundertthema wird: Der fortschreitenden wissenschaftlich-technischen Produktivitätsrevolution steht eine wachsende Weltbevölkerung gegenüber; zur Befriedigung der Waren- und Dienstleistungsbedürfnisse der Gesamtheit der Menschen werden immer weniger Erwerbstätige gebraucht. Diese Entwicklung untergräbt unaufhaltsam alle sozialen Sicherungssysteme der Gesellschaften und erfordert eine grundlegende Neuorientierung der politischen und sozialen Ordnungssysteme und ihrer Finanzierungsformen. Andernfalls sind soziale und politische Stabilität immer weniger zu gewährleisten. Was wird aus den Gesellschaften, wenn die totale Ausnutzung des technischen Fortschritts – in der Herbert Marcuse in den 6oer Jahren überoptimistisch die Chance zur individuellen »Selbstbestimmung gerade an der Basis der menschlichen Existenz, nämlich in der Dimension notwendiger Arbeit« sah und damit die zur »radikalsten und vollständigsten Revolution in der Geschichte«[10] – unter den Bedingungen einer sich weiter globalisierenden Unternehmenswirtschaft erfolgt, einer Wirtschaftsform, die tendenziell immer weniger und zugleich schlechter bezahlte Arbeit anbietet und eine ständig wachsende Zahl von Menschen in die Arbeitslosigkeit entlässt? Wie kann erreicht werden, dass dennoch alle Menschen am Mehrprodukt beteiligt werden?

Da ein globales Besteuerungssystem kaum zu realisieren ist, führt an einer grundlegenden Neuausrichtung wirtschaftlicher und sozialer Rahmenbedingungen auf staatlicher Ebene kein Weg vorbei, um eine soziale Balance herstellen und finanzieren zu können. Zum Beispiel durch die Besteuerung aller Waren- und Kapitalströme oder durch ein durchgängiges System von nach sozialen und ökologischen Kriterien gestaffelten Verbrauchssteuern und der Besteuerung des Naturverbrauchs; durch die Definition elementarer sozialer Grundbedürfnisse, die Differenzierung nach monetären und nichtmonetären sozialen

Staatsleistungen und deren regionale Differenzierung. Durch die Neu-definition des öffentlichen Sektors in Bezug auf unumgängliche so-ziale Dienstleistungen. Durch eine gesellschaftliche Aufwertung und Bewertung ehrenamtlicher Arbeit und durch öffentliche Arbeitsange-bote außerhalb der Marktprozesse. Durch nach wirtschaftlichen und sozialen Kriterien differenzierte Kreditsysteme u.a.m. Die Staatsbe-dürftigkeit der Allgemeinheit wird zu- und nicht abnehmen. Es gibt überflüssig gewordene Staatsleistungen, und es wird dafür neue an-dere geben müssen – etwa öffentliche Saatgutbanken zur Sicherung und Revitalisierung des Naturerbes.

Die demokratische Verfassung, besonders die des deutschen Grundgesetzes, muss nicht geändert werden. Sie muss nur immer wie-der mit den von den neuen Herausforderungen gebotenen Inhalten der Politik gefüllt werden. Die in der Verfassung enthaltenen Grund-rechte können insbesondere jedes sozialdemokratische Grundsatz-programm schmücken. Sie sind bereits ein solches Programm, worauf Anfang der 6oer Jahre der SPD-Politiker Adolf Arndt im Zusammen-hang mit dem Godesberger Programm der SPD von 1959 hinwies[11]: Die Unantastbarkeit der Menschenwürde. Die Menschenrechte als Grundlage jeder menschlichen Gemeinschaft. Die freie Entfaltung der Persönlichkeit, soweit sie nicht die Rechte anderer verletzt. Die Gleich-heit aller vor dem Gesetz. Das Eigentum, das zugleich dem Wohl der Allgemeinheit dienen soll. Die Sozialstaatsverpflichtung. Der Schutz der natürlichen Lebensgrundlagen in Verantwortung für die künfti-gen Generationen. Die Rolle der Abgeordneten als Vertreter des ganzen Volkes, an Aufträge und Weisungen nicht gebunden und nur ihrem Gewissen unterworfen. Die Rolle der Parteien in der politischen Willensbildung des Volkes. Und dass alle Staatsgewalt vom Volk aus-geht, in Wahlen und Abstimmungen, also auch durch Volksabstim-mungen.

Das Gleichheitsgebot des Grundgesetzes ist keines der Gleichheit der sozialen Resultate. Es beschränkt die individuelle Freiheit, wenn sie zu Lasten anderer und des Gemeinwohls geht. Das entspricht den Grundwerten der Freiheit, Gerechtigkeit und Solidarität in ihrer wechselseitigen Bedingtheit und Beschränkung, wie sie von der SPD programmatisch – und als Quintessenz der Ideengeschichte der Aufklärung – formuliert wurden und die auch zu Grundwerten der Union und später der Grünen wurden. Die Balance zwischen diesen Werten muss immer wieder austariert werden. Diese ethischen Grundsätze sind mehrheitsfähig. Keine Partei, kein Politiker der im Bundestag vertretenen Parteien würde sie explizit in Frage stellen. Und dennoch könnte niemand ernsthaft behaupten, dass sie nicht schon verlassen worden wären. Das Ethos war nicht ausgeprägt genug, um zu verhindern, dass essenzielle Elemente der Staatsgewalt der Wahl durch das Volk und dem Parlament entzogen wurden. Stünde in der Verfassung explizit, worüber im Einzelnen alles schon nicht mehr frei entschieden werden kann, würde die demokratische Verfassung an die alle Staatsgewalt überwölbenden EU-Binnenmarktregeln und WTO-Bestimmungen angepasst werden, indem explizit niedergeschrieben wäre, wo Demokratie nicht mehr gilt und seine gewählten Vertreter nichts mehr zu sagen haben: Allen fiele es wie Schuppen von den Augen, und es würde endlich offensichtlich, dass das Programm der Verfassung – und damit eine freiheitlich-sozialdemokratische Politik – so nicht mehr zu realisieren ist. Selbst der Handelsbeauftragte von Präsident Reagan, Clyde Prestowitz, hat gerade in seinem Buch»Rogue Nation« festgestellt, wie systematisch der Marktökonomismus auch die amerikanischen Grundwerte untergräbt.[12] Und alle würden merken, dass Europa auf dem Weg ist – siehe die vergleichsweise föderale Wirtschaftsverfassung der USA –, nach innen amerikanischer zu werden als die Amerikaner.

Politik ist Leben

Politiker in einer Demokratie spiegeln stets den politischen Kulturzustand ihrer Gesellschaft wider. Unkonventionelles, nichtkonformistisches, nichtlineares politisches Denken muss neu belebt werden. Je mehr sich dafür die Freiheit nehmen, die wir ja – unter unseren Verhältnissen – haben, desto mehr belebt sich eine politische Zivilgesellschaft. Niemals werden sich alle Gesellschaftsmitglieder für die Politik interessieren, und immer nur eine aktive Minderheit will oder kann sich beteiligen. Diese Minderheit stellt die politische Zivilgesellschaft und prägt – als Politiker, Journalisten, Parteimitglieder, außerparlamentarische Akteure, Wissenschaftler – die politische Kultur des Gemeinwesens. Die Befreiung zum politischen Denken beginnt mit der Erkenntnis, dass Politik das Lebenselixier der Gesellschaft ist und der Sinn des Lebens nicht nur im Privaten liegt, sondern auch in politischer Mitwirkung, in welcher Form auch immer. Das individuelle Selbstverständnis eines »zoon politikon« ist *das* hohe gesellschaftliche Gut.

Dazu gehört, dass diejenigen, die ihr Leben – oder Abschnitte davon – ganz der Politik widmen und gar als Politiker gewählt sind, diese Tätigkeit *in sich selbst* und *in der Gesellschaft* aufwerten müssen, statt sie durch ein reduziertes Selbstverständnis abzuwerten und abwerten zu lassen. Die Aufwertung kann nicht über einen aufgesetzten formalen Anspruch erfolgen, sondern nur durch Orientierung am Ideal der Politik – und durch Distanz von denjenigen Politikern, die Politik »privatisieren« und gegenüber der Gesellschaft missbrauchen. Die Gesellschaft braucht eine ethische Elite unter den Akteuren der Politik – nicht in Bezug auf deren persönliche Vorlieben, aber in Bezug auf ihr politisches Tun. Eine solche Elite hat nichts mit einem beruflichen Rang, mit Besitz oder Bildungsstand der Menschen zu tun, sondern mit der Bereitschaft zu einem dem Ideal der Politik entsprechenden Engagement, innerhalb oder außerhalb von Parteien, organisiert oder als Einzelne. Das einzig Besondere, das gewählte professionelle Politiker von anderen Akteuren einer politischen Zivilgesellschaft unterscheidet, ist das von der Gesellschaft dafür gegebene und finanzierte Mandat auf Zeit: Es bestellt Politiker zu Anwälten der Gesellschaft.

Das Tätigkeitsfeld für Politik ist unerschöpflich. Es ist die vielfältigste und wichtigste, konflikthaltigste und spannendste aller denkbaren Tätigkeiten. Politiker dürfen sich nicht an den Rand dieses Feldes drängen lassen, sie müssen es kultivieren. Viele, die auf dem Feld sind, wissen nicht mehr, wo und was sie anpacken dürfen, fühlen sich zum Handlanger degradiert oder haben sich dazu machen lassen. Und viele betreten das Feld auch deshalb nicht mehr, weil sie sich einreden ließen, es gäbe keine Perspektive für politisches Handeln mehr. Man kann nicht erwarten, dass sich mehr Menschen in die Politik einmischen, wenn diese ihnen den Eindruck vermittelt, dass sie dort sowieso nichts zu sagen haben – und in Parteien eintreten, wenn dort nur Akklamation vorgegebener Entscheidungen erwartet wird. Die junge Generation für Parteien zu gewinnen, setzt voraus, dass sie an konkreten Projekten mitwirken kann und Gelegenheit zur Kommunikation über Grundfragen der Gesellschaftspolitik hat – und nicht allein mit dem Organisationsbetrieb konfrontiert ist. Eine Direktwahl von Parteivorsitzenden auf Bundes- oder Landesebene, von Kanzler- und Spitzenkandidaten für Bundes- und Landtagswahlen durch alle Parteimitglieder würde die Motivation erhöhen, in eine Partei einzutreten – und fast automatisch einen konstruktiven personellen Wettbewerb herbeiführen. Warum also nicht? Jede Partei, die das tut, belebt sich selbst und wird für die offene Gesellschaft interessanter.

Jeder einzelne Politiker hat die individuelle Wahl, wie er sich jeweils auf die Strukturen des politischen Betriebs einstellt, so wie er diese vorfindet. Man kann sich auf die spezialisierten Beschränkungen einlassen, in Flügel einspannen lassen, sich endlos in Gremien aufhalten, an herrschende Mode- und Meinungsströmungen anpassen, auf eigene Ideen und Initiativen verzichten oder diese zurückhalten, der jeweiligen Führung widerspruchslos folgen, sich am personellen Funktionsgerangel uferlos beteiligen, überall präsent sein, um gesehen zu werden, Intrigen und Machenschaften ertragen und sich daran beteiligen. Bis zur individuellen Erfahrung, wie sie bereits Platon in »Politeia« beschrieben hat: »Erwartest du, dass jemand gehörig lieben werde, was ihm Pein macht? Meinst du nicht, dass er am Ende dahin kommen muss, sich selbst und sein Geschäft zu hassen?«

Jeder Einzelne kann Politik auch anders praktizieren: mit eigenen Ideen und Initiativen, mit der Vertiefung in Projekte, mit der Bereitschaft, darüber zu streiten, mit geistiger Autonomie statt Unterwerfung, ohne thematische Selbstbeschränkung. Mit der Einstellung, dass Politik ein Element des ewigen Lebenskampfes zwischen Gutem und Bösem, Besserem und Schlechterem, Altem und Neuem ist. Im Finden und Entwickeln einer eigenen Rolle. Politische Funktionen werden vergeben und genommen, nach eigenen Antrieben, Befähigungen und den Zufällen des Lebens. Die eigene Rolle, das eigene Selbstverständnis und die Selbstidentifikation geben oder nehmen Politiker sich selbst.

Larmoyanz und Frustration über die Widrigkeiten der Politik helfen niemandem weiter. »Wie hältst du das aus?« – diese Frage wurde und wird Politikern gestellt, seit es Politik gibt, also seit der Entstehung der Polis. Die viel wichtigere Frage an alle, die um ihre gesellschaftliche Mitverantwortung wissen, ist: »Wie haltet ihr das aus, untätig zu bleiben und die Politik für die Gesellschaft anderen zu überlassen, von denen ihr den Eindruck habt, dass sie nicht das Notwendige und Richtige tun?«

Die immer auftretenden Brachen der Politik können Politiker nur selbst mit neuer politischer Saat versehen. Mit der Einstellung, wie sie die glühend politisch passionierte Schriftstellerin Arundhati Roy ausgedrückt hat: »Ich tue das, was ich tue, nicht, weil ich denke, ich werde gewinnen.«

Anmerkungen

1. Kapitel:

1 Aristoteles: *Politik*, Reinbek bei Hamburg, 2. Aufl. 1968, S. 8
2 Christiane Grefe/Mathias Greffrath/Harald Schumann: *attac. Was wollen die Globalisierungskritiker?* Berlin 2002
3 Niklas Luhmann: *Die Politik der Gesellschaft*, Frankfurt a.m. 2000, S. 37
4 Barbara Tuchman: *Die Torheit der Regierenden*, Frankfurt a.m. 1984
5 Nikolaus von Kues: *Der Laie über die Weisheit / Idiota de sapientia*, Hamburg 1989
6 *Allensbacher Jahrbuch der Demoskopie*, München 2002
7 Citizens' Trust in: *Selected Professions 2001*
8 factiva-Reports trustworthy, *Dow Jones Reuters Business Interactive*, 2003
9 Christian Meier: *Res publica amissa. Eine Studie zu Verfassung und Geschichte der späten römischen Republik*, Frankfurt a.M.1980, S. XI – XXII.
10 Christian Meier: *Die Ohnmacht des allmächtigen Diktators Caesar*, Frankfurt a.M. 1980, S. 26 f.
11 Richard von Weizsäcker im Gespräch mit Gunter Hofmann und Werner A. Perger, Frankfurt. M. 1992
12 Gunter Hofmann/Werner A. Perger: *Die Kontroverse*, Frankfurt a.m. 1992
13 Jürgen Leinemann: *„Die sind doch alle süchtig"*, Interview in: *Der Tagesspiegel*, 24.10.1999 und: *„Schaden an der Seele"*, in: *Der Spiegel*, Nr. 24/2002
14 Alexander Smoltczyk: *„Alpha-Tier und Omega"*, in: *Der Spiegel*, Nr. 45/2002
15 Jürgen Habermas: *Technik und Wissenschaft als Ideologie*, Frankfurt a.m. 1968
16 Alasdair MacIntyre: *Der Verlust der Tugend. Zur moralischen Krise der Gegenwart*, Frankfurt a.m. 1987, S. 18
17 Vittorio Hösle: *Moral und Politik. Grundlagen einer politischen Ethik für das 21. Jahrhundert*, München 1997, S. 116 ff.

2. Kapitel:

1 Reichstagsprotokoll 26. Sitzung, 29. Januar 1910
2 *Welt am Sonntag*, 31.3.2002
3 *Stern*, Nr. 18/2003, S. 44 ff.
4 Deutsche Shell (Hrsg.): *Jugend 2003. Zwischen pragmatischem Idealismus und robustem Materialismus*, Frankfurt a.M. 2003, S. 42 ff.

5   Karl-Friedrich Kindler: *Der Anti-Parteieneffekt in Deutschland*, in: *Gesell-schaft-Staat-Erziehung*, 1958, S. 113

6   Thomas Mann: *Betrachtungen eines Unpolitischen. Gesammelte Werke*, Frankfurt a.M. 1974, Bd. XII. Die Zitate entstammen den Seiten 30, 31, 112, 113, 262, 322, 284

7   Kurt Sontheimer: *Antidemokratisches Denken in der Weimarer Republik*, München 1978, S. 155 ff.

8   Wladimir Iljitsch Lenin: *Staat und Revolution*, Berlin 1970, S. 49 ff.

9   Zitiert nach Hartmut Wasser: *Parlamentarismuskritik vom Kaiserreich zur Bundesrepublik*, Stuttgart 1974, S. 43

10 Otto Rühle: *Parlament und Parteien*, in: Wilfried Gottschalck (Hrsg.): *Parlamentarismuskritik und Rätedemokratie*, Berlin 1968, S. 47 ff.

11 Heribert Prantl: *„Die Magie des Tuns"*, *Süddeutsche Zeitung*, 28.5.2003

12 Karl Jaspers: *Wohin treibt die Bundesrepublik?* München 1966

13 Erhard Eppler: *Spannungsfelder*, Stuttgart 1969, S.140

14 Otto Kirchheimer: *Der Wandel des westeuropäischen Parteiensystems*, in: Gilbert Ziebura (Hrsg.): *Beiträge zur allgemeinen Parteienlehre*, Darmstadt 1969, S. 341 ff.

15 Wolf-Dieter Narr: *CDU – SPD. Programm und Praxis seit 1945*, Stuttgart 1966

16 Alf Mintzel: *Die CSU. Anatomie einer konservativen Partei*, Opladen 1975

17 Gert Schäfer: *Leitlinien stabilitätskonformen Verhaltens*, in: Gert Schäfer/Carl Nedelmann: *Der CDU-Staat. Studien zur Verfassungswirklichkeit der Bundesrepublik*, München 1966, S. 250

18 Oskar Negt: *In Erwartung einer autoritären Leistungsgesellschaft*, in: Schäfer/Nedelmann (Fußn. 17), S. 202 ff.

19 Johannes Agnoli: *Die Transformation der Demokratie*, Berlin 1967, S. 30 ff.

20 Rudi Dutschke: zitiert nach Kai Hermann: *Die Revolte der Studenten*, Hamburg 1968, S. 51

21 Wolfgang Kraushaar: *1968 als Mythos, Chiffre und Zäsur*, Hamburg 2000

22 Wolfgang Kraushaar: *Das Jahr, das alles verändert hat*, München 1998, S. 315

23 Willy Brandt: *Die Alternative*. Sonderheft der Zeitschrift *Die Neue Gesellschaft* zum 1. Mai 1969, S. 3 f.

24 Elias Canetti: *Masse und Macht*, Düsseldorf 1981, S. 13 f.

25 Kurt H. Biedenkopf: *Fortschritt in Freiheit*, München 1975, S. 158 ff.

26 Warnfried Dettling: *Die CDU nach Mannheim*. Aus *Politik und Zeitgeschichte*, Beilage zu *Das Parlament* Nr. 30/1975

27 Kai Alzheimer: *Politikverdrossenheit*, Wiesbaden 2002, S. 298

28 Alain Garrigov: *„Müde Demokraten"*, *Le Monde diplomatique*, 12.4.2002

29 Dieter Rucht: *Die Friedensdemonstranten – wer sind sie, wofür stehen sie?*
    Wissenschaftszentrum Berlin, 2003

30 *Die Welt*, 14.1.2000

31 *Frankfurter Allgemeine*, 19.11.2002

32 Richard von Weizsäcker: „*Standhalten, wo man weglaufen will*", *DIE ZEIT*,
    27.2.2003

33 Antonio Gramsci: *Gefängnis-Hefte*, Hamburg 1992, Band 2, Heft 4, § 69

34 Carl Amery: *Global Exit. Die Kirchen und der totale Markt*, München 2002,
    S. 20

35 Wolfgang Fach: *Das neue Deutschland der neuen Liberalen*, in: Georg Simo-
    nis (Hrsg.): *Deutschland nach der Wende*, Opladen 1998, S. 246

36 Frederic Vester: *Leitmotiv vernetztes Denken*, München 1993, S. 17

3. Kapitel:

1   Aristoteles: (Anm. 1, 1. Kapitel). Punkt 1282 b 14

2   Carl Böhret: *Politikfunktionen während der transindustriellen (R)evolution*,
    Deutsche Hochschule für Verwaltungswissenschaften, Speyer 2001, S. 6 ff.

3   John Rawls: *Das Recht der Völker*, Berlin/New York 2002, S. 165

4   Rawls, a.a.O., S. 167

5   Paul Simek: *Die Demokratie als geregeltes ökonomisches System*, unveröf-
    fentl. Manuskript, Waiblingen 2003

6   Philip Bobbitt: *The Shield of Achilles. War, Peace and the Course of History*,
    London/New York 2002, S. 468 ff.

7   Francis Fukuyama: *Das Ende der Geschichte*, München 1992, S. 11

8   Mathias Herdegen/Martin Morlok: *Informalisierung und Entparlamentari-
    sierung politischer Entscheidungen als Gefährdungen der Verfassung*, in: *Ver-
    öffentlichungen der Vereinigung der Deutschen Staatsrechtslehrer* (VVD-
    StRL) 2003, S. 7 ff.

9   Deutscher Bundestag, 12. Wahlperiode, 237. Sitzung, 29.6.1994, S. 20918

10 Fritz R. Glunk: *Das MAI und die Herrschaft der Konzerne*, München 1999

11 Siehe Fußnote 2 / 1. Kapitel

12 *Financial Times Deutschland*, 25.2.2000

13 Elmar Altvater/Birgit Mahnkopf: *Globalisierung der Unsicherheit*, Münster
    2002

14 Jean Ziegler: *Die neuen Herrscher der Welt und ihre globalen Widersacher*,
    München 2002, S. 170 ff.

15 Herman A. Daly: *Die Gefahren des Freihandels*, in: *Spektrum der Wissen-
    schaft*, Januar 1994, S. 40 ff.

16 The Group de Lisbon: *The Limits to Competition*, Lissabon 1994 (Gulben-kian Foundation)

17 Hans-Peter Martin/Harald Schumann: *Die Globalisierungsfalle*, Hamburg 1996

18 James Goldsmith: *The Trap*, London 1994

19 Viviane Forrester: *Der Terror der Ökonomie*, Wien 1997

20 Markus Krajewski: *Verfassungsperspektiven und Legitimation des Rechts der Welthandelsorganisation (WTO)*, Berlin 2001, S. 273

21 Es handelt sich um das „Investitionshilfeurteil", siehe BVG, Band 4 (1954), S. 7

22 Jochen Gebauer/Ulrich Wollenteit/Martin Hauck: *„Der EuGH und das Stromeinspeisungsgesetz: Ein neues Paradigma zum Verhältnis von Grund-freiheiten und Umweltschutz?"* Zeitschrift für Neues Energierecht *(ZNER)*, Jg. 5/2001, Heft 1, S. 12 ff.

23 Heribert Prantl: *Sind wir noch zu retten? Anstiftung zum Widerstand gegen eine gefährliche Politik*, München 1998, S. 45

24 *Social Justice. Strategies for National Renewal*, London 1994

25 David C. Korten: *When Corporations Rule the World*, London 1995

26 Thomas Vollmöller: *Die Globalisierung des öffentlichen Wirtschaftsrechts*, Köln 2001, S. 205 f.

27 Dirk Messner/Franz Nuscheler: *Global Governance. Organisationselemente und Säulen einer Weltordnungspolitik*, in: Messner/Nuscheler (Hrsg.): *Welt-konferenzen und Weltberichte*, Bonn 1996, S. 12 ff.

28 Ulrich Beck: *Macht und Gegenmacht im globalen Zeitalter*, Frankfurt 2002, besonders S. 14, 23 ff., 71, 140 ff., 261 ff., 272 ff., 324

29 Fritz W. Scharpf: *The Joint Decision Trap*, in: *Public Administration*, 1988, S. 239 ff.

30 Klaus von Beyme: *Globalisierung, Europäisierung, nationalstaatliche Inte-gration und Regionalisierung*, in: Herfried Münkler (Hrsg.): *Der demokrati-sche Nationalstaat in den Zeiten der Globalisierung*, Berlin 2002, S. 110 f.

31 Wolfgang Reinhard: *Geschichte der Staatsgewalt. Eine vergleichende Verfas-sungsgeschichte Europas von den Anfängen bis zur Gegenwart*, München 1999, S. 443 ff.

32 Graham Hancock: *Lords of Poverty. Power, Prestige and Corruption of the International Aid Business*, New York 1989

33 Zitiert nach Ziegler (Anm. 14), S. 155 f. Hintergründe der WTO-Entschei-dungsprozesse zeigen ausführlich Fatoumata Jawara, Aileen Kwa: *Behind the Scenes at the WTO. The Real World auf International Trade Negotiations*, London 2003

34 Stefan A. Schirm: *Wie Globalisierung nationale Regierungen stärkt. Zur politischen Ökonomie staatlicher Antworten auf Globalisierung*, in: Christine Landfried (Hrsg.): *Politik in einer entgrenzten Welt*, Köln 2001, S. 143

35 Ulrich Brand/Achim Brunnengräber/Lutz Schröder/Christian Stock/Peter Wahl: *Global Governance*, Münster 2000, S. 75

36 Otfried Höffe: *Demokratie im Zeitalter der Globalisierung*, München 1999, S. 427

37 Helmut Schmidt: *Die Selbstbehauptung Europas*, Stuttgart 2000, S. 138

38 Deutscher Bundestag, 12. Wahlperiode, 126. Sitzung, 2.12.2992, S. 10868

39 Fritz W. Scharpf: *Regieren in Europa. Effektiv und demokratisch?* Frankfurt a.M.1999, S. 167 ff.

40 Allen Sked: *Der Fall des Hauses Habsburg. Der unzeitige Tod eines Kaiserreichs*, Berlin 1993

41 Ernst Rudolf Huber: *Deutsche Verfassungsgeschichte seit 1789. Band 1: Reform und Restauration 1789 – 1830*, Stuttgart 1975, S. 690 f.

4. Kapitel

1 Carl Schmitt: *Der Begriff des Politischen*, in: *Archiv für Sozialwissenschaft und Sozialpolitik*, 1927, S. 1 ff.

2 Dolf Sternberger: *Der Begriff des Politischen*, in: ders.: *Staatsfreundschaft*, Frankfurt a.M.1963

3 Max Weber: *Politik als Beruf. Gesammelte politische Schriften*, Tübingen 1958, S. 493 ff.

4 Christian Meier: *Die Entstehung des Politischen bei den Griechen*, Frankfurt a.M. 1983, S. 27 ff.

5 Uwe Wesel: *Die verspielte Revolution*, München 2002, S. 321

6 Jürgen Busche: *Die 68er. Biographie einer Generation*, Berlin 2003, S. 168

7 Amitai Etzioni: *Die aktive Gesellschaft*, Opladen 1975, S. 31

8 Wilhelm Hennis: *Demokratisierung. Zur Problematik eines Begriffs*, in: Martin Greiffenhagen (Hrsg.): *Demokratisierung in Staat und Gesellschaft*, München 1973, S. 70

9 Daniel Bell: *Die nachindustrielle Gesellschaft*, Frankfurt/New York 1975, S. 19 ff. und 375 f.

10 Ronald Inglehart: *The Silent Revolution*, Princeton University Press 1977, S. 46

11 Wolfgang Fritz Haug: *Politisch richtig oder richtig politisch*, Hamburg 1998, S. 182 f.

12 Werner Lenthaler / Johann Zugmann: *Die ICH-Aktie. Mit neuem Karrieredenken auf Erfolgskurs*, Frankfurt 2000, S. 16 f.

13   Michael Walzer: *Sphären der Gerechtigkeit. Ein Plädoyer für Pluralität und Gleichheit,* Frankfurt a.M.1992

14   Thomas Meyer: *Mediokratie. Die Kolonisierung der Politik durch die Medien,* Frankfurt a.M. 2001, S. 10

15   Heiner Geissler: *Gefährlicher Sieg. Die Bundestagswahlen 1994 und die Folgen,* Köln 1995, S. 145 ff.

16   Bettina Gaus: *Die scheinheilige Republik,* Stuttgart 2000, S. 26

Exkurs:

1   Uwe Pörksen: *Plastikwörter. Die Sprache einer internationalen Diktatur,* Stuttgart 1988, 13 ff.

2   Ivan Nagel: *Das Falschwörterbuch der Sozialreformen,* Manuskript (2003)

3   Jean-Paul Picaper: *Mitte oder Mythos? Die Rechte, die Linke – und die Mitte?* in: Tilman Meyer, Reinhard C. Meier-Walser (Hrsg.): *Der Kampf um die politische Mitte,* München 2002, S. 282 ff.

4   Norberto Bobbio: *Rechts und links: Gründe und Deutungen einer politischen Unterscheidung,* Berlin 1994

5   Reinhard Ueberhorst: *Über den politischen Umgang mit komplexen Alternativen,* in: Gerd Michelsen, Udo Simonis, Siegfried de Witt (Hrsg.): *Festschrift für Günter Altner,* Berlin 2001, S. 125 ff.

5. Kapitel:

1   Umberto Eco: *Apokalyptiker und Integrierte,* Frankfurt a.M.1987, S. 163 ff.

2   Manfred Zach: *Monrepos oder Die Kälte der Macht,* Tübingen 1996, S. 435 ff.

3   Christopher Lasch: *Das Zeitalter des Narzissmus,* München 1982, S. 49

4   Hans-Jürgen Wirth: *Narzissmus und Macht. Zur Psychoanalyse seelischer Störungen in der Politik,* Gießen 2002, S. 23 ff.

5   Ryszard Kapuscinski: *König der Könige. Eine Parabel der Macht,* Frankfurt a.M. 2000, S. 87 f.

6. Kapitel:

1   Vittorio Hösle: (Anm. 17, 1. Kapitel), S. 114 und 125

2   Hans-Peter Duerr: *Vom Nomaden zur Monade. 10.000 Jahre Menschheitsgeschichte,* Graz 2002

3   Alain Minc: *Das neue Mittelalter,* Hamburg 1994, S. 221

4 Gunter Hofmann: *Abschiede, Anfänge. Die Bundesrepublik. Eine Anatomie*, München 2002

5 Hans-Georg Gadamer: *Wahrheit und Methode. Grundzüge einer philosophischen Hermeneutik*, Tübingen 1990, S. 28

6 Johano Strasser: *Leben oder Überleben*, Zürich 2001

7 Adam Smith: *Der Reichtum der Nationen*, München 2003, S. 68

8 Hartmut Elsenhans: *Angleichungszwang unter Globalisierungsdruck*, in: *Berichte des Forschungsinstituts der Internationalen Wissenschaftlichen Vereinigung Weltwirtschaft und Weltpolitik*, Berlin 2000, S. 31

9 Joseph A. Schumpeter: *Kapitalismus, Sozialismus und Demokratie*, Bern 1950, S. 472 f.

10 Herbert Marcuse: *Der eindimensionale Mensch*, Neuwied/Berlin, S. 64 f.

11 Dieter Gosewinkel: *Adolf Arndt. Die Wiederbegründung des Rechtsstaates aus dem Geist der Sozialdemokratie*, Bonn 1991, S. 554 f.

12 Clyde Prestowitz: *Rogue Nation: American Unilateralism and the Failure of Good Intentions*, Basic Books, New York 2003

Danksagung

Der Lektorin Dr. Susanne Eversmann danke ich für Ihre kritische Begleitung und ihre Anregungen beim Entstehen dieses Buches. Für die Erstellung des Manuskripts, die Hilfe bei der Literaturrecherche und den Korrekturen danke ich meinen Mitarbeiterinnen und Mitarbeitern: allen voran Brigitte Walter, sowie Monika Grunwald, Heiko Stubner, M.Sc. Ole von Uexkuell und Dipl.-Kulturwirt David Wortmann. Meine Mehrstunden wurden auch zu deren Überstunden.

© Verlag Antje Kunstmann GmbH, München 2003
Umschlaggestaltung: Michel Keller, München,
Satz: Frese, München
Druck & Bindung: Freiburger Graphische Betriebe
ISBN 3-88897-343-0
1 2 3 4   • 05 04 03